Menzel

Mein neues Leben *ohne* Angst

Janett Menzel

Mein neues Leben *ohne* Angst

Mit ganzheitlichen Methoden Ängste und Panikattacken besiegen

TRIAS

Schritt 3

DIE AUTORIN Janett Menzel litt selbst jahrelang unter Angst- und Panikattacken. Heute schreibt sie den erfolgreichsten Angst-Blog in Deutschland (www.ich-habe-auch-angst.de) und gibt als Autorin und Mentorin ihre Erkenntnisse an Betroffene weiter. »Es gibt Dutzende Techniken und Methoden, die man bei Angst nutzen kann, aber keine Generallösung. Jeder muss seinen eigenen Weg zu sich selbst finden – zu Ganzheit und Heilung –, damit die Angst schwinden kann … Dieser Methodenkoffer sollte leicht in Ihr Leben integrierbar sein, wie ein Fahr- und Notfallplan, der es Ihnen ermöglicht, die nächsten Schritte aus eigener Befähigung heraus zu gehen.«

Ich habe auch Angst

2008 erlebte ich meine erste Panikattacke und es folgten weitere. Seitdem suche ich nach Methoden, um meine Erkenntnisse im Projekt »Ich habe auch Angst« weiterzugeben. Sie sind nicht allein mit Ihrer Angst: Zwar äußert sich Angst mit vielen Facetten, aber das Gefühl der plötzlichen Überwältigung, der Ohnmacht, Hilf- und Wehrlosigkeit ist bei allen Menschen gleich. Und doch trifft es Statistiken zufolge Frauen häufiger als Männer.[1] Menschen tendieren aber zur Verdrängung und Vermeidung, bagatellisieren unliebsame Gefühle oder projizieren sie auf andere. Angst zeigt: Auch diese Abwehrmechanismen haben ihr Verfallsdatum, wenn etwas für die Existenz Bedeutsames aus dem Gleichgewicht geraten ist. Es stellt eine beachtenswerte Aufforderung zur nötigen Einsicht, Umkehr und Veränderung dar. Oft sind es weniger Lebenssituationen als man selbst mit den eigenen Gefühls-, Denk- und Verhaltensmustern, der Ängste schürt. Nichts kann sich zum Positiven verändern, wenn wir nicht bereit sind, uns zu prüfen und Ausgedientes loszulassen. Würde man sich für die Angst entscheiden, bliebe man immerwährend in diesem Gefühl verhaftet. Man würde sich von nötigen Erfahrungen abschneiden, die heilsam sein können – für das gesamte Umfeld. Man hätte stattdessen sein eigenes Gefängnis geschaffen und würde den Wärter Angst dafür bezahlen, einen täglich zu peinigen.

Mein Weg, den ich im Buch exemplarisch darlege, stellt kein Heilversprechen dar. Doch er beinhaltet anerkannte und wirksame Methoden gegen Angst in ihren Formen und Intensitäten, die ich im Laufe der Jahre gefunden habe, auf eine ganzheitliche Weise – damit nicht Angst, sondern Sie die Macht über Ihr Leben behalten: nachhaltig.

Ihre Janett Menzel

SCHRITT

1

Radikale *Selbst*-prüfung

Das Durchdringen der Angst – Mein Weg

Als sich meine Angst mit Panik erstmals zeigte, konnte ich nicht verstehen, wieso. Mein Leben erschien oberflächlich mehr als erfüllt: Ich hatte einen sinnvollen Job, eine stabile Partnerschaft und war finanziell abgesichert. Die Beziehung zu meiner Familie und meinen Freunden war überwiegend gesund und nährend. Und doch fand ich mich in einem Gefühl wieder, das mich aus meinen vermeintlich sicheren Angeln hob. Dabei war die Kraft meiner Angstzustände nicht zu vergleichen mit der Unsicherheit, die ich bislang kennengelernt hatte, wie beispielsweise die vor Prüfungen oder Bewerbungsgesprächen. Die »neue« Angst hatte eine bodenlos tiefe Intensität und ergriff meinen ganzen Körper. War ich draußen, wollte ich sofort zurück in meine Wohnung, denn ich fürchtete, jeden Moment werde der Himmel auf mich herabfallen. War ich unter Menschen, wollte ich allein sein, denn ihre bloße Anwesenheit engte mich ein. Stand ich in der Schlange an der Kasse, ertrug ich es kaum, abzuwarten, bis ich an der Reihe war. Ging ich an einer Straße entlang, machten mir die Autogeräusche Angst. War ich in Gesprächen, konnte ich weder lange zuhören noch stillsitzen. Wenn ich Zeit für Entspannung hatte, wollte mein Geist nicht schweigen. Stattdessen drehte er erst richtig auf und überflutete mich mit Horrorszenarien, fiktiven Gesprächen, glühend heißer Wut und: Angst – vorwiegend abends, wenn ich schlafen wollte, oder mitten in der Nacht, wenn die Angst mich weckte. Wie oft fürchtete ich, ich würde jeden Moment verrückt werden oder einfach sterben, weil mein Körper dieser Belastung nicht standhalten könnte. Dutzende Male malte ich mir aus, dass es doch irgendeinen Grund geben musste – bestimmt körperlich bedingt –, der diese Angst auslöste. Doch ich war kerngesund und blieb am Leben. Es waren nur Angst und Panik.

Nach Jahren der intensiven Suche nach den Hintergründen und Zusammenhängen meiner Angst verstand ich schließlich, dass sie ein Zeichen war: Ich war in meinem Leben in einer ungemütlichen, einsamen und kalten Sackgasse gelandet. Was auch immer ich mir einredete, war Absicht, um mir nicht eingestehen zu müssen, was alles nicht stimmte, nicht im Einklang mit meinen Werten und Bedürfnissen stand. Doch meine Angst zwang mich dazu.

Ich erinnere mich an einen verregneten Sonntag, an dem ich spazieren ging, um rauszukommen, nachdem ich tagelang – meine Angst vermeidend – in meiner Wohnung gesessen hatte. So wenige Menschen auch auf der Straße waren, es war der Regenschirm direkt über meinem Kopf, dessen Nähe mir zu viel wurde. Wieder zu Hause angekommen, stieg die Panik von meinen Füßen bis in meinen Kopf und überrollte mich für die kommende halbe Stunde. Typisch menschlich versuchte ich, die Angst zu verdrängen, und legte mich in meinem Wohnzimmer auf den Boden. Ich probierte alle Atemtechniken, die ich kannte, abwechselnd durch, aber keine linderte die schier unersättliche Welle dieses Gefühls, mit dem ich nie umzugehen gelernt hatte. Ich schloss die Augen und bemühte mich, meine Angst mit positiven Gedanken wegzudrücken. Das half für wenige Sekunden, bis ich wieder wie gelähmt an die Decke starrte. Doch erst die Tatsache, dass ich in diesem Moment selbst vor meiner Deckenlampe Angst hatte, löste meine Entschlossenheit aus, sie zu überwinden. So konnte es nicht weitergehen. So sollte mein Leben nicht aussehen.

So konnte das Universum es nicht für mich gewollt haben. Dieser Sonntag setzte eine jahrelange, unermüdliche und wertvolle Suche nach einem ganzheitlichen Verständnis von Angst in Gang. Es musste Wege geben, denn es gibt immer Lösungen – für alles.

Sie lagen auf der anderen Seite der Angst, in ihrem motivierenden und aufweckenden Aspekt, der uns das Greifen nach den Sternen erlaubt. Er lässt uns wachsen und unser bestmögliches Ich reifen, das im Einklang mit unseren Bedürfnissen und Werten steht, jenseits aller Ansprüche anderer Menschen.

So, wie es mir ging, geht es vielen Frauen. Sie alle haben eine eigene Geschichte zu ihrer Angst zu erzählen, eigene Schweregrade und ausschlaggebende Momente, in denen sie beschlossen, dass sich etwas ändern müsse.

Nur, in welchem Lebensbereich fängt man an? Wo besteht das Ungleichgewicht, aus dem die Angst entstand? Ob die Balance physiologisch, mental, emotional oder spirituell wiederhergestellt oder gar aufgebaut werden muss, zeigte sich bei vielen, die sich mir anvertrauten, erst, nachdem sie sich auf den Weg gemacht hatten. Auch ich war mir meiner nötigen Schritte lange Zeit nicht bewusst. Jeden Morgen hoffte ich, meine Angst wäre wieder in das Nichts, aus dem sie gekommen war, verschwunden. Mehrmals versuchte ich, an Menschen und ihren Persönlichkeiten zu schrauben, Umstände für mich zu verbessern, und verteilte dabei viel Schuld. Es war eine kindische Hoffnung, alles werde sich schon von allein regeln. Ich musste handeln, für mich, und das sofort, um endlich wieder angstfrei zu leben.

Nach mehreren Tiefschlägen unterzog ich mich schließlich einer radikalen Selbstprüfung und entdeckte jene Sackgasse, von der ich eingangs sprach. Meine Gefühle, mein Denken und Handeln hatten mich dorthin gebracht. Dort hatte ich geglaubt, alles zu finden, was ich mir immer gewünscht hatte. Wie bei vielen Frauen waren das Sicherheit, Zugehörigkeit und Anerkennung, von anderen und erst dann von mir selbst. Für meine emotionalen Anpassungsleistungen, die ich erbrachte, um zu erhalten, was mir Wert und Sicherheit versprach, hätten einen Orden verdient. Erst jetzt erkannte ich, wie schändlich ich mit mir umgegangen war, was ich alles von mir erwartet hatte, wie traurig und wütend ich war und wie sehr ich im Stillen für Wiedergutmachung betete. So unbequem ich im Erreichen meiner Ziele auch sein konnte, ich mochte mich nur, wenn mich andere mochten und es mir zeigten. Eine Palette unbewusster Sehnsüchte schien mich zu einzelnen Lebensschritten motiviert zu haben. Genau diese stellte ich einzeln infrage, denn erst sie hatten mich in die Sackgasse geführt. Dort verbarg sich meine Wunde, die mich jahrelang unbewusst geleitet hatte.

Ich suchte rigide meine Persönlichkeit, meine Lebensumstände und mein soziales Umfeld ab. Wo und wann sagte ich Ja statt Nein? Wo blieb ich still, statt meine Meinung zu äußern? Wann rannte ich lieber gegen Wände, als den Kampf aufzugeben? Welche Reaktionsmuster hatte ich? Was hatte ich *wirklich* erreicht? War ich zufrieden damit? Hatte ich durch meine Mühen bekommen, was ich mir versprochen hatte? Wie sah ich die Menschen in meinem Leben und im Allgemeinen und wie sollten sie mich wahrnehmen? Welche Maske trug ich und was verheimlichte ich aus Angst, in meiner wahren Natur erkannt zu werden? Was war der Sinn meines Lebens? Ich war gesund, aber dienten meine Lebensgewohnheiten meinem körperlichen Wohl? Und was hatte mein Geschlecht damit zu tun, dass ich Angstzustände erlebte? Gab es schon in meiner Kindheit und Ahnenlinie Anzeichen für die Angst, die mich 25 Jahre später überrollen sollte? Und wie konnte ich schnell handeln, damit ich keine Angst mehr haben würde?

Diese und andere Fragen stellen sich viele Frauen, die unter Angstzuständen leiden. Jede Frau entdeckt auf ihrem Weg aus der Angst früher oder später ihre ganz eigene Sackgasse. Wenn man weiß, was in sie hineingeführt hat, muss der Weg aus ihr heraus nicht beschwerlich sein. Sie müssen sich nur bewusst dafür entscheiden, Ihr Leben ungeniert zu betrachten und Angst als das zu sehen, was sie ist: einerseits Schutz vor dem, was Sie fürchten (sollen), und andererseits Aufforderung, die Person zu werden, die sie sein wollen und sollen. Es ist eine größere, bessere und zufriedenstellendere Version

Ihres jetzigen Lebens, nach der sich ein Teil Ihrer Persönlichkeit sehnt – ob es Ihnen bewusst ist oder nicht. Ihr Körper-Geist-Seele-System möchte nicht länger verdrängen, dass einzelne Umstände ihre Toleranzgrenze erreicht haben. Angst als Zeichen dafür dankbar anzunehmen und sich für eine ehrliche Innenschau zu öffnen, ist das Beste, was Sie für sich tun können. Hingabe an sich selbst ist der erste, aber entscheidende Schritt auf dem Weg zu Ihrem Wohl, hin zu einer heilsamen Veränderung für Ihre Zukunft.

Der Beginn Ihres Weges

Angst erscheint plötzlich – ohne erkennbaren Grund –, auch wenn sie häufig innere und äußere, bewusste und teils unbewusste Krisen begleitet. Wenn ich an meine eigenen Angstzustände zurückdenke, hatten sie auch körperliche Ursachen, darunter mangelnde Bewegung, niedriger Blutdruck, Nahrungsintoleranzen, schlechte Ernährung sowie unbekannte Vitamin- und Mineralienmängel. Aber hauptsächlich schürten seelische Zustände meine Angst: viel Alleinsein bis hin zu Einsamkeit (trotz Freunden, Familie und Partner), wenige nährende Interessen und schöne Momente in meiner Freizeit, emotionale Überforderung durch Kollegen und Freunde, zu wenig Anerkennung und zu viel Verantwortung im Beruf, psychische Überforderung durch einzelne Menschen, die mir zu viel abverlangten. Außerdem war ich übermäßig stark durch Sanierungen in meinem Wohnhaus belastet; mir fehlten Stille und Zeiten der Entspannung, wenn ich sie brauchte.

Jede Frau hat ihre eigene Konstellation von Auslösern und Kombination von Umständen, die ihre Ängste bedingen. Aus meiner Erfahrung mit Betroffenen weiß ich, dass viele auf den ersten Blick keine Ursachen oder belastenden Lebensbereiche erkennen können. Das liegt oft daran, dass ihre Lebensumstände ihnen persönlich nicht problematisch erscheinen. Sie haben sich entweder an sie gewöhnt oder sie nie anders erlebt. Was für die einen ein schwerwiegender

Faktor ist, kann sich für Sie ganz normal anfühlen. Doch Ihre angstauslösenden Umstände zu identifizieren, ist unabdingbar. Sie zeigen, worauf Ihr Körper und Geist reagieren. Es sind Grenzen, die für Ihr Wohl gewahrt sein müssen. Nur wenn Sie sich ihrer bewusst werden, können Sie den Grundstein für ein angstfreies Leben legen. Im Folgenden stelle ich Ihnen erste Möglichkeiten vor, die Ihnen bei Ihrer Selbstprüfung helfen können.

Wo ein Weg hineinführt, führt mindestens einer hinaus

Es gibt drei Wege, die sich mir in den letzten Jahren zeigten, auf denen Sie sich effektiv in Zeiten voller Angst stabilisieren können. Der erste ist ein radikaler Prozess der Umkehrung aller jetzigen Verhaltensweisen und ggf. Lebensumstände. Als ich zum ersten Mal eine Panikattacke hatte, ließ ich mich für zwei Wochen krankschreiben und zog mich auch in meinem Privatleben weitgehend von sozialen Zwängen zurück – selbst in meiner Partnerschaft. Ich bewegte mich, statt stets nur zu sitzen. Ich aß gesund und langsam, statt schnell Ungesundes in mich hineinzustopfen, bevor der nächste Termin anstand. Ich fühlte in mich hinein, statt nur den Anforderungen anderer gerecht zu werden. Ich sprach aus, was ich fühlte, statt nur anderen bei ihren Problemen zu assistieren. Ich umgab mich mit positiven Menschen und übte positive Tätigkeiten aus. Ich vermied es, zu grübeln, und sorgte stattdessen für wohltuende Entspannung und ausreichend Schlaf. Und die Panik blieb fern – weil ich die für mich negativen Umstände mied.

Diesen Weg können auch Sie gehen, nachdem Sie Ihre Angstauslöser erkannt haben. Sie werden im Laufe des Buches viele Möglichkeiten kennenlernen, sie zu identifizieren.

Als ich beim zweiten Mal Panik, dieses Mal mit Agoraphobie (Angst vor Weite), erlebte, war ich in einer schwierigen Partnerschaft und auch einzelne Freundschaften gestalteten sich nur mäßig. Beide Bereiche waren mit Problemen behaftet. Mein Job war nach wie vor unerfüllend und der Kontakt zu vielen schwierig. Ich war wieder, ohne es zu merken, in einer Sackgasse gelandet. Als die Angstzustände anhielten, begann ich unbewusst, Korrekturen vorzunehmen: Ich meldete mich bei zwei Freundinnen, die stets Probleme hatten, fast gar nicht mehr und sah auch meinen Partner, mit dem ich Schwierigkeiten hatte, nur noch selten. Ich brauchte das Alleinsein, obwohl ich vorher stark an diesen Verbindungen festgehalten und viel in sie investiert hatte. Beruflich nahm ich Änderungen vor, obwohl sie mein Einkommen reduzierten. Ich konzentrierte mich nur noch auf mich und meine Genesung. Jeden Tag ging ich in meine angstauslösenden Momente und nutzte alle Ressourcen, die mir zur Verfügung standen, um die besten Lösungen gegen meine Angst zu finden. Ich erinnere mich an Stunden voller Stille, Einsamkeit, Musik, angsterfülltem Kontakt zu mir selbst, Natur, autogenem Training, langsamem Yoga gegen meine innere Hektik, Tanzen und Kickboxen gegen meine Stresshormone. Nach acht Wochen war ich wieder psychisch ausgeglichen und stabil. Erneut waren es problembehaftete Bindungen, von denen ich mich distanzierte, und destruktive Verhaltensweisen, die ich änderte.

Der zweite Weg ist für viele am schwersten, weil er durch die Angst hindurchführt. Die kognitive Verhaltenstherapie arbeitet so. Dieser Ansatz verlangt es Betroffenen ab, die Angst bewusst zu erleben, statt sie wegzudrücken, sie da sein zu lassen – in aller Schwere und Häufigkeit. Sei es mit Atemtechniken, positiven Gedanken, Akzeptanz und Dankbarkeitsarbeit: Im Vordergrund steht die Konfrontation. Man meidet nicht die angstauslösenden Situationen, sondern geht sie stattdessen bewusst an. So kann man lernen, dass Angst zwar ein Gefühl ist, dahinter aber keine weitere Bedrohung steckt. Auch ich kann mich an eine Panikattacke erinnern, die ich bewusst zuließ. Es gab nur wenige Momente in meinem Leben, in denen ich mich ähnlich glücklich und befreit gefühlt habe, wie nach dieser Panikattacke. Dennoch funktioniert dieser Weg nicht für jede Frau. Er ist zudem für viele in ihrem Alltag und ihren Beziehungen schwierig zu gestalten. Sie können keine so radikalen Veränderungen vornehmen, wie ich es tat, weil ihr Job es beispielsweise nicht ermöglicht. Oder sie haben große Mühe, den Partner aus ihrem Alltag auszuschließen, zum Beispiel, weil sie mit ihm zusammenwohnen oder es schlichtweg fürchten. Doch es kann ein erster Schritt sein, zumindest die eigenen Beziehungen und beruflichen Verbindungen daraufhin zu überprüfen, ob sie Sie nähren oder auslaugen.

Auch bei mir wirkte dieser Weg nicht nachhaltig. Ein Jahr später erlebte ich die nächste Panikattacke. Aus meiner vorherigen Erfahrung wusste ich, was sie ausgelöst hatte: Diskussionen über die Realität, die ich so dringend ändern wollte. Ich war frustriert über meine Lebensumstände. Ich wollte mehr vom Leben, von meinen Beziehungen, meinem Job, aber traute mich nicht, mich zu trennen – weder privat noch beruflich. Ich wusste, dass ich andere nicht ändern konnte, besonders, weil sie sich nicht ändern wollten. Stattdessen begann ich, mich ganzheitlich mit Angst und mit mir selbst auseinanderzusetzen. Es war der Beginn einer lange dauernden Selbstfindung auf allen Ebenen: der körperlichen, mentalen, emotionalen und spirituellen. Ich fand neue Interessen, die mir Halt gaben und mich in meinem Selbst bestärkten. Ich erkannte dabei, dass ich nicht die einzige Frau war, der es so ging. Auch andere hatten Mühe, ihren Weg zu finden und ihn würdevoll zu gehen, sich zu erkennen und kennenzulernen. Vor allem stellte ich fest: Es gab viele Frauen, die Schwierigkeiten mit ihren persönlichen Beziehungen hatten. Entweder, weil sie ungewollt Single waren, oder weil sie sich in ihrer Partnerschaft unwohl oder einsam fühlten. Gleichzeitig fürchteten sie die Konsequenzen einer Trennung. Ihre Angst, zu niemandem zu gehören, teilte ich. Gleichzeitig hatte ich gelernt, wie katastrophal schlechte Beziehungen für die Psyche und den Körper sein können.

Diese letzte Episode meiner Angst dauerte mehrere Monate. Nur durch sie erkannte ich, dass ein radikaler Rückzug aus Lebensumständen (Weg 1) und die kurzfristige Veränderung bisheriger Reaktions- und Verhaltensmuster (Weg 2) bei mir zwar halfen, doch nicht die besten Lösungen sein könnten, wenn meine Angstzustände in dieser

Frequenz wiederkehren würden. Dieses Mal distanzierte ich mich deshalb nicht von Problemen oder problembehafteten Menschen. Ich lernte mittendrin und währenddessen, meine Beziehungen zu gestalten *und* mein Leben in die eigenen Hände zu nehmen, ohne um Erlaubnis zu bitten. Hauptsächlich aber verband ich die Erkenntnisse meiner Selbstfindungsphase mit notwendigen Änderungen in meinem Verhalten. Ich begann eine Gesprächstherapie, die mich bestärkte, meine bisherigen Gedankenschranken aufzulösen. Nicht länger funktionierende Freundschaften und meine Partnerschaft gingen in der Folge in die Brüche – zu meinem Besten. Ich wechselte beruflich in eine andere Abteilung und kündigte später die Anstellung. Ich veränderte proaktiv die Beziehung zu meinen Familienangehörigen, denen ich mehr Halt zu geben schien als sie mir. Selbst unter größtem Druck und Konflikten hielt ich an meiner Würde, meinen Werten und meinen Herzenszielen fest. Ich folgte unbeirrbar meiner Intuition und war zu allen Konsequenzen bereit. Kommunikationsstrategien halfen mir, mein soziales Umfeld auf meine Pläne vorzubereiten. Dieser dritte Weg war für mich daher der nachhaltigste.

— Dieses Mal distanzierte ich mich nicht von Problemen oder problembehafteten Menschen. —

Manchmal sind es mehrere kleine Aspekte unseres Lebens, die wir ändern müssen, damit Ängste schwinden. Doch es können ebenso die großen Lebensbereiche sein, die Ängste in Ihnen auslösen – nicht etwa, weil sie per se schlecht wären. Menschen denken dann oft, sie müssten gleich alles hinwerfen, sich von ihrem Partner trennen oder den Job kündigen. Die Angst, nichts und niemanden mehr zu haben, lässt sie schließlich erstarren. Doch Verbindungen und Umstände können eventuell nur einen anderen Rahmen benötigen, damit sie wieder für Sie mit Sinn erfüllt wären. Sollten sie selbst dann nicht länger dienlich sein, hätten Sie noch immer die Möglichkeit, sich zu lösen.

Ebenso gibt es angsteinflößende Ereignisse im Leben, die nicht geändert werden können, zum Beispiel Trennungen/Scheidungen, den Tod geliebter Menschen, Verlust von Freundschaften, Auszug der Kinder aus dem elterlichen Zuhause, ernsthafte Krankheiten und Unfälle, Arbeitsunfähigkeit, Eintritt in die Rente, Verlust einer Lebensaufgabe, Arbeitslosigkeit, drohende Armut u. v. m. In diesen Fällen geht etwas Bedeutsames verloren. Es entsteht – oft unfreiwillig – ein leerer Platz, der neu gefüllt werden kann, wenn man sich bereit dazu fühlt. Um wieder Hoffnung und Kraft für die Zukunft zu schöpfen, braucht für jeden etwas anderes. Einige benötigen therapeutische Unterstützung und die Nähe zu vertrauensvollen, sozialen Kontakten. Anderen hilft die Abgrenzung und Besinnung, eine Zeit der Distanz, um das Ereignis zu reflektieren und sich neu zu orientieren. Ich hoffe, Ihnen in diesem Buch eine Fülle von Anregungen geben zu können, die Ihrem Leben und Sein wieder eine neue Bedeutung verleihen.

Wie steht es um Ihre Bedürfnisse?

Abraham Maslow, Mitbegründer der Humanistischen Psychologie, entwickelte die Bedürfnispyramide. Er unterschied zunächst fünf Bedürfnisebenen[2] (später dann sieben Ebenen), wobei die ersten vier Defizitbedürfnisse darstellen. Je stärker in diesen Bereichen Ihre Bedürfnisse befriedigt sind, desto zufriedener und gesünder fühlen Sie sich. Je unbefriedigter die Bedürfnisse sind, desto unwohler fühlt man sich und das Risiko für Erkrankungen nimmt zu, so Maslow. Dabei verschwinden Bedürfnisse jedoch nicht einfach; sie können nur verdrängt oder abgewehrt werden. Unbefriedigte Bedürfnisse erkennen Sie dann am Gefühl der Leere trotz äußerer, scheinbarer Fülle. Sie äußern sich als Sehnsüchte oder Drang, etwas unbedingt tun zu müssen oder (haben) zu wollen. Stillen Sie Ihre Bedürfnisse nicht, können sich Selbstwertängste, Süchte, Traurigkeit, Wut u. v. m. melden.

Bedürfnispyramide nach Abraham Harold Maslow (1908-1970)

PHYSIOLOGISCHE BEDÜRFNISSE Doch nicht immer sind innere Prozesse die Ursache für Angstzustände. Maslow benannte als unterste Bedürfnisebene die *physiologische Ebene*, die existenzielle Bedürfnisse verdeutlicht, darunter ausreichend Nahrung und Wasser, Sauerstoff, Licht, Vitamine, Mineralien, eine erfüllte Sexualität, Bewegung, eine angenehme Temperatur, Ruhe, Schlaf sowie die Abwesenheit von Krankheiten und Schmerzen. Sind diese Bedürfnisse unerfüllt, können sich Schlafprobleme, ein geschwächtes Immunsystem, Krankheiten, eine erhöhte Empfindsamkeit, innere Unruhe, Temperatur-, Geräusch- und Lichtempfindlichkeit, Energielosigkeit, Müdigkeit, Konzentrations- und Lernschwierigkeiten zeigen.

Von entscheidender Tragweite in diesem Bereich sind unentdeckte Krankheiten. Als bekannter Auslöser von Angstzuständen gelten vor allem Schilddrüsenerkrankungen. Auch auf gynäkologischer

Ebene – so berichteten es mir Leserinnen – kann ein Östrogenmangel Symptome wie Schwitzen, Energiemangel, Schläfrigkeit, Libidoverlust und Hitzewallungen in Verbindung mit Ängsten auslösen. Ebenso Mangelzustände (Vitamin D, Eisen, Magnesium, B-Vitamine) sowie die Wahl der Ernährung und unentdeckte Nahrungsintoleranzen (z. B. Laktose, Gluten, Glukose, Knoblauch, Zwiebeln, Histamin) können Stress verursachen. Sie hindern den Darm an der Produktion wichtiger Neurotransmitter. Anhaltender Stress belastet den Darm so stark, dass die Bildung von Serotonin und Dopamin, den Botenstoffen des Glücks, beeinträchtigt wird. Betroffene mit einem Reizdarm oder einer kranken Darmschleimhaut leiden häufiger unter Ängsten und Depressionen.[3] Margaret Wehrenberg identifizierte zudem Koffein, Alkohol, Zucker und Tabak als darmbasierte Auslöser von Angst.[4] Was den Darm auch stresst, sind mangelnde Bewegung und fehlende Ruhe. Denn durch Sport werden essentielle Stresshormone abgebaut und die Ausschüttung von Glückshormonen angeregt. Durch gezielte Zeiten der Entspannung erreicht man einen ähnlichen Effekt. Dabei ist besonders Stille ein wichtiger Faktor: außen und innen.

— Verbindungen und Umstände können eventuell nur einen anderen Rahmen benötigen, damit sie wieder für Sie mit Sinn erfüllt sind. —

Als auf der physiologischen Bedürfnisebene unbefriedigt erleben sich häufig Mütter, besonders frischgebackene. Sie leiden unter Schlafmangel und Unruhe, fehlenden Zeiten der Stille und Einkehr. Auch viel arbeitende Frauen, die dem Job Vorrang geben, haben übermäßig unbefriedigte Bedürfnisse in diesem Bereich (besonders Frischluft und Licht) sowie Menschen, die häufig drinnen oder starken Reizen ausgesetzt sind, wie zum Beispiel anhaltender Lautstärke.

Nahrungsmittel mit beruhigender Wirkung[57]

(sofern keine Intoleranzen vorliegen)

- Bananen
- Nüsse, Kerne und Samen (Kürbiskerne, Sesam, Chiasamen usw.)
- Hafer (Haferflocken, Hafermilch)
- Kartoffeln, Süßkartoffeln
- Petersilie
- Sprossen
- Beeren (besonders dunkle wie Schwarze Johannisbeeren und Heidelbeeren)
- grünes Gemüse (besonders Blattsalat und Brokkoli)
- Fisch (besonders Lachs und Sardinen)
- naturbelassener Reis, Vollkornreis
- Dinkel
- Hülsenfrüchte (besonders Bohnen)
- Tees (Kräuter, Roibos, hoch dosierte Kamille, Melisse)
- Käse (Hüttenkäse, Emmentaler, Camembert)
- Bier (Hopfen)
- Avocado
- dunkle Schokolade und Kakao
- Eier bzw. Eigelb
- Zitronen
- Salbei
- Honig
- Paprika
- Ingwer
- Johanniskraut, Baldrian, Ginseng, Lavendel

SICHERHEITSBEDÜRFNISSE Die zweite Ebene konzentriert sich auf *Bedürfnisse nach Schutz und Sicherheit:* Eine lebenssichernde Umgebung, Stabilität, Struktur, Ordnung sowie wohltuende Grenzen sind die Basis. Bleiben Bedürfnisse unerfüllt, können sich generelle Ängste und Verlustangst zeigen (man sieht überall physische, psychische und emotionale Bedrohungen für die Lieben und sich, empfindet Lebensbereiche als angstbesetzt). Auch Symptome wie körperliche Erschöpfung und die Schwierigkeit, sich zu entspannen, das Gefühl, keine Zeit zu haben, sich eingeengt fühlen, Herzrasen, Muskelverspannungen, innere Anspannung, starke Unlust, das Gefühl, ausgeliefert zu sein, keine Hilfe zu bekommen, alles im Alleingang machen zu müssen sowie sich unfähig zu fühlen sind Anzeichen.

Hier finden sich erneut Mütter, aber auch Frauen, die unter schwierigen Partnerschaften leiden oder Gefahren im Beruf ausgesetzt sind. Diese Gefahren können emotionaler und psychischer Natur sein: Überforderung, ein hoher Erwartungsdruck, Perfektionismus, Mobbing, schwierige Beziehungen zu Vorgesetzten, erzwungener Obrigkeitsgehorsam sowie die eigene Konstitution (Hochsensibilität, Hochempathie, Hochbegabungen, AD(H)S, Introversion, Umgang mit Stress und einzelnen Gefühlen). Was uns Sicherheit bietet, ist immer eng an eine Bedeutung geknüpft, die wir dem Sicherheitsspender verliehen haben. Droht diese Bedeutung, der Wert, den etwas/jemand für uns hat, verlorenzugehen, treten Angstzustände auf.[5] Nicht Angst ist das Problem, sondern das Festhalten an Bedeutungen, die wir Situationen und Personen selbst verleihen. Bitte fragen Sie sich, was/wen Sie befürchten zu verlieren und welche Bedeutung es/derjenige für Sie hat. Welche Bedeutung wird dadurch Ihrem Leben verliehen und welchen Wert hätte Ihr Leben ohne?

Bei einer Betroffenen verdeutlichte sich das im befürchteten Verlust ihrer Kinder, wenn sie die Scheidung einreichen würde. Sie litt jahrelang an Panikattacken und lebte in einem engen Kreis um ihr Haus herum, als Signal für ihre Angst, sich von ihrer Ehe (und somit Familie) zu entfernen. Eine Leserin erlebte Angstattacken, wenn sie im Auto zu Meetings fuhr, mit denen sie bewusst keinen Stress verband. Unbewusst löste die Enge ihres Berufs verbunden mit der Art der geschäftlichen Kontakte, denen sie menschlich nichts abgewinnen konnte, Angst aus. Doch ihr Job ermöglichte ihr einen Lebensstil, der ihr Sicherheit gab. Ihn aufzugeben oder kritisch zu betrachten, verstärkte ihre Angst – auch, weil ihre Eltern ihre Arbeitgeber waren.

SOZIALE BEDÜRFNISSE Die dritte Bedürfnisebene kennzeichnet die *Bedürfnisse nach Liebe und Zugehörigkeit:* Freiheit von Einsamkeit und sozialen Ängsten, stattdessen das Erleben von Freude und nährenden Bindungen, die Geborgenheit einer Familie, ggf. mit Kindern, eine gesunde Partnerschaft sowie das Gefühl einer gleichgesinnten Gemeinschaft. Im Umkehrschluss werden unbefriedigte Bedürfnisse begleitet von Einsamkeit, emotionaler Erschöpfung, dem Gefühl, nur schwer Liebe annehmen zu können und mehr zu geben, als zu empfangen, fehlender Geborgenheit, destruktiven oder oberflächlichen Beziehungen, innerer Leere, Langeweile, Sinnlosigkeit, dem Gefühl, für andere da sein zu müssen, um Zuwendung von ihnen zu erhalten – und seine eigenen Bedürfnisse zurückstellen zu müssen.

Meistens handelt es sich um den Bereich der persönlichen Beziehungen und der Partnerschaft sowie der Familie, der unerfüllte Bedürfnisse zeigt, die nicht behoben werden. Viele Frauen geben Beziehungen eine besondere Bedeutung und stehen einem Wandel skeptisch gegenüber. Aus eigener Erfahrung weiß ich, dass es leichter ist, wenn sich andere verändern, damit wir selbst nicht aktiv werden müssen. Wir übertragen anderen oft eine Verantwortung für unsere inneren Zustände, für die wir einstehen müssten. Sind wir zum Beispiel unglücklich mit unserem Partner, muss es an ihm liegen. Dahinter verbirgt sich oft eine Angst vor Unabhängigkeit, Trennung, Verlust und Veränderung auf charakterlicher/verhaltensbezogener Ebene. Gleichzeitig tendieren Frauen dazu, eher eine wie auch immer geartete, aber wenig positive Beziehung einzugehen, als gar keine zu haben. Das kann zum einen daran liegen, dass ihre weibliche Energie durch Fürsorge und Hingabe Ausdruck finden möchte. Auf der anderen Seite haben viele Frauen gelernt, dass sie sich durch Zugehörigkeit und Bindung wohl- und wertvoll fühlen. Dafür wären sie bereit, körperliche und andere Bedürfnisse zu vernachlässigen. Doch das Leben verliert so an Eigendrehung[6] und Eigensinn. Nur ein Gleichgewicht von Selbstabgrenzung und -hingabe, Festhalten an Bestehendem sowie Wandel ist langfristig vielversprechend für die Gesundheit. Krampfhaftes Festhalten aber kann Ängste ins Unermessliche steigern.[7] Hier zeigt sich bei vielen Frauen ihre persönliche Sackgasse. Dass sie eher ihre Bedürfnisse unbefriedigt lassen, statt sich für sich einzusetzen, zu den eigenen Meinungen und Wünschen zu stehen, ihren Gefühlen Ausdruck zu verleihen und sich selbst treu zu bleiben, ist mit der Angst verbunden, allein zurückzubleiben. Deshalb bleiben wir in uns nicht länger dienlichen Partnerschaften, statt uns zu trennen. Das kann sich auch auf den Beruf beziehen. Die (ungesund überhöhte) Bedeutung einer Beziehung (auch eines Jobs, um Teil von etwas zu sein), gerät in Konflikt mit anderen, ebenso wichtigen Bedürfnissen.

INDIVIDUALBEDÜRFNISSE Selbst das *Bedürfnis nach Achtung und Selbstachtung*, wenn unbefriedigt, kann Ängste schüren. Das Erleben von Respekt, Status, Ruhm, Ehre sowie Macht, genügend Aufmerksamkeit und Anerkennung zu erfahren, Leistung und Kompetenz frei ausdrücken zu können, persönliche Freiheit, Unabhängigkeit zu erleben und Selbstvertrauen zu empfinden sind die Bausteine dieser Ebene. Je befriedigter unsere Bedürfnisse hier sind, desto stärker ist unser Selbstwert. Bei unbefriedigten Bedürfnissen können sich Burnout/Depressionen durch Gefühle der Nutz- und Sinnlosigkeit zeigen, außerdem lähmende Langeweile (»Boreout«), starke Unlust zu Leistungen aller Art (auch emotionalen Anpassungsleistungen) sowie das Gefühl, ausgeliefert zu sein.

Macht, finanzielle und persönliche Unabhängigkeit, Ehrgefühl und intellektuelle Leistungen auf den höchsten beruflichen Ebenen sind relativ neue Themen für Frauen. Erst der Feminismus öffnete sie für Frauen und machte sie für viele überhaupt erstrebenswert und somit wertvoll und zum Teil des persönlichen Reichtums. Unzählige Frauen berichteten mir in den vergangenen Jahren, dass sie ihr Leben noch immer auf allen Ebenen zu »klein« lebten, sie sich ihre Leistungen und deren Wert bislang abgesprochen hatten – auch weil es anderen so leichter fiel, mit ihnen umzugehen. Der Wert als Frau und Mensch rückt in Zeiten der Selbstliebe und des Empowerments zwar immer wieder in den Fokus, doch selten wird er zu gefühltem Wissen und somit zur Selbstverständlichkeit. Frauen haben für sich nicht nur entdecken können, dass sie ihren Wert untergraben und zu wenig für sich einstehen. Sie haben erkannt, dass gleichzeitig eine tiefe Angst vor Selbstabgrenzung und Unabhängigkeit, der eine nicht gelebte Selbstachtung zugrunde liegt, in ihnen wohnt. Sei es durch Erziehung, Schulbildung, Verhaltensweisen der (besonders weiblichen) Ahnenlinie oder bestimmte Erfahrungen: Wenige empfinden sich persönlich und beruflich als machtvoll oder glauben, dass sie Status, Ehrgefühl und Freiheit verdient hätten. Wenigen fällt es leicht, ihr Leben (allein) in Besitz zu nehmen und anderen ihre Grenzen aufzuzeigen, aber auch sich selbst an die eigenen Grenzen zu halten. Viele vernachlässigen diese in Anbetracht der Konsequenzen oder wissen nicht einmal, welche Grenzen sie besitzen (sollten).

In diesen ersten vier Bedürfnisbereichen könnte Ihre Angst fußen. Deshalb bitte ich Sie nachzuspüren, in welchem Bereich Sie sich unerfüllt fühlen. Sollten Sie mehrere Bereiche entdecken, sortieren Sie sie nach Wichtigkeit. Das wird Ihnen verdeutlichen, was Sie in Ihre Sackgasse führte.

Als erste Hilfestellung möchte ich Ihnen für den Moment drei Fragen mitgeben:

1. Wann (Momente, Gedanken, wenn Sie sich von etwas/jemandem entfernen, sich etwas/jemandem nähern, wenn sich etwas/jemand sich Ihnen entzieht) tritt Angst auf?
2. In welchem Lebensbereich (Familie, Kinder, Partnerschaft, Beruf, Freunde, Selbstverwirklichung) ist die Angst am stärksten?

3. Sind es Personen (und deren Verhaltensweisen), die die Angst auszulösen scheinen (hierzu zählen auch befürchtete Reaktionen)?

SELBSTVERWIRKLICHUNG Nebst den besprochenen vier Ebenen scheint sich der Bedürfnisbereich der Selbstverwirklichung, zu dem Selbstfindung, -ausdruck und ein Leben in Authentizität gehören, gegen die stagnierenden, erstickenden oder unerfüllten Lebensbereiche zu wehren. Die fünfte Bedürfnisebene nach Maslow beschreibt deshalb das *Bedürfnis nach Selbstverwirklichung* und gilt als Wachstumsbedürfnis: Sinn, das Empfinden eines Selbst, das Ausschöpfen eigener Potenziale, das Erleben eines höheren Guts, dienen können/dürfen/wollen, sich gesellschaftlichen/weltlichen Diensten hingeben. Unerfüllte Bedürfnisse in diesem Bereich zeigen sich in Sinnleere, vor allem beruflicher Arbeiten, dem Drang nach neuem, andersartigem Wissen und der Erkenntnis auf tieferen Ebenen, der Suche nach dem eigenen Sinn (und des Lebens) sowie Erleuchtung, dem Wunsch nach spirituellem Wachstum und dem Finden und Ausleben der Berufung. Besonders Frauen, die augenscheinlich (fast) alles haben, bemerken hier starke räsonierende Gefühle. Als versuchte die Seele, die Oberhand über die Gestaltung ihrer Zukunft zu gewinnen, erfahren sie Angst oft als notwendige Reflexion ihres IST-Zustandes. Angst fordert sie zur Korrektur auf, sich spirituell zu erkunden oder Lebensbereiche mit Sinn zu füllen.

Es soll nun um Sie gehen. Sie sollen sich in den Vordergrund stellen und dürfen die Welt ohne selbstignorierende Pflichten betrachten, dürfen Ihre Fühler ausstrecken und interessante Themenbereiche und Gleichgesinnte finden, zu Entdeckerinnen werden – denn das Leben hält viel bereit. So wachte eine Leserin stets nachts um drei Uhr auf und dachte über den Sinn des Lebens nach, über Wissensgebiete wie Philosophie und Weltpolitik. Sie spürte einen Drang nach Engagement für diese Belange und suchte nach dort angesiedelten Aufgaben, statt sich vorrangig um ihre Familie und den Haushalt zu kümmern.

Bedürfnis-Check

Zu einer radikalen Selbstprüfung gehört nicht nur, dass Sie Ihre Bedürfnisse betrachten und kennen. Das eigene Leben zu überprüfen bedeutet, sich darüber klar zu werden, was in welchem Bereich und wieso nicht stimmig für Sie ist. Es waren Ihre Handlungen, Gedanken und Gefühle, die Sie in diese Situationen brachten, die Sie dort hielten oder aus denen Sie sich nicht lösen konnten. Nicht immer sind solche Erkenntnisse schmerzfrei. Doch so unangenehm die Einsichten auch sein mögen: Es ist essenziell, dass Sie sich eingestehen und verinnerlichen, wenn Ihre Partnerschaft Ihnen mehr schadet als nützt, oder Ihr derzeitiger Arbeitgeber Ihnen nötige Lebensenergie stiehlt, Sie sich unfrei in Ihrer Persönlichkeitsentwicklung fühlen oder abhängig von anderen. Da Sie allein darüber entscheiden, ob Sie für Ihre Bedürfnisse einstehen oder sie vernachlässigen, sind Sie die einzige Person, die ihre Befriedigung in Gang setzen kann. Je stärker Sie Ihr Leben nach den Anforderungen und Bedürfnissen anderer ausgerichtet haben, desto mehr Widerstand könnten Sie zwar erfahren, doch was unter dem Strich steht, bestimmt maßgeblich über Ihre Zufriedenheit in allen Lebensbereichen und somit über die Anwesenheit Ihrer Angst.

Ich lade Sie nun ein, nachdem ich Ihnen alle Bedürfnisebenen vorgestellt habe, Ihr Leben einem Check zu unterziehen. Notieren Sie sich bei jeder Frage – spontan, aber wahrheitsgetreu –, wo auf der Zahlenskala Sie Ihre Zufriedenheit ansetzen und wohin Sie gelangen möchten. Betrachten Sie in jedem Lebensbereich nicht nur Ihr aktuelles Gefühl, sondern erinnern Sie sich gegebenenfalls an immer wieder auftretende Konflikte oder Widerstände. Sollten bestimmte Personen in Ihrem Lebensbereich nicht nur für kurzzeitigen (physischen, emotionalen und psychischen) Stress sorgen, sondern eine konstante Herausforderung darstellen, beziehen Sie dies mit in Ihre Bewertung ein. Ganz gleich, wie sehr Sie diese Person(en) auch lieben mögen, wie sehr Sie sie auch zu glauben brauchen: In diesem Check geht es nur um die Überprüfung und die Gewahrwerdung dessen, was aktuell ist und wie Sie es sich wünschen würden. Ich möchte Ihnen aufzeigen, wo es Brennpunkte und Konfliktherde gibt, die Sie angehen können, um den Raubbau an Ihrem Körper, Ihrem Geist und Ihrer Seele zu beenden – denn nur so kann es gelingen, dass Angst auch auf allen Ebenen schwindet.

Welche Bedürfnisebene ist am stärksten unbefriedigt und unbefriedigend? An welcher sollten, können und möchten Sie am stärksten arbeiten?

Betrachten Sie nach diesen Erkenntnissen Ihre Bedürfnisse in den letzten 24 Monaten. Fragen Sie sich auch: Erinnere ich mich an eine Zeit, in der ich erfüllter war? Gab es singuläre Ereignisse, die ein Ungleichgewicht herstellten? Wann traten diese ein? Was machte das mit meinen Bedürfnissen auf den einzelnen Ebenen?

Schnelle Methoden und Techniken

Einige der Bedürfnisse lassen sich leichter befriedigen als andere. Fangen Sie bei diesen an. Da Angst eine sehr physische Wahrnehmung ist, ist es sinnvoll, beim Körper zu beginnen, da wir hier am leichtesten und effektivsten etwas bewirken können. Im Folgenden stelle ich Ihnen einige der besten Wege vor.

RUHEPAUSEN Gönnen Sie sich bewusst Ruhe. Angst kann ein Symptom einer emotionalen und/oder geistigen Überforderung sein, wie es sich bei vielen Frauen, auch bei mir, zeigte. Entspannung und die *entschleunigte* Gestaltung der eigenen Zeit sind essenziell dafür, Stresshormone wie Kortisol und Noradrenalin abklingen zu lassen.

ENTSPANNUNG Autogenes Training, progressive Muskelrelaxation, Meditation, Yoga sowie Kontakt zur Natur können helfen, sich zu erden und wieder einen klaren Kopf zu bekommen. Gehen Sie mit Ihren Herausforderungen spazieren oder besuchen Sie einen

Bedürfnis-Check

Bedürfnisse	1	2	3	4	5	6	7	8	9	10
	1 = sehr gering befriedigt					10 = stark befriedigt				
Körperliche Bedürfnisse										
Nahrung: gesund, ausgewogen, mit Vitaminen und Mineralien										
Flüssigkeit (zuckerfreie Getränke wie Wasser, Tee)										
Frische Luft und Tageslicht										
Angenehme Temperatur										
Ausreichend Bewegung und regelmäßige Sporteinheiten										
Erfüllte Sexualität										
Ausreichend Entspannung und Zeiten der Stille										
Ausreichender, tiefer und erholsamer Schlaf										
Abwesenheit von Schmerzen (physisch, psychisch, emotional) und Krankheiten										
	Gesamtpunktzahl:					**/90**				
Schutz und Sicherheit										
Gesicherte Existenz (Wohnraum, Lebensunterhalt)										
Abwesenheit von Gefahren (physisch, psychisch, emotional)										
Halt durch Struktur im Leben										
Ordnung (frei von psychischem und emotionalem Chaos)										
Wohltuende Grenzen										
Stabilität, anhaltende Sicherheit										
	Gesamtpunktzahl:					**/60**				
Liebe und Zugehörigkeit										
Freiheit von sozialen Ängsten										
Freiheit von Einsamkeit										
Harmonisches, nährendes soziales Netzwerk (Familie, Kollegen, Freunde, Bekannte)										
Geborgenheit und Halt in Beziehungen verspüren										

Bedürfnisse	1	2	3	4	5	6	7	8	9	10
	1 = sehr gering befriedigt					10 = stark befriedigt				
Gesunde Partnerschaft										
Gleichgesinnte, Teil einer Gemeinschaft sein										
Gesamtpunktzahl:						**/60**				

Achtung und Selbstachtung										
Respekt										
Status										
Ruhm										
Ehre										
Persönliche Macht										
Aufmerksamkeit, Anerkennung										
Sich als leistungsfähig und kompetent erfahren										
Persönliche Freiheit und Unabhängigkeit										
Stabiler Selbstwert										
Selbstvertrauen										
Gesamtpunktzahl:						**/100**				

Selbstverwirklichung und Wachstum										
Möglichkeiten zum Wachstum										
Erleben von Sinn (Sein, Beruf)										
Weiterentwicklung und Ausschöpfen eigener Potenziale										
Unabhängigkeit in der Selbstaktualisierung empfinden (sich jederzeit weiterentwickeln)										
Erleben des eigenen Selbst										
Ein höheres Gut spüren (Erleben eines größeren Zusammenhangs)										
Dienen können/dürfen (Hingabe an außerpersönliche Themen)										
Gesellschaftlich wirken können/dürfen										
Teil eines großen Ganzen sein										
Gesamtpunktzahl:						**/90**				
Punktzahl aller Bedürfnisebenen:						**/400**				

speziellen Kurs Ihrer Wahl. Konsultieren Sie auch das Internet, um Videos, Audios und geführte Meditationen zur Entspannung zu finden – besonders, wenn Sie wegen Ihrer Angstzustände die Öffentlichkeit meiden. Agieren Sie für Ihren Körper selbst dann, wenn Ihnen Angst bereits viel Energie abgefordert hat. Es ist eine wichtige Übung, sich trotz allem immer für sich selbst einzusetzen und da zu sein. Schulen Sie sich in dieser Selbstfürsorge und verbringen Sie Zeit mit sich. Auch Freunde und/oder enge Bezugspersonen, die keinen Stress auslösen, können Ihnen dabei eine Hilfe sein. Bitten Sie sie eventuell, Sie zu begleiten.

BEWEGUNG/SPORT Auch durch Bewegungen aller Art, die den Puls ansteigen lassen, lässt sich Ruhe im Körper und Geist herzustellen, denn Sport reduziert Stresshormone und regt gleichzeitig die Ausschüttung von Glückshormonen an. Die Forscherin Bente Pedersen stellte fest, dass arbeitende Muskeln sogenannte Myokine, heilende Botenstoffe, ausschütten, die Krankheiten entgegenwirken.[8] Mittlerweile ist zudem bekannt, dass ein körpereigener Angsthemmer, das Peptid ANP, durch Sport ausgeschüttet wird.[9] Eine niederländische Studie zeigte 2011, dass schon 60 Minuten Sport pro Woche die Gefahr von Depressionen sowie Angst- und Panikstörungen verringern würde.[10] Die Genesung erfolgte zudem schneller, wenn die Betroffenen regelmäßig Sport trieben. Doch Vorsicht: Sport sollte keine Tätigkeit sein, die zusätzlichen Stress bei Ihnen auslöst. Wählen Sie eine Sportart, die Ihnen Freude bereitet und Ihnen das Gefühl gibt, Sie selbst sein zu dürfen.

SCHAFFEN SIE RAUM IN IHREM KÖRPER Sollte Ihnen Sport nicht behagen, weil Sie mit Ängsten in Bezug auf die Belastbarkeit Ihres Körpers zu kämpfen haben, probieren Sie weite, öffnende Körperposen aus. Amy Cuddy von der Harvard-Universität untersuchte die hormonelle Auswirkung von Körperhaltungen mit geringem und weitem Raum (siehe Grafik Seite 34) und fand heraus, dass Stresshormone durch Haltungen mit geringem Raum gefördert werden.[11] Mit geringem Raum meint Cuddy wenig Raum einnehmende, geschlossene, machtlose Körperhaltungen, mit denen man sich physisch gesehen »kleinmacht«. Dazu zählen u.a. ineinandergeschlungene Beine beim Stehen oder übereinandergeschlagene Beine beim Sitzen, verschränkte Arme, Positionen mit abgerundetem Rücken und nach vorn gelehntem Körper sowie gesenktem Kopf. Sie können entsprechende Gefühle im Körper auslösen und signalisieren Enge und Angst. Mit weitem Raum meint Cuddy jene Haltungen, die viel Platz einnehmen, eine natürliche Autorität und Stand ausstrahlen, darunter typisch männliche Posen wie hinter dem Kopf verschränkte Arme, schulterweit geöffnete Beine im Stehen oder Sitzen, nach vorn gebeugte Stehhaltungen, Arme in die Hüften gestemmt. Auch sich zurückzulehnen gilt als weite Pose.

Durch diese Haltungen, so Cuddy, ändere sich die Zusammensetzung unseres Blutes: Je mehr Cortisol und Noradrenalin im Körper vorhanden sind, desto unruhiger und gestresster fühlen wir uns. Je mehr Testosteron wir hingegen im Blut haben, desto mutiger und vertrauensvoller fühlen wir uns. Cuddy stellte in Experimenten zudem fest, dass Personen mit einer geschlossenen, kraftlosen Haltung unter Sorgen, Angst, Unsicherheit, starker Nervosität und einem geringen Selbstbewusstsein litten.

STIMMARBEIT Angst kann ein Anzeichen dafür sein, dass wir unsere Wahrheit nicht aussprechen. Ob wir es nicht wagen oder es nicht wagen sollten: Sie können jederzeit Ihre Stimme nutzen, um sich auszudrücken. Ich empfand in Zeiten meiner Angst eine Methode als sehr hilfreich: Summen. Es beruhigte mich und gleichzeitig arbeitete ich mit den Ressourcen meines Körpers. Ich wählte mir Wiegenlieder aus, die ich aus meiner Kindheit kannte, und summte sie leise und laut, wie es mir die Situation, in der ich mich befand, ermöglichte. Ich schuf eigene Melodien, die die Mutter in mir aktivierten. Sie kümmerte sich um mein inneres Kind, wenn ich Angst hatte. Ich stellte mir bewusst vor, wie ich es in meinen Armen hielt und schaukelte. Meine Stimme schuf somit Nähe und Schutz. Durch

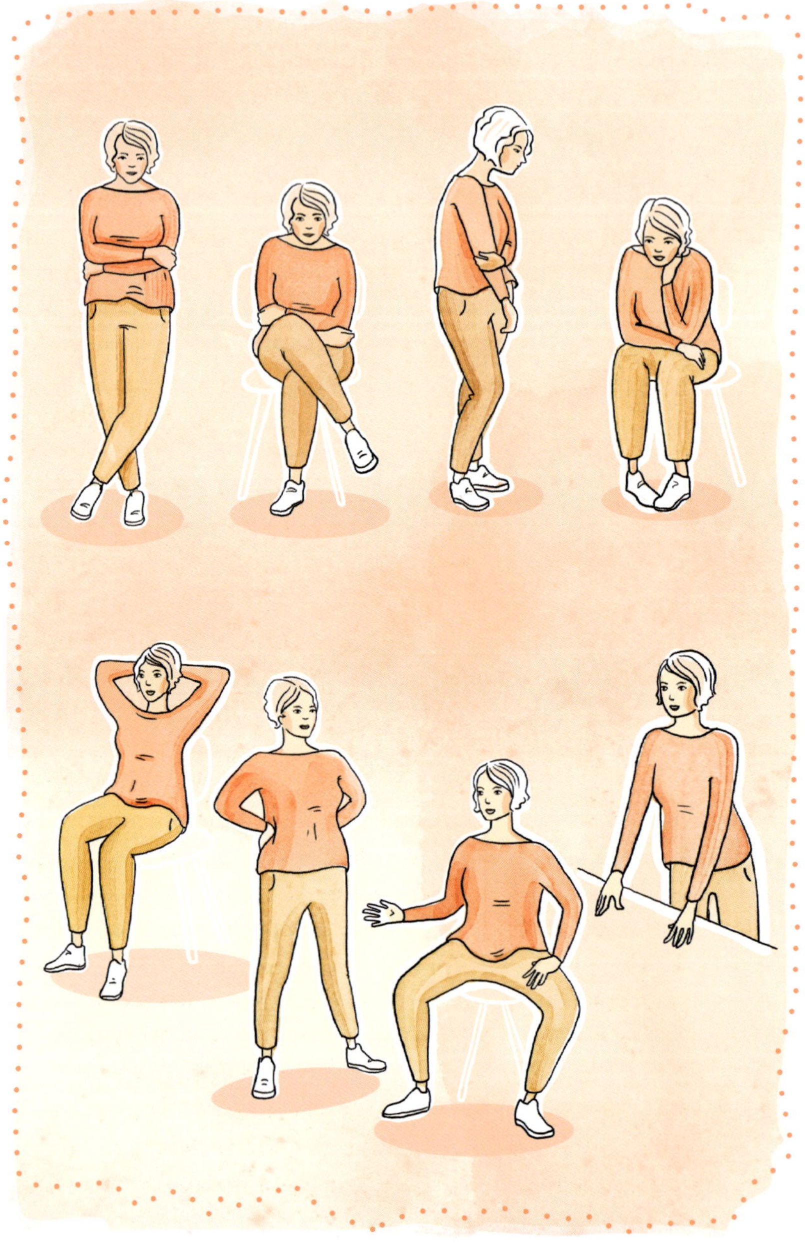

diese Methode lernte ich, dass es Persönlichkeitsanteile in mir gab, die nicht von Angst zerfressen waren. Sie waren stark, liebevoll und unnachgiebig in ihrem Bemühen um mein Wohl.

Sie brauchen weder Wiegenlieder noch eigene Melodien, um es selbst auszuprobieren: Wählen Sie Ihr Lieblingslied, eines, das Sie stets beruhigt. Sollten Sie vorwiegend in der Öffentlichkeit Angstzustände fühlen, erweitern Sie diese Methode auf meine Weise und summen Sie mit Ihrem Atem. Es funktioniert ähnlich, nur dass Sie dieses Mal Ihre Stimme bewusst so leise wie möglich nutzen und stattdessen Ihren Atem verwenden, um eine Melodie in Ihnen anklingen zu lassen. Das können Sie in öffentlichen Verkehrsmitteln, an der Supermarktkasse oder im Wartezimmer machen.

SINNE BEWUSST NUTZEN Aus meiner Summ-Methode entstand auch eine Technik, die ich *Ent-Sinn-ung* nenne. Ich hatte während meiner Angstattacken oft das Gefühl der Sinnesüberreizung, die auch andere Betroffene beschreiben. Entweder war es mir zu grell, zu laut oder zu eng, zu warm, zu kalt, zu leer, zu weit oder es roch unangenehm. Zeitweise konnte ich weder Bücher lesen noch Musik hören, weder in der U-Bahn sitzen noch im Bus stehen – immer stachen die Außeneindrücke wie Dornen in meinen Körper. Im Zuge der damalig aufkommenden Thematik der Hochsensibilität suchte ich nach Wegen, meine Sinne einzeln auszuschalten, wenn es mir einmal wieder »zu viel« wurde. Ich schloss intuitiv die Augen, wenn ich etwas nicht sehen wollte, oder hielt mir die Ohren zu, wenn ich geräuschempfindlich war. Ich suchte visuell nur das Schöne in meiner Umgebung und ignorierte die Hässlichkeit meiner Stadt. Ich wandte mich von lauten Menschen ab, wechselte den Platz, teilweise sogar den Wagen der U-Bahn. Ich schloss den überforderten Sinn bewusst aus und nutzte diese kurze Zeit, um tief zu atmen und wieder Leere in mir zu schaffen. Es war einer der befreiendsten Wege für mich. Wir alle haben primäre Sinneskanäle, über die wir Informationen aufnehmen – unentwegt. Welche Sinne sind es bei Ihnen? Sollten Sie sich unsicher sein, machen Sie einen kleinen Test:

Lesen Sie die nächsten Fragen sorgfältig durch, bevor Sie die Augen schließen und in sich nach Antworten suchen. Stellen Sie sich vor, Sie sind am Strand. Fühlen Sie den Wind auf Ihrer Haut, den Sand unter Ihren nackten Füßen oder die warmen Sonnenstrahlen in Ihrem Gesicht? Riechen Sie die salzige Meeresluft? Hören Sie das Rauschen des Meeres oder sehen Sie den Wellen dabei zu, wie sie ans Ufer gespült werden? Schmecken Sie Algen auf der Zunge oder kitzelt der Gedanke an Meeresfrüchte Ihren Gaumen? Welche Eindrücke erhalten Sie durch Ihre Sinne *zuerst*? Schließen Sie nun die Augen und erleben Sie einen kurzen Moment am Meer.

Was tauchte als Erstes vor Ihrem inneren Auge auf? Hörten Sie zuerst den Klang der Wellen, ist Ihr primärer Sinneskanal akustisch. Sahen Sie es zuerst, sind Sie stark visuell. Sand, Luft und Sonne zu fühlen, zeigt Ihnen einen starken haptischen Kanal an. Rochen Sie das Meer, ist Ihr olfaktorischer Sinn stark ausgeprägt. Es zu schmecken deutet auf einen starken gustatorischen Sinn hin. Mit dieser Erkenntnis können Sie arbeiten: Sperren Sie Ihren dominanten Sinneskanal öfter aus und prüfen Sie, ob es Sie entlastet. Auch zu sehen, ob andere, weniger dominante Kanäle Sie beruhigen, kann sich lohnen. Beide Wege bei Angst auszutesten, kann Ihnen zudem zeigen, welche Sinne übermäßig beansprucht werden. Das war auch bei mir der Fall: Je weniger ich hörte, desto weniger Angst hatte ich, weil mein primärer Sinneskanal der akustische ist. Ich nutzte stattdessen den Blick in die Weite (visueller Kanal, der weniger ausgeprägt war) über alle Dinge und Personen hinweg, um ihn zu entlasten.

ACHTSAMKEIT Nicht für jeden ist Meditation angenehm. Viele verbinden damit eine Leere, die sie fürchten, oder finden im Sitzen und An-nichts-Denken schlichtweg keine Ruhe. Das hängt oft mit der ständigen Reaktivität zusammen, die wir in einem vollgestopften Alltag erleben – wenn wir von einem Termin zur nächsten Aufgabe hetzen, zum Beispiel. Dabei vergessen wir, dass wir einen Körper haben, der genauso viel Liebe und Zuwendung von uns benötigt wie beispielsweise Partner oder Kinder.

Wenn Ihnen Meditieren (noch) nicht liegt, erlauben Sie mir, Ihnen zu schildern/berichten, wie ich mich der Meditation genähert habe. Auch ich hatte große Schwierigkeiten, stillzusitzen und nicht vor Angst zu explodieren. Ich entdeckte zum Glück viele sehr gute Meditationstrainer, die mir zeigten, dass ein Beginn bei 0 statt bei 20 ratsam war. Erwarten Sie nicht sofort, dass Sie 20 Minuten am Stück meditieren können. Vergessen Sie auch die weitverbreitete Annahme, währenddessen dürfe man nicht denken. Es geht vielmehr um die Wahrnehmung der Gedanken, die man an sich vorbeiziehen lässt. Im autogenen Training spricht man sehr oft einen Satz, den Sie mit in Ihre Meditation nehmen können: »Meine Gedanken ziehen vorbei wie die Wolken am Himmel.« Sprechen Sie sich diesen Satz immer wieder im Geiste vor, wenn Gedanken Ihre Meditationspraxis stören. Sollten sich Gefühle oder Körperempfindungen melden, könnte Ihnen dieser Satz weiterhelfen: »Gefühle kommen und gehen.«

Meditieren Sie zu Beginn je eine Minute und steigern Sie sich langsam in Ihrem Tempo auf mehrere Minuten. Sie können die einminütige Meditation am Anfang mehrfach täglich üben, um Ihre Praxis schneller zu festigen. Es eignen sich am besten der Morgen, die Tagesmitte, die Zeit zwischen Terminen und der Abend, kurz vor dem Schlafengehen. Konzentrieren Sie sich auf den Bereich zwischen Ihren Augenbrauen. Stellen Sie sich vor, Sie hätten dort einen pulsierenden Punkt, der Ihrer Aufmerksamkeit bedarf. Drängen sich dennoch immer wieder Gedanken auf oder werden Sie von der Angst in Ihrem Körper unterbrochen, bringen Sie Ihren Fokus zurück zu diesem Punkt. Sprechen Sie die Leitsätze bei störenden Gedanken und Gefühlen auch laut aus, wenn es hilft. Üben Sie sich im Vertrauen, dass es ein sicheres Jetzt und Hier gibt – jenseits jeder Angst.

Eine andere Form der Achtsamkeit besteht im bewussten Gehen, Atmen und Tun. Meditierend kann man so gut wie alles in seinem Leben angehen. Der Hauptgedanke aber bleibt derselbe: Machen Sie es bewusst und langsam. Vermeiden Sie Multitasking und Ablenkung. Sorgen Sie währenddessen für Ruhe und Freiheit von steuernden Gedanken und Gefühlen. Rutschen Sie in einen Flow, der Sie trägt.

Bei und durch Angst geschieht das Gegenteil: Wir werden in unserer Wahrnehmung des Hier und Jetzt blockiert. Unser Körper ist währenddessen auf sein Überleben – auf die sichere bzw. sicherste Zukunft – konzentriert. Er schüttet dafür Stresshormone aus, die uns anhalten, entweder bereit zum Kampf oder zur Flucht zu sein. Eine dritte Möglichkeit ist die des Sich-tot-Stellens – einer lähmenden Starre, wie wir sie aus unerwarteten Situationen kennen, in denen wir nicht zu reagieren wissen. Achtsamkeit zu üben kann Ihnen helfen, sich aus dieser Reaktion nach der ersten Angstüberflutung herauszuziehen und wieder in die Gegenwart zu versetzen. Dort gedanklich angekommen, können Sie sich auf die bewusste Ausübung einer Tätigkeit konzentrieren: Sie können atmen, Wasser trinken, einige Schritte gehen, den Hals lockern, die Fäuste ballen und wieder loslassen, summen usw. Bewusst etwas zu tun ist frei von Hektik und angstvoller Ablenkung. Es bedeutet vielmehr, dass Sie sich auf die Tätigkeit konzentrieren, indem Sie sich dabei beobachten, wie Sie sie ausführen, und dass Sie dies langsam und entschleunigt tun.

Nehmen Sie bewusst die kleinen, aber für Sie bedeutsamen Erfolge auf körperlicher Ebene wahr und vermehren Sie sie. Erlauben Sie sich, Momente voller Liebe und Selbsthingabe (an sich und Ihr Leben, Ihre Wünsche und Interessen) regelmäßig zu erleben, um Stress in Ihrem Körper zu reduzieren. Es muss zu einer indiskutablen Handlung werden, dass Sie sich Ihre körperlichen Grundbedürfnisse erfüllen. Es gibt keine bessere Zeit als diese, in der Angst Ihnen nicht nur Ihre Blockaden zeigt, sondern auch die dahinter verborgenen Potenziale: was Sie (noch alles) verdient haben und erfahren dürfen. Ihre Talente und Fähigkeiten, Wünsche und Ziele dürfen zum Leben erweckt werden und Ihre Ängste und Unsicherheiten wegspülen wie eine heiße Dusche an einem eisig kalten Wintertag.

Ich bin doch nicht Jeanne d'Arc!

Wenn sich Ihr aktuelles Ergebnis im Check stark von Ihrem Ziel unterscheidet, könnte es an Ihrem inneren Richter liegen. Wir alle haben diesen Antreiber, der uns gebietet, was wir tun müssten und wie wir zu sein hätten. Er ist verantwortlich für kleine und große Lebensauflagen (»Wenn du nicht bis 30 ein Kind bekommst, dann ...!«, »Du musst heute noch ... erledigen!«), Warnhinweise (»Wenn du das machst, passiert etwas Schlimmes!«) und Verhaltensregeln (»Das darfst du nicht!«). Diese innere Stimme allein kann viele unserer Ängste verursachen. Vor allem leitet sie Frauen in eine missliche Richtung, denn sie untergräbt ihre weibliche Energie und stärkt die männliche. Doch nur im Gleichgewicht beider Energien können wir uns ausgewogen und in unserer Mitte fühlen. Dabei besitzen sowohl Männer Anteile weiblicher Energie als auch Frauen Anteile männlicher. Verharren wir jedoch in einem Extrem, müssen wir mit entsprechend extremen Symptomen rechnen. Tun, Steuern, Regeln, Erledigen und Schaffen stellen männliche Energie dar, während Sein, In-sich-hinein-Spüren, Fühlen, Empathie, Geduld und Vertrauen weiblich sind. Sind wir zu sehr im Kopf (männlich), zu wenig im Körper (weiblich) und getrennt von unserem Herzen, können wir Angst schon bei den kleinsten Anzeichen von Stress jeder Art spüren. Wir neigen in solchen Situationen dann eher zu starrer Dominanz, Gefühlskälte, Wut und destruktiven Reaktionen. Auf der anderen Seite ist ein Übermaß an weiblicher Energie wenig führend und stark passiv, sodass man sich ausgeliefert, selbstentfremdet und hilflos vorkommt.

Vielen Frauen fällt es leichter, in ihrer männlichen Energie zu leben, besonders, wenn sie einer Mehrfachbelastung ausgesetzt sind, und zum Beispiel als Mutter und Berufstätige auch den Alltag der Kinder und den Haushalt regeln müssen. Viele erlegen sich zudem den Anspruch auf, ihre Familie und ihren Partner zufriedenzustellen. So sorgen sie für eine weitgehend konstante Harmonie, damit alles funktioniert – indem sie selbst funktional bleiben. Doch macht sich Angst breit, schubst sie Frauen vom einen Extrem ins andere, hin zu weiblicher Energie, in der ihnen nur noch Fühlen, Vertrauen und Sein diktiert werden. Frauen mit Angstzuständen fühlen sich dann zu Recht wie kleine verängstigte Mädchen. Plötzlich ist die steuernde, abwehrende Lösungs- und Zielenergie verschwunden, und auch Kompensationen, die sie sich im Laufe ihres Lebens zugelegt haben, nützen nur noch wenig – oder sorgen erst recht für Angstzustände.

Erschwerend hinzu kommt der Umstand, dass vielen schon in ihrer Kindheit beigebracht wurde, ob, was, wann und wie sie zu fühlen haben. Selten wurde ihnen vorgelebt, wie sie mit ihren Gefühlen umgehen, wie sie Angst und Wut, Traurigkeit, Schuld und Scham begegnen können. Stattdessen erlebten sie entweder stark wirkende, aber innerlich geschwächte Mütter oder solche, die sie anhielten, emotional »klein« zu bleiben, also wichtige Kompetenzen wie Emotionsregulierung nicht förderten.

In meiner Arbeit lerne ich auch Frauen wie mich kennen, mit Müttern, die ihnen weibliche Funktionalität vorlebten – eine Art Durchhalten in allen Lebenslagen, in denen man alles täte, nur nicht zusammenbrechen –, und so an Gefühlen vorbeilebt. Sie spüren später (unbewusst) nur wenig oder leben ihr Leben bewusst jenseits tiefer Gefühle, sind eher Macherinnen und Aufräumerinnen. Sie funktionieren bis in die letzte Instanz, bis über die Grenzen ihrer Körper hinaus, auch emotional. Oft zeigen sich dieselben Dynamiken auch bei Frauen mit stark dominanten Vätern oder solchen, die die Obacht den Frauen der Familie überlassen. Besonders betroffen sind Töchter und Enkelinnen der Kriegsgenerationen, die wiederum bestimmte Muster im Denken, Fühlen und Handeln an ihre Kinder weitergegeben haben. Gesellen sich Angstzustände oder gar Panikattacken hinzu, sind sie so überwältigt, dass sie nicht wissen, was sie tun sollen, weil sie im Laufe ihres Lebens keine Vorbilder hatten, um Strategien für einen gesunden Umgang mit herausfordernden Gefühlen zu erlernen. Es ging in ihrer Kindheit überwiegend um Sicherheit, Kontrolle und Funktionalität. Wie die Bedürfnisse und Gefühle des Einzelnen aussahen, spielte aufgrund der Lebenssituationen und -kämpfe nur selten eine Rolle. Heute, in einer Zeit, in der wir von Meditations- und Kuschelabenden bis hin zu Weinen-Workshops viele Wege nutzen können, wieder in Kontakt mit uns zu kommen, gelingt das leichter. Doch früher passten Gefühle seltener in den Alltag. Wer aber in diesem Bewusstsein, in diesem Lebenskonzept, aufwuchs, tendiert dazu, es nachzuahmen – bewusst als Strategie der Lebenserhaltung oder unbewusst als Lebensmodell.

Alle diese Fälle verdeutlichen die hohe Wahrscheinlichkeit, dass Frauen tendenziell entweder in einer übermäßig männlichen Energie aufwuchsen und lernten, sie zu imitieren, oder strukturell von männlicher Energie abgeschnitten waren, weil eine übermäßig weibliche Energie herrschte. Die Ausgewogenheit beider haben nur wenige vorgelebt bekommen.

Wie sehen Sie diese Aspekte in Bezug auf Ihr Leben? Haben Sie von Kindheitstagen an gelernt, dass Sie getrennt von ihren Gefühlen leben und wirken soll(t)en, damit der Alltag und Beruf Ihrer Bezugspersonen sowie Ihre Beziehungen zu ihnen bestehen bleiben? Hatten Sie weibliche Bezugspersonen, die stark männlich agierten, stets funktionierten und auch die Kinder anhielten, sich so zu verhalten, damit die Sicherheit erhalten bliebe? Musste Ihre Mutter von früh bis spät hart arbeiten und hatte wenig Zeit für Nähe und Zuwendung? Oder haben Sie erlebt, dass Ihr Vater wenig männlich, dafür stark weiblich war? Kennen Sie von Ihren männlichen Bezugspersonen eine stark männliche Energie, die Frauen in Ihrer Familie wiederum in eine übermäßig starke weibliche Energie zwang?

Kinder versuchen, mit allem, was sie erleben, auf ihre Weise umzugehen, beobachten ihre Bezugspersonen, spielen Strategien nach und testen sie für sich. Doch nur selten sind wir uns dieser energetischen Lehre seitens unserer Eltern bewusst.

Vielleicht haben Sie früher sogar den Gedanken verinnerlicht, es sei leichter, nichts zu fühlen oder Ihre Gefühle nicht (zu stark) auszudrücken? Das wäre ein weiteres Anzeichen für eine ins Extrem gelebte, einseitige Energie, die auch Ihr Leben in Schach hält. Einige Gefühle werden Sie sicher ganz vermeiden und somit auch Situationen, die diese Gefühle auslösen würden. Auch die stark feministische Zeit könnten Sie deshalb unbewusst als Aufforderung auffassen, weniger zu fühlen und stattdessen mehr zu denken und leisten.

Angst erscheint mir als das einzige Gefühl, das Menschen sofort wegdrücken möchten. Bekommen wir Angst, wehren wir sie automatisch ab. Wir bleiben selten länger in diesem Gefühl als wenige Sekunden, weil es schwerfällt, den Verlust der Kontrolle über unseren Körper und die folgende emotionale Ohnmacht auszuhalten. Stattdessen gleicht Angst in ihrer motivierenden Funktion einer Aufforderung, sofort tätig zu werden, um die Situation, in der man sich befindet, weniger angsteinflößend zu gestalten. Doch wir werden nur dann resilienter, wenn wir unsere Gefühle auszuhalten lernen – statt sie nicht fühlen zu müssen. Doch viele Menschen haben in ihrer Vergangenheit gelernt, bestimmte Gefühle besser nicht zu fühlen, weil sie andere stören oder weil ihnen nicht beigebracht wurde, wie sie mit ihren Gefühlen umgehen können. Deshalb verbinden wir Angst, Wut, Scham, Schuld, Traurigkeit und selbst Freude oder Überraschung mit einer Bürde. So kenne ich kaum eine Frau, die Ihre Wut offen zeigt. Ich kenne zwar Frauen, die weinen können, aber dennoch ihre Tränen als Zeichen der Schwäche ansehen. Sie »muten« sie höchstens sehr engen Vertrauten zu. Ich habe gleichfalls viele Leserinnen und Klientinnen kennengelernt, die sich das Weinen verbieten, weil es ihnen das Gefühl gibt, dass etwas nicht stimmt – mit ihrem Leben, ihnen selbst oder der Welt. Sie wollen sich erwachsen verhalten und nicht wie ein kleines verletztes Mädchen. Wiederum andere meiden Schamgefühle, weil der Gedanke an ihre Unvollkommenheit und Verletzlichkeit sie noch weiter zu schwächen droht. Ich könnte ewig so fortfahren.

Frauen in der heutigen Zeit entfernen sich von ihrer weiblichen Energie und geben sich ihrer männlichen Energie stärker hin – auch, um sich weniger verwundbar zu fühlen. Sie setzen sich hohe Ziele, die der Feminismus noch zu unterstreichen scheint. Er ermöglicht Freiheit und Unabhängigkeit, auf die viele Frauen entweder physisch, mental, emotional oder spirituell nicht (genügend) vorbereitet sind. Auch Freiheit muss gelernt werden, denn sie birgt eine Weite, die sich wie Leere anfühlen kann, und unendliche Möglichkeiten, die frau sich trauen muss zu nutzen. Unabhängigkeit wiederum kann u.a. Konsequenzen wie Stress und die Notwendigkeit des Multitaskings mit sich bringen. Es fordert einer Frau viel mehr ab, als sich nur genug anzustrengen. Nicht immer sind wir in der Lage, mit unseren Aufgaben oder an unseren Herausforderungen zu wachsen. Manchmal fehlen zudem Kompetenzen, besonders dann, wenn wir keine entsprechenden Vorbilder gehabt oder auf unserem bisherigen Leben keine ähnlichen Situationen erlebt haben, an denen wir uns orientieren können. Nicht jede Frau ist somit in der Lage, einen Vollzeitjob mit steilen Aufstiegschancen, die Erziehung mehrerer Kinder und eine erfüllte Partnerschaft zu verantworten, während sie sich selbst verwirklicht. Und nicht jede Frau möchte alle Möglichkeiten, die ihr die Gesellschaft heute anbietet, auch nutzen.

— Angst erscheint mir als das einzige Gefühl, das Menschen sofort wegdrücken möchten. —

Ich erlebe sogar viele Frauen, die unbewusst das Gefühl haben, sie müssten alles, was Frauen heute können und dürfen, auch tun, während sie dennoch in sich die Sehnsucht spüren, nichts zu müssen, nichts zu tun und sich nicht beweisen zu müssen. Sie möchten stattdessen ihre weibliche Seite ausleben, sich zurückzulehnen und nur sein, wer sie sind, empfangen dürfen, statt stets zu geben. Doch viele muten sich Karriere, Kinder, Partnerschaft/Ehe und Selbstverwirklichung in Perfektion mit immer höheren Zielen zu. Die nötige Anpassung einzelner Lebensbereiche an die Bedürfnisse ihres Körpers wird dabei oft ignoriert. Oder sie fürchten, dass die Konzentration auf Familiengründung ihnen Grenzen in ihrer Selbstfindung und ihrem Selbstausdruck setzt.

Was mir in diesem Strudel aus Selbst- und Fremderwartung wiederholt auffällt: Viele sind dabei unermüdlich. Sie klagen selten, sie handeln einfach, weil sie es können, wollen und sollen. Und vielleicht klingen ihnen noch immer die Stimmen ihrer Mütter in den Ohren, die ihnen sagen: »Wir konnten das früher nicht! Sei froh darüber, was dir heute alles offensteht.« Es sind leise Aufforderungen mit großer Tragweite, die Frauen ihre eigenen Grenzen im körperlichen und geistigen Sinne verletzen lassen. Sie überlasten sich und erkennen in plötzlich auftretender Angst, dass sie scheinbar doch nicht so stark sind, wie sie dachten. Auch Burnout kann sich durch Angstzustände zeigen, wie sich an meiner Geschichte und der anderer zeigt.

Wir brauchen nicht ständig Jeanne d'Arc zu mimen, aber wir können erkennen, dass uns Angst an unseren verletzlichen oder bereits verletzten Selbstwert erinnern kann – den, der uns antrieb, alles zu werden, was wir heute sein können. Selbst Frauen, die ihre Zukunft weniger im Beruf oder in der Selbstverwirklichung sehen, empfinden Angstzustände aus dem Nichts oft als Signal ihrer Dysfunktionalität als Mensch und Frau. Mitunter, wenn Angst ihr Leben stark beeinträchtigt, sehen sie sich schnell als schlechte Mutter oder Partnerin, weil sie nicht länger für den Erhalt funktionieren können. Vermeintlich wegen ihrer Angst. Die vorher gut geölte Maschinerie ihrer Reaktivität beginnt zu quietschen, bis sie ganz ihren Geist aufgibt. Deshalb geben wir dem Gefühl Angst gern die volle Schuld. Es scheint, als ob ihre Anwesenheit alles zunichtemachte, was man sich aufgebaut hat, und einen abschneidet von den Möglichkeiten, die man ohne sie ausleben würde.

Doch viele Frauen wissen nicht, wer sie selbst sind. Ihnen fehlen eigene Vorstellungen und Definitionen von sich als Mensch, Frau, Mutter, Tochter, Schwester, Partnerin, Freundin. Sie folgen vielmehr den Möglichkeiten, die sich ihnen bieten, und streben (stets) nach mehr, in der Hoffnung, alles zu sein, wenn sie erst einmal alles in ihrem Leben erreicht haben, was für sie von Wert ist. Doch je mehr sie erreichen, desto mehr drängt sich die Angst, etwas davon wieder zu verlieren, ins Bewusstsein. Nicht immer kann dieses Alles Sicherheit versprechen und leisten, denn es muss ständig bewahrt werden.

Je brüchiger die Fassade, als desto hilfloser erleben sich einige Frauen. Aufgeben ist für wenige eine Option, denn sie macht Angst: Angst, nicht stark oder gut (genug) zu sein, Angst, zu versagen. Mit lähmender, einschränkender, schwächender Angst, die aus dem Nichts auftaucht, geht die ständige Funktionalität vieler Frauen jedoch in mindestens einem Lebensbereich verloren.

Mir drängt sich seit Jahren der Gedanke auf, dass es genau das ist, was Angst bei vielen erreichen möchte: Sie bricht die ewige Funktionalität auf und ermöglicht mit ihrer ganzen Kraft, dass Frauen nicht mehr funktionieren müssen, weil sie es durch Angst nicht mehr *können*. Denkt man diese These weiter, so erscheint es sinnig, dass der Stress, der in einzelnen Lebensbereichen vorhanden ist, schwinden kann, wenn sich frau dort nicht länger bemüht. Nur das rigide Festhalten an der eigens auferlegten Funktion ohne eigenes Sein hindert sie noch – während Angst in immer stärker werdenden Wellen dagegenhält.

Deshalb ist es ratsam, die eigenen Energien auszubalancieren und seine inneren Antreiber loszulassen. Eine solche Ausgewogenheit männlicher und weiblicher Energien bedeutet, dass wir bewusst die dominantere entlasten und die weniger gelebte für uns nutzen. Doch dieses Gleichgewicht stellt sich nicht einfach so ein. Man stellt die Balance vor allem nicht passiv her, sondern aktiv – indem man entweder aktiv in die Passivität geht oder diese aktiv verlässt. Einige nennen es Erdung, andere Ausgleich oder »wieder zu sich kommen«. Sie können diese Balance herstellen, indem Sie genau betrachten, wann Ihre Angst auftaucht: Bekommen Sie Angst, wenn Sie unabhängig, allein sind und allein entscheiden sollen, im Mittelpunkt stehen, etwas kontrollieren, anleiten und (zum Erfolg) führen sollen, stark und strukturierend sein sollen? Verschlimmert sich Ihre Angst, wenn Sie zu viel Verantwortung tragen, besonders fremde? Dann wären Sie zu stark in Ihrer weiblichen Energie. Viele Frauen erleben hier eine besondere Angst während des Alleinseins oder vor dem Alleinsein an sich, bis hin zu tiefer Einsamkeit, die neue Ängste auslösen kann.

Oder erleben Sie Angst, wenn Sie die Kontrolle abgeben sollen, sich hingeben, anleiten lassen und empfangen sollen, vertrauen und passiv sein sollen? Dann wären Sie zu stark in Ihrer männlichen Energie. In beiden Fällen fungiert Angst als erlösendes Moment, das Sie in Ihrer übermäßigen Energie unterbrechen und in einen Ausgleich führen möchte.

Angst scheint zu schreien: »Hör auf!« Das vergebene Hoffen und Kämpfen für bessere Zeiten, das Bemühen um Perfektion sowie Veränderungen, die andere nicht wollen, das Ignorieren schwerer Umstände, die uns verletzen, das bewusste Dulden negativer Situationen aus Angst: Sie lösen Stress aus und halten uns konstant in einem Zustand innerer Anspannung, den wir – männlich steuernd – abzuwehren versuchen. Und Stress, so sagte die Psychoanalytikerin Verena Kast in ihrem Buch »Über den Sinn der Angst« trefflich, ist nur ein anderes Wort für Angst. All diese Situationen sind stressig, weil Sie etwas mit ihnen verbinden. Es ist die bereits erwähnte Bedeutung, ein Wert, den Sie in jedem Fall zu schützen versuchen. Wie groß die Angst ist, merkt man erst, wenn sie auftaucht und man den Stress zu fühlen beginnt. Doch wir erlauben sie uns nicht – weil wir zu sehr in der männlichen Energie verhaftet sind.

Um Ihre Angst zu lockern, lade ich Sie ein, sie beim nächsten Auftreten akzeptierend zu spüren. Gestehen Sie sich ein, dass Sie Angst haben und wie viel Sie in der Vergangenheit verdrängt haben. Angst wird im Körper gebunkert, wenn wir versuchen, sie stets wegzudrängen. Deshalb spreche ich bei Angst- und Panikattacken stets von einer inneren Explosion. Die gebündelte, angestaute Angst sucht ihren Ausdruck – und der Körper findet immer einen Weg, mit Stress umzugehen. Es ist in Ordnung, dass Sie Angst haben. Es ist normal und menschlich, egal, in welcher Situation sie auftreten mag. Sie brauchen sich weder für Ihre Angstzustände zu schämen noch sich schuldig zu fühlen, weil Sie (noch) Schwierigkeiten haben, sie in den Griff zu bekommen. Sie dürfen traurig sein und so viel weinen, wie es Ihnen guttut. Sie dürfen die Wut, die Sie so lange in sich vergraben haben, spüren und rauslassen. Geben Sie sich die Erlaubnis, jetzt, da Angst Ihnen den Weg weisen möchte, alles zu fühlen. Sie sind ein Mensch, keine Maschine. Vielleicht ist Ihre Angst auch ein Zeichen der Zeit, dass Sie endlich wieder Kontakt mit sich und Ihrem Körper haben dürfen, sein und fühlen dürfen, was Sie ausmacht. Doch interpretieren Sie nichts in die Angst hinein. Denn auch Denken als Tätigkeit ist erneut männliche Energie. Verfallen Sie nicht dem Irrglauben, dass Sie dieses Gefühl sind oder dass es ewig bleiben wird. Identifizieren Sie sich nicht damit. Möchten Sie sich wohler fühlen, müssen Sie die Herrschaft über Ihre Gedanken gewinnen. Diese kann klein beginnen, indem Sie sich all Ihre Gefühle erlauben. Es ist eine Annäherung an Ihre weibliche Energie, falls Sie zu stark in der männlichen verhaftet gewesen sind. Je mehr Sie sich Angst erlauben, desto geringer wird sie werden. Nur machen Sie es sich nicht zu bequem in der Angst. Wie bei einem Partner oder Arbeitgeber, der uns nicht gut behandelt, müssen wir zuerst die Umstände annehmen, den Kampf gegen unseren inneren Widerstand beenden und die Verneinung verlassen, bevor wir über uns hinauswachsen können.

> — Geben Sie sich die Erlaubnis, jetzt, da Angst Ihnen den Weg weisen möchte, alles zu fühlen. —

Wenn Sie das nächste Mal Angst haben, sprechen Sie sich Respekt, Anerkennung und Liebe aus, obwohl Sie Angst empfinden. Wertschätzen Sie alle Ihre Gefühle, denn sie sind Teil von Ihnen. Ich stelle Ihnen einige der Sätze vor, die ich mir in Zeiten meiner Angststörungen laut vorgesagt habe, um mir als Frau wieder Zugang zu meinen Gefühlen zu gewähren. Sprechen Sie die Sätze, die Sie am meisten ansprechen oder bei denen Sie sich verstanden fühlen, mit bewusster, lauter, vertrauensvoller Stimme:

——— Ich habe Gefühle. Alle meine Gefühle dürfen da sein.
——— Ich fühle die Angst. Ich fühle dich.
——— Es ist okay, dass ich Angst habe. Es ist okay, dass du da bist.
——— Ich vergebe mir meine Angst. Ich fühle mich sicher, auch wenn ich Angst habe.
——— Es ist in Ordnung, dass ich wütend bin, weil ich Angst habe.
——— Ich verzeihe mir Stress, auch den, den ich mir selbst mache.
——— Ich bin ein wertvoller Mensch, auch wenn ich Angst habe.
——— Ich darf meine Angst zeigen. Meine Angst darf sich ausdrücken.
——— Der Stress in meinem Leben darf sich zeigen, damit ich ihn bemerke.
——— Ich darf traurig/wütend sein. Ich verzeihe mir.
——— Es ist in Ordnung, etwas nicht mehr zu wollen.
——— Es ist okay, dass ich mich von … befreien möchte.
——— Es ist okay, dass ich überfordert bin.
——— Es ist okay, dass ich ... nicht mehr kann.
——— Ich liebe und akzeptiere mich, obwohl ich Angst habe.
——— Ich liebe und akzeptiere mich, auch wenn ich mich fürchte.
——— Ich liebe und akzeptiere mich genau so, wie ich bin.

Eine weitere Möglichkeit, Ihre Energien auszugleichen, ist, sich Ihr Leben und Ihre Bedürfnisse unter diesem Aspekt erneut anzusehen. Wo sind Sie energetisch zu stark männlich, wo zu weiblich? Viele Frauen benötigen in ihrem Beruf beispielsweise eine übermäßige männliche Energie, die sie nach Feierabend in ihr Privatleben mitnehmen. Dort versuchen sie, weiterhin zu steuern und zu kontrollieren, auch in ihren Beziehungen. Viele leben auch in einseitigen, unausgeglichenen, unbefriedigenden Beziehungen und empfinden ihren Partner als nicht »Mann« genug. Sie finden, dass sie als Partnerin vor allem geben, machen. »Alles muss ich allein machen!« oder »Nie ist er für mich da!« sind typische Aussagen. Alleinerziehende Mütter erleben diese überstarke männliche Energie ebenso. Unfreiwillige Langzeit-Singles kennen das Ungleichgewicht aus ihrer Partnersuche. Sie steuern entweder verängstigte, »weiche«, passive Partner an oder bleiben Single, weil die für sie ausgleichenden, interessanten Männer nicht mit ihnen zusammen sein wollen.

Erwarten Sie diesen Ausgleich nicht von anderen. Verhalten Sie sich stattdessen bewusst in Ihrer Energie. Üben Sie sich im Vertrauen, wenn Sie bislang zu steuernd und kontrollierend waren, nur, um einer bestimmten Angst aus dem Weg zu gehen. Spüren Sie in sich hinein, wenn Sie ein Gefühl erleben. Lokalisieren Sie es in Ihrem Körper. Was drückt es aus? Klassiker sind die Angst im Nacken, eine Steife als Ausdruck der Rigidität Ihres Lebens oder Ihrer Lebensführung genauso wie Verdauungsstörungen als Anzeichen unverarbeiteter Emotionen und Erlebnisse. Fragen Sie sich auch mehrmals täglich: »Wie fühle ich mich?« Ich rate all meinen Leserinnen und Klientinnen, den Wecker in ihrem Handy zu stellen und sich an diese Frage erinnern zu lassen, ein Tipp des US-amerikanische High-Performance-Coachs Brendon Burchard[12]. Nehmen Sie auch mehrfach täglich Ihren Körper wahr, legen Sie Ihre Hand auf Ihr Herz und fühlen Sie Ihren Herzschlag. Sie leben.

Sollten Sie Spannungskopfschmerzen – ein Symptom für Grübeln und Wut – haben, legen Sie Ihre Hände auf Ihren Kopf. Ich legte meine oft auf die Knie und in die Kniekehlen: nicht umsonst »zittern die Knie« sprichwörtlich.

Sollten Sie hingegen zu stark in einer weiblichen Energie sein, fragen Sie sich täglich: »Was kann ich tun, damit es mir bessergeht? Wie kann ich meinen Tag zufriedenstellend gestalten?« Gleichen Sie bewusst und aktiv Ihre Energien aus. Nähern Sie sich der neuen Pro-Balance Tag für Tag mit kleinen Schritten an. Denn in jeder Lebenskrise, genauso wie in Momenten von Stress, wird Ihnen die männliche Energie helfen, sich aus der Überwältigung und Hilflosigkeit zu befreien. Sollten Ihnen Ideen fehlen, schauen Sie sich in Ihrem sozialen Umfeld um. Differenzieren Sie bewusst zwischen weiblicher und männlicher Energie, die Sie beobachten können, und schauen Sie sich die männlich-energetischen Handlungen ab. Wie agieren Ihre Freunde und Bekannte? Wie verhalten sich andere Frauen, die

Sie kennen? Beobachten Sie auch Ihren Partner, Bruder, Vater, besten Freund, Mentor. Was tun diese Personen besonders »männlich«, was auch Ihnen helfen könnte? Gehen Sie mit Ihnen ins Gespräch, bitten Sie sie um Rat.

Männliche Energie ist somit keineswegs schlecht; nur im Extrem hat sie die Macht, Frauen von ihrer gefühlvollen Seite abzuschneiden und den Umgang mit ihren Gefühlen zu verschlechtern. Gefühle auszuhalten und steuern zu können, Emotionsregulierung, ist nicht wie Fahrradfahren, sondern gleicht der Autofahrpraxis. Wer lange nicht am Steuer eines Autos gesessen hat, bekommt leicht Angst.

Vergebung und Erlaubnisse

Jeder Mensch empfindet mindestens ein Gefühl als herausfordernd. Ihre Gefühle zu steuern bedeutet, Ihre Gedanken lenken zu können, sodass sie Ihnen nützen und wiederum positive, bestärkende Gefühle und entsprechende Wohlfühlhandlungen hervorrufen. Der nächste Schritt ist, sich Ihre Gedanken über sich und Ihre Angst zu verzeihen – die, die zur Angst führten, und jene, die Ihnen Angst nicht erlaubten. Jetzt, da Ihre Angst da ist – die, der Sie stets ausgewichen sind, die Sie mit aller Mühe abwehrten –, sind Sie aufgefordert, einen gesunden Umgang mit ihr zu finden. Nur so können Sie Angst in ihrer Intensität schwächen; nur so können Sie sich und Ihren Gefühlen mit Respekt und Würde begegnen: indem Sie sich vergeben, dass Sie Gefühle haben.

Gefühle sind keine Gefahr. Sie kommen und gehen in Wellen. Doch auch ihre Anwesenheit müssen wir uns vergeben. Traurigkeit beispielsweise lässt sich insofern leichter akzeptieren, als sie nicht durchgehend anhält. Angst, Scham und Schuld nehmen wir uns hingegen schneller übel – nicht zuletzt, weil Angst (und das offene Sprechen darüber) in unserer Gesellschaft sehr verpönt ist. Handelt es sich um die Angst vor einer schweren Krankheit oder davor, in einer wichtigen Prüfung durchzufallen, wird ihr mit Verständnis begegnet.

Bewusst atmen

Nutzen Sie Ihren Atem, um in Ihren Körper zurückzukommen. Auch das ist ein weiblich energetischer Akt, mit dem Sie ins Hier und Jetzt gelangen und sich von negativen Gedanken und Gefühlen distanzieren. Üben Sie zwei Minuten täglich, damit die Atemtechnik leichter abrufbar ist. Betrachten Sie Ihre Angst dabei wie eine Welle: Erst bäumt sie sich auf, wird dann an den Strand gespült und ebbt dort ab.

8–4–8-ATEMTECHNIK Atmen Sie bewusst und langsam acht Takte ein. Halten Sie Ihren Atem für vier Takte und atmen Sie acht Takte lang wieder aus.

4–7–8-ATEMTECHNIK Diese Atemtechnik eignet sich gut bei Angstattacken. Atmen Sie vier Takte ein, halten Sie ihn für sieben Takte und atmen Sie acht Takte aus.

4–4–6–2-ATEMTECHNIK Atmen Sie vier Takte lang ein, halten Sie die Luft für weitere vier Takte, bevor Sie sechs Takte lang ausatmen. Warten Sie zwei Sekunden, bis Sie erneut einatmen.[58]

KÖRPERREISE MIT VERBUNDENEM ATEM
Beatmen Sie je zwei Atemzüge lang jeden Körperteil: Bei den Zehen beginnend, beatmen Sie den gesamten Fuß, die Wade, das Knie, den Oberschenkel, das Becken, das Gesäß, den unteren Rücken, den Oberbauch, den ganzen Rücken, den Brustbereich, den Hals, die Schultern, den Nacken, den Hinterkopf, den Oberkopf, die Stirn, Schläfen, Augen, Kieferknochen, Nase, den Mund, das Kinn.

KÖRPERSTELLEN BEATMEN Diese Methode eignet sich gut bei Ängsten begleitet von Schmerzen wie z.B. Spannungskopfschmerzen, Nackensteife, Bauchschmerzen oder Muskelverspannungen aufgrund von Angst. Lassen Sie Ihren Atem wie einen frischen Luftzug durch Ihren Körper fahren, in die angstbesetzte Körperstelle hinein. Stellen Sie sich vor, wie Ihr Atem diese reinigt.

Doch die meisten Ängste werden abgetan. Angst vor Ärzten, Tieren, Menschen und ihren Reaktionen, Weite, Enge, Höhe, Tiefe: Diese Ängste sind psychologisch erklärt und gelten als krank, als Störung, als klinisch.

Ich selbst empfand mich nie als krank oder gestört. Vielleicht, weil es Teil meiner Erziehung war, unbequem und willensstark zu sein oder andere in Zweifel zu ziehen, wenn ich es für angebracht hielt. Auch in meiner Angststörung beschlich mich selten das Gefühl, dass etwas nicht mit mir stimmt. Aber ich erinnere mich, wie sehr ich damit zu kämpfen hatte, auszusprechen: »Ich habe Angst.« Ich verband mit diesem Gefühl Schwäche, Schuld und Scham. Schuld gab mir den Eindruck, ich hätte etwas falsch gemacht. Ich müsse es nur schnell korrigieren und wieder funktionieren. Scham erweckte in mir den Eindruck, ich als Mensch mit Angst sei falsch. Solange ich Angst hätte, sei ich kein richtiger Mensch. Es waren die Gedanken und Meinungen anderer, die mit mir sprachen. Dabei war Angst, das wusste ich tief in mir, nur ein Gefühl, das jeder kennt.

— Ich erinnere mich, wie sehr ich damit zu kämpfen hatte, auszusprechen: »Ich habe Angst.« —

Was verbinden Sie mit Angst? Fühlen Sie sich gestört oder gar krank? Wenn ja, möchte ich Ihnen einen Gegenvorschlag machen: Was ist, wenn Ihre Angst nur ein Zeichen dafür ist, dass Sie etwas stört? Was, wenn Angst nur ein Signal ist, dass Sie etwas als verstörend und – wenn es länger anhielte und unverändert bliebe – zerstörend empfinden? Fallen Ihnen dazu Anzeichen, Synchronizitäten und Situationen ein?

Zwei Jahre, nachdem ich wieder angstfrei war, erkannte ich, dass ich mir für mein angstschürendes Verhalten verzeihen musste. Nicht nur, weil ich es nicht besser gewusst hatte, sondern weil ich Situationen und Menschen in mein Leben eingeladen hatte, die zu recht angsteinflößend waren. Ich lebte mein Leben in der Vermeidung jeder Angst. Dass ich trotzdem Angst erlebte, wundert mich nicht. Ich sah meine Angst (und viele andere Gefühle) als Problem und Ursache, ohne zu wissen, dass ich selbst für mein Wohl zu einem Problem geworden war. Schließlich ließ ich zu, dass problematische Umstände und Kontakte Teil meines Lebens waren. Selbstfürsorge sieht anders aus. Doch erst Angst brachte mich zurück auf den richtigen Kurs. Denn zu diesem Gefühl gehörte ein ganzer Mensch mit einem eigenen Leben: ich. Für Sie gilt dasselbe.

Sehen Sie sich als ganzen Menschen, der sich aufgrund eigener Situationen und innerseelischer Prozesse mit Angst konfrontiert sieht. Die Konfrontation sind Sie selbst. Ein Teil von Ihnen konfrontiert Sie mit für Sie unliebsamen Seiten und fordert Sie auf, etwas zu ändern und loszulassen – innen und außen. Vergeben Sie sich, was Sie in Ihr Leben gezogen haben; bewerten Sie nicht im Sinne von Schuld, sondern akzeptieren Sie Ihren bisherigen Weg. Vergebungsarbeit wird als Vergebung von allem, was uns jemand je angetan hat, missverstanden. Doch man darf sich zuerst selbst verzeihen: nicht nur, was man tat, sondern auch all das, was man unterließ und vermied, nicht aussprach, nicht zu träumen, begehren oder zu fühlen wagte. Wichtig ist am Ende des Tages, dass Sie das Auftreten Ihrer Angst anerkennen, Sie die Wegweiser identifizieren können und sich diese gesamte Erfahrung verzeihen.

Ich habe Ihnen in den vorangegangenen Kapiteln verdeutlicht, dass es viele Ursachen für Ihre Angstzustände geben kann. Eine der größten, die ich in meiner Arbeit und meinem eigenen Leben entdeckte, ist die, sich nicht nur Angst zu verbieten, sondern Gefühle an sich, darunter vor allem auch die positiven. Gleichsam be- und verurteilen sich viele Frauen nicht nur dafür, dass sie Gefühle haben, sondern auch dafür, dass sie ein Bedürfnis nach guten Gefühlen haben. Empfinden Sie Ihre Bedürfnisse als störend und glauben, keine Freude empfinden zu dürfen? Würde Sie das in Ihren Augen zu einem selbstsüchtigen Menschen machen? Glauben Sie, Sie müssten zuerst für das Wohl anderer sorgen, bevor Sie sich selbst Gutes tun dürften? Dürfen Sie sich freuen, auch wenn es anderen schlecht geht?

Ich erlebe immer wieder, wie Frauen diese Sätze bejahen. Es ist furchterregend für sie, wenn sie nicht die Starken, Nichtsfühlenden, Vollkommenen und Unzerbrechlichen sind. Gleichzeitig gibt es viele Frauen, denen Schwäche anerzogen wurde, die gelernt haben, dass sie schwach sind und so bleiben müssen – und daher nichts anderes kennen. Doch auch ihnen macht Angst Angst und sie fühlen sich noch kleiner und wertloser, wenn sie sich eingestehen müssen, wie wenig sie ihre Gefühle kennen und zu steuern wissen.

Die gute Nachricht ist: An diesem Punkt waren wir alle einmal. Ich kenne es, alle meine weiblichen Verwandten/Vorfahren und Freundinnen kennen es. Meine Leserinnen kennen es. Ich habe bislang keine getroffen, die Angst als Stärke betrachtet. Auch keinen Mann. Es ist ein gesellschaftliches, kulturelles, zumindest westliches, wenn nicht sogar weltweites Denkschema: Angst ist/sei falsch. Unbestimmte und irrationale Angst zu haben, sei falsch. Man dürfe keine Angst haben. Man brauche keine Angst (haben). Denn Angst ist ein Problem.

Dabei kann Angst durchaus nützlich sein, unter anderem im Sinne der Furcht, wenn wir einer realen Gefahr gegenüberstehen. Angst in ihrem Nutzen möchte Ihnen zudem zeigen, wo es etwas zu bereinigen gilt. Sie ist damit oft eine Doppelbotschaft: Was bereinigt werden soll, verbinden Sie gedanklich eventuell mit Angst.

Die Wahl Ihrer Gedanken führt unweigerlich zu entsprechenden Handlungen. Prüfen Sie daher Ihre Denkweise ebenso radikal in Bezug auf einzelne Lebensbereiche, Negativität und Zweifel aufgrund früherer Erfahrungen wie auch auf die Gedanken anderer.

Entscheidungen oder Denkmuster, Denkmodelle und -impulse von Menschen unseres sozialen Umfelds unbedacht zu übernehmen, muss nicht immer Nachteile bringen. Aber die Gefahr besteht. Denn wir vermeiden so nicht nur, eigene Entscheidungen zu treffen, sondern reduzieren auch die Wahrscheinlichkeit von Konfrontationen. Je nachdem, was wir mit Unabhängigkeit, Selbstabgrenzung und -verwirklichung (Veränderungen) verbinden, lassen wir uns unbewusst leiten – und in fremde Lebensweisen hineinziehen. Diese müssen nicht zwangsläufig besser oder gut für uns sein. Sie mögen unsere Zugehörigkeit sichern oder Verbindungen garantieren. Dennoch könnte ein anderes, eigenes Gedankengut gesünder für Sie sein und zu mehr Zufriedenheit in Ihrem Leben führen.

Ihre Gedanken zu untersuchen, wird Ihnen nicht zuletzt Aufschlüsse darüber geben, wann, in welchem Lebensbereich, wieso und wozu Sie nicht handeln, obwohl Sie es sollten. Vor allem werden Sie herausfinden, welche konkreten Gedanken Angst in Ihnen auslösen.

Was sollten Sie sich verzeihen? Was sollten Sie sich erlauben? Gehen Sie in sich und suchen Sie dort nach all dem, was Sie bislang vor sich und anderen als Gefühl verheimlichten. Schreiben Sie es auf und beenden Sie Ihre Worte mit »Ich vergebe mir«.

— Die Natur Ihrer Gedanken ist bedeutsam, denn sie entscheidet über Ihren Erfolg und Misserfolg. —

So wie wir Glaubenssätze über unsere Person und unsere Liebenswürdigkeit haben, besitzen wir auch welche über Gefühle an sich. Schauen Sie sich auch Ihre Glaubenssätze in Bezug auf Angst und Ihre Angsterfahrungen näher an. Die Natur Ihrer Gedanken ist bedeutsam, denn sie entscheidet über Ihren Erfolg und Misserfolg. Viele glauben, ihre Angst werde niemals verschwinden. Wenn sie sich in eine angstbesetzte Situation begäben, würde die Angst unweigerlich kommen. Oder sie meinen, ihre Angst werde ihnen Schaden zufügen.

Sich von diesen endgültigen Meinungen über ein Gefühl zu lösen, ist Grundbedingung für Ihren Wandel. Nur Sie sind die Person und das Gefäß, das Angst ermöglicht. Oder Sie lernen sie nun zu verstehen und mit ihr umzugehen. Es ist Ihr Körper und Ihr Geist. Die Chancen stehen gut, dass Sie es schaffen. Doch niemand kann Ihnen abnehmen, diese Erfahrung zu machen.

Schauen Sie sich die nächsten Sätze an und spüren Sie in sich hinein:

- Ich habe so viel gegeben und nicht erhalten, was ich brauche. Ich habe Angst, nicht liebenswert zu sein.
- Ich habe mich ausnutzen und erniedrigen lassen, um Zuwendung zu erhalten. Ich habe Angst, allein zu sein.
- Ich habe weitergemacht, obwohl ich nicht mehr wollte. Ich habe Angst, Nein zu sagen und andere abzulehnen.
- Ich habe mich kleingemacht. Ich habe Angst vor Unabhängigkeit.
- Ich habe Aufgaben auf mich genommen, denen ich nicht gewachsen war. Ich habe Angst vor meiner Begrenztheit.
- Ich tat so, als könnte ich mit allem zurechtkommen, obwohl ich es nicht konnte. Ich habe Angst, schwach und verletzlich zu sein.
- Ich übernahm fremde Verantwortung – aus Angst, zu enttäuschen.
- Ich duldete Missachtung und Würdelosigkeit, um Konflikte zu vermeiden. Ich habe Angst vor Ablehnung.
- Ich ließ anderen den Vortritt, obwohl ich an der Reihe sein wollte. Ich habe Angst, mir vom Leben zu nehmen, was ich will.
- Ich nahm Rücksicht – aus Angst, andere zu verletzen.
- Ich verzieh, was unverzeihbar war, aus Angst, meine Wut zu zeigen.
- Ich sah Menschen dabei zu, wie sie anderen und mir Wert absprachen. Ich habe Angst vor meiner eigenen Größe.
- Ich bemühte mich um Anerkennung durch Leistung, selbst, als ich nicht mehr konnte. Ich habe Angst, nichts zu bedeuten.
- Ich träume mir mein Leben, aber traue mich nicht, meine Träume umzusetzen. Ich habe Angst, zu scheitern.
- Ich habe Angst, mich selbst zu verlieren.

Glaubenssätze

Welche haben Sie in Bezug auf Ihre Angst?

- Wenn ich mich in Situation XY begebe, bekomme ich Angst / passiert etwas Schlimmes / erfahre ich eine ähnliche Situation wie früher.
- Angst ist mächtiger als ich. Ich bin ihr hilflos ausgeliefert.
- Ich kann nichts gegen sie tun. Meine Angst wird immer bleiben. Ich kann nur lernen, mich anzupassen und um sie herum zu leben.
- Angst bestimmt mein Leben und entscheidet, was ich darf.
- Ich soll klein, unbedeutend und eingekerkert, krank und hilflos bleiben.
- Ich darf weder Freude, Zufriedenheit noch persönliche Freiheit haben.
- Für mich gibt es keine Nähe, Liebe und Zugehörigkeit. Ich darf mich weder entfalten noch Nein sagen, durchsetzen oder Ich sein.

Fallen Ihnen noch weitere Glaubenssätze über Angst ein?

Erstellen Sie sich eine eigene Liste Ihrer Gedanken. Kehren Sie Ihre Sätze dann um, wie meine Beispielsätze Ihnen nachfolgend zeigen:

- Wenn ich mich in Situation XY begebe, könnte Angst ausbleiben.
- Ich bin mächtiger als Angst.
- Ich kann alles gegen Angst tun, was ich möchte.
- Meine Angst wird schwinden.

- Ich lebe mein eigenes Leben. Ich bestimme darüber und entscheide, was ich tue. Nichts Schlimmes wird geschehen. Begehe ich einen Fehler, lerne ich daraus. Ich glaube weiterhin an Wunder.
- Klein, unbedeutend, eingekerkert und hilflos nütze ich niemandem.
- Ich darf Freude, Zufriedenheit und persönliche Freiheit erleben.
- Für mich gibt es Nähe, Liebe und Zugehörigkeit. Ich darf mich frei entfalten und Nein sagen, mich durchsetzen und ganz Ich sein.

Ziemlich gute Gründe

Wann immer ich mich von meinem damaligen Partner trennen oder meinen Job kündigen wollte, schwierige Gespräche führte oder Kontakt mit problematischen Menschen hatte, tauchten Angst und Panik in mir auf. Sie ließen mich denken, ich sollte bei meinem Partner bleiben und mich weiterhin in meinem Job engagieren, keine Konflikte schüren und mich nicht abgrenzen. Wie viele Betroffene deutete ich die Signale falsch. Die Angst und Panik in mir wollte mir nur zeigen, dass sich hier – genau an diesen Stellen – in Wahrheit Grenzübergänge befanden, die mich wachsen und Stück für Stück befreien konnten. Meine Angst und Panik fungierten als Schwellenwächter; sie testeten mich und gleichzeitig meinten sie es gut mit mir. Sie beide signalisierten mir auf ihre Weise, dass diese Türen sich endlich öffnen durften. Wie sonst hätte sich dieser Wachstumsschritt bemerkbar machen können, wenn nicht mit qualvoller Angst? Jedes andere Gefühl hätte ich ignoriert, missverstanden oder mich vom eigentlichen Sinn abgelenkt. Zum Handeln hätte es mich nicht motiviert. Nur Angst hatte diese unübersehbare Zweischneidigkeit. Ihre Ambivalenz verdeutlichte auf der einen Seite, dass es hier eine Blockade, eine Barriere gab, die ich mit Vertrauen und Selbstmitgefühl überwinden konnte –der ich aber bislang aus dem Weg gegangen war. Auf der anderen Seite wusste ich von diesen Situationen und Umständen, dass sie mir überdrüssig geworden waren. Welche werden Ihnen immer lästiger? Worunter leiden Sie beinahe täglich?

Bis zu meiner letzten Angststörung hatte ich meine Muster mit anderen Personen und Situationen stets wiederholt. Können Sie ähnliche Überschneidungen in Ihrem Leben sehen? Was bzw. wen ziehen Sie immer wieder unbewusst in Ihr Leben?

Angst und Panik kamen erneut zu mir, wieder ermahnend, wieder gewaltig, wie eine Mutter, die mit ihrem Kind meckert: »Ich habe dir das schon mehrere Male gesagt!« Genau das macht Angst. Angst ist deshalb für mich nicht nur ein Gefühl, das einen von etwas abhält, was man gern täte. Taucht Ihre Angst beispielsweise nur im Kontakt mit lauten Personen auf oder in Gedanken an übergriffige Menschen? Ist sie da, wenn jemand Sie begutachtet? Steigt Angst in Ihnen auf, wenn Sie mit einer bestimmten Person sprechen bzw. diese mit Ihnen (und Sie still bleiben/sollen)? Erscheint sie, wenn Sie sich nur um Ihre Kinder – alleinig in der Rolle der Mutter – kümmern, ohne sich als Mensch und Frau zu fühlen? Oder taucht sie immer dann auf, wenn Sie sich entspannen bzw. es gerade ruhig ist? Steht sie neben Ihnen, wenn Sie sich (oder anderen) vormachen, Sie würden schon alles irgendwie schaffen? Oder ist sie da, wenn Sie sich in Gedanken Gesprächen widmen, die niemals stattfanden oder nicht zu Ihrer Zufriedenheit abliefen? Taucht sie auf, wenn Sie im Kopf bei jemandem sind, mit ihm diskutieren bzw. er mit Ihnen? Gesellt sie sich zu Ihnen, wenn Sie die Aufmerksamkeit auf etwas lenken (sollen), was Sie nicht interessiert? Oder ist Ihre Angst stets verbunden mit innerer Leere oder gar Einsamkeit?

In welchen Situationen sie auch auftaucht, genau diese sollten Sie sich ansehen. Was bemängelt Angst bei Ihnen wie eine mahnende Mutter?

Ihre Vision einer angstfreien Zukunft

Damit Sie motiviert bleiben, Ihre Angst zu überwinden, ist es hilfreich, sich eine Vision der angstfreien Zeit zu erschaffen. Sie wird Sie über kleinere Misserfolge hinwegtragen. Ihre Vision sollte nicht nur »angstfrei«, »so wie vorher«, »gesund« oder »zufrieden« heißen. Sie sollte jeden einzelnen Lebensbereich klar und ausführlich beleuchten. Fügen Sie Ihrer Vision auch Gefühle und Gedanken, die Sie dann haben werden, hinzu. Tauchen Sie ein in das, was Sie erreichen wollen, statt sich nur aus Ihrer jetzigen Angst heraus in Gedanken zu flüchten, die *ja keine Angst mehr* beinhalten. Angst wird als Gefühl immer an Ihrer Seite bleiben, so wie alle anderen Gefühle auch. Doch sie wird Sie nicht mehr einnehmen wie eine Rauchwolke. Sie wird unbemerkt Teil von Ihnen bleiben und Sie leiten, sollten Sie wieder einmal von Ihrem Weg abkommen, Ihre Vision erneut ausblenden oder gar alte, destruktive Verhaltensmuster neu inszenieren. Angst hat die Macht, Verletzlichkeit sichtbar zu machen. Das wird sie tun, falls Sie Ihren Kurs verlassen, so, wie sie jetzt versucht, Sie in eine andere Richtung zu lenken.

Erinnern Sie sich noch an meinen Störungsverlauf? Wann immer meine Ängste schwanden, kamen sie kurze Zeit später wieder – weil ich die Lektionen nicht gelernt hatte, sondern nur die Angst loswerden wollte. So lud ich dieselben für meinen Charakter schwierigen Umstände wieder in mein Leben ein und alles begann von Neuem. Mein Ziel während der ersten drei Angstepisoden war es, die körperlich-geistige Erfahrung der Angst auszuhebeln, sie bestenfalls nie wieder spüren zu müssen. Ich betrachtete Angst als etwas außerhalb meiner selbst, nicht zu mir gehörend, fremd und anders, als ich sein wollte. Erst beim vierten Mal wurde ich zu einer der vielen Frauen, die sich positiv veränderten, weil die Schwere ihrer Angst sie dazu veranlasste.

- Wie stellen Sie sich Ihr Leben angstfrei vor?
- Wie sieht Ihr Bild von sich als Mensch, Frau, Mutter, Tochter, Partnerin, Angestellte/Unternehmerin, Kollegin aus?
- Wie werden Sie Ihre Tage beginnen und womit?
- Wie fühlt es sich an, wenn Sie abends ins Bett gehen?
- Wie gestalten Sie Ihre Freizeit und mit wem?
- Was werden Sie tun, was Sie schon immer gern taten und was Sie schon immer gern tun wollten?
- Welche Leidenschaften und Freunde haben Sie im Leben?
- Wie gestalten sich Ihre Beziehungen?
- Haben Sie noch denselben Job oder einen neuen?
- Was bringen Sie in die Welt und was sucht durch Sie seinen Ausdruck?
- Wie werden Ihre Freunde und Familie Sie wahrnehmen?
- Was hat sich zum Guten verändert?
- Auf welche Veränderungen werden Sie besonders stolz sein?
- Welche alten und hinderlichen Strukturen in Ihrem Denken, Fühlen und (Nicht-)Handeln haben Sie abgelegt?
- Was haben Sie aus der Zeit mit Angst über sich gelernt?
- Welchen Nutzen hatte Ihre Angst?

Schreiben Sie einige Minuten lang über Ihre angstfreie Zukunft. Entwickeln Sie eine starke, emotionale Vision Ihrer angstfreien Zukunft, bepackt mit all Ihren verdrängten, verheimlichten, vergessenen oder vernachlässigten Zielen, Wünschen, Bedürfnissen und Träumen. Sie soll Ihnen Halt und Sicherheit geben, weiterzumachen, auch wenn Ihnen Ihre Angst einmal wieder Streiche spielen sollte. Halten Sie an Ihrer Vision fest. Lassen Sie sie nicht wieder los, bis sie derart tief in Ihnen gereift ist, dass auch Körper-Geist-Herz-Seele verstanden hat, dass Sie es ernst meinen und Unterstützung benötigen. Je überzeugter man von seinen Plänen ist, desto leichter fällt es, sie umzusetzen.

SCHRITT

2

Selbst-*verständlich* ICH

Die Wunde der ungeliebten Frauen

In den Gesprächen, die ich über die letzten Jahre mit Frauen jeden Alters geführt habe, erkannte ich immer wieder eine bestimmte Angst: die, nicht geliebt zu werden. Es ist kein weiblicher Schmerz in meinen Augen, vielmehr eine menschliche Erfahrung, die je nach Biografie schmerzhafter oder weniger transparent ist, wenn sich die eigenen Erwartungen (wiederholt) nicht erfüllen.

Diese Wunde, die durch singuläre, anhaltende oder wiederkehrende Nichtbefriedigungen entstanden ist, ist eng mit Erfahrungen aus Kindheit/Jugend und frühem Erwachsensein verbunden: ein unersättlicher und sehr duldsamer Teil Ihrer Persönlichkeit, der irgendwann einmal oder wiederholt nicht ausreichend genährt worden ist. Er sehnt sich bis heute nach Liebe – beständiger, bedingungsloser und allseits verfügbarer, warmer und doch befreiter Liebe, wie Sie sie definieren. Das kann im Sinne von Förderung und Wachstum (z.B. finanzielle Möglichkeiten), Dasein und Schutz (z.B. stets verfügbare Zuwendung und Aufmerksamkeit), Erlebnisse und Gemeinsamkeit (z.B. Beschäftigung durch bzw. mit anderen) sein oder sich nur auf Zweisamkeit und (emotionale, körperliche) Intimität beziehen. Dieser schmerzliche Teil Ihres Selbst liegt tief verborgen und ist für

Außenstehende sicher kaum sichtbar, denn wie viele andere Frauen auch haben Sie auf Ihre Art gelernt, Ihre Wunde zu verstecken: durch Karriere und Berufung, Mutterschaft, Partnerschaft, Ehrenämter und Engagements, Freizeitaktivitäten, Konsum, enge freundschaftliche Verbindungen, Ästhetik, Sorge für Tiere u.v.m. Es gibt unzählige Kompensationen, um seine Wunde nicht spüren zu müssen, doch Geschäftigkeit und Füllen der Leere ist eine besonders weit verbreitete.

Frauen tendieren besonders dazu, durch Ersatzbeziehungen jene frühen Erfahrungen auszugleichen, in denen sie nicht (genug) erhielten von dem, was sie gebraucht hätten.

Liebe erleben und geben zu dürfen sind keine selbstverständlichen Erfahrungswerte. Wir können einen liebevollen Vater, aber eine emotional kalte Mutter gehabt haben oder eine bemühte Mutter, aber einen abwesenden Vater. Auch unsere Geschwister und sonstige Verwandten können uns stark prägen. In unserer Kindheit bildete sich folglich ein Bindungsstil, der sich zwar im Erwachsenenleben ändern lässt. Doch Frauen, die in ihrer Vergangenheit karge, lieblose Zeiten erlebten, tendieren verstärkt dazu, sich durch Beziehungen aufwerten zu wollen, um bei einem Partner, der sie »genug mag«, das zu finden, was ihnen früher so sehr fehlte. Diese Mangelerfahrung jagt ihnen bis heute so viel Angst ein, dass sie selbst die destruktivsten und unbefriedigendsten Beziehungen nur schwer verlassen können, weil sie unter der Sehnsucht leiden würden. »Denn es ist kostbar, geliebt zu werden«, wie es eine Klientin einst ausdrückte. Es ist kostbar, einen Platz in der Welt zu haben, an dem man willkommen ist oder gebraucht wird. Deshalb täten viele alles, um diesen Platz, sei es ein Mensch, eine Familie oder ein Job, zu bekommen und nicht mehr zu verlieren.

Viele der Frauen, die liebevoll und sicher aufwuchsen, fühlten sich dennoch latent ungesehen und ungehört. Oder sie hätten mehr von der Aufmerksamkeit und Zuwendung gewollt. Sie trifft oft ein anderer Gefühlszustand: Sie verirren sich in der heutigen Optionalität, schwanken zwischen Perfektionismus und ihrem Streben nach Wert und Bedeutung hin und her. Viele leiden dabei an einer Angst vor Selbstüberschätzung und fürchten den Gesichtsverlust. Oder sie haben Schwierigkeiten, Maß zu halten, und finden im Höher-Schneller-Weiter der heutigen Zeit kein anhaltend zufriedenstellendes Ziel. Sie fallen stets auf einen brüchigen Selbstwert zurück, weil die Leere trotz großer Erfolge bestehen bleibt. Der Gedanke, es müsse an ihnen liegen, weil sie nicht genug gegeben hätten, gewesen seien, getan hätten oder andere ihnen im Weg stünden, ist nicht selten. Sie fühlen sich »anders« oder wissen intuitiv, dass sie mehr könnten, wenn man sie nur ließe. In ihnen schlummert der Drang, besonders zu sein, etwas Besseres als ihr jetziges Ich, um sich zu beweisen und die Zuwendung und Aufmerksamkeit zu bekommen, die sie verdienen. Mehr Wert zugesprochen zu bekommen, ist das Ziel – aber oft erst, nachdem sie etwas geleistet haben, emotional oder psychisch. Für sie ist Leistung unbewusst mit Geliebtwerden oder Willkommensein verbunden. Zwischen einseitigen Beziehungen und dem Kampf, sich zu verbessern, um etwas von früher wiedergutzumachen, verirren sie sich.

Egal zu welcher Gruppe Sie sich zugehörig fühlen: Es spielt weniger eine Rolle, ob Ihre Umstände Ihr Gefühl berechtigen. Tatsächlich empfanden die meisten Frauen es selbst als *unsinnig*, *dämlich* und *blöd*, sich so zu fühlen, besonders, wenn sie vermeintlich alles hatten und gesund waren. Dennoch fühlten sie sich auffallend oft stumm, unsichtbar und unbeachtet, störend, allein, ungewollt und unbedeutend, gebremst, abgetrennt, ausgeschlossen oder missachtet.

Viele der Frauen hatten sich lange Zeit angepasst und eingefügt, teilweise als bloße »Erweiterung« anderer gelebt, ohne selbst je am Steuer des Wagens, der sie durch ihr Leben brachte, gesessen zu haben. Sie hatten durch andere gelebt, ohne zu wissen, was ihr Leben als Aufgabe und Sinn hatte. Sogar Frauen, die dramatische Lebenserfahrung gemacht hatten, verneinten im ersten Schritt ihre Wunde sich selbst gegenüber, als dürften sie nicht leiden. Sie verfügten über kein klares und benennbares Bild von der hinter der Fassade lauernden Ernüchterung durch eine Identität, mit der sie nicht einverstanden waren: weil sie *zu wenig*, *zu lieblos*, *zu bedeutungslos*, *zu bedingungsvoll*, zu *xy* erschien. In beiden Fällen trauten sich die Frauen auch nicht, Bedürfnisse zu haben, weil sie unstillbar schienen und gleichzeitig anderen emotional etwas abverlangten. Sie wollten kein Problem für andere sein. Schon der Gedanke, dass sie diesen Durst nach wahrer, immer sicherer Liebe hatten oder etwas, was sie an eine solche Liebe erinnerte, war vielen zu eindringlich – weswegen sie ihn vermieden. Andere hingegen erlebten den Schmerz täglich, als wäre er ein Teil von ihnen. Sie hatten entweder Partner, die sich mit ihren Lebenszielen in den Mittelpunkt drängten, sodass die Frau stellvertretend für ihren eigenen Schmerz handeln konnte – bei ihm. Oder die Wunde rief in ihnen Gefühlsreaktionen hervor, die von tiefer Wut, unbändiger Eifersucht und Einsamkeit, blindem Aktionismus bis hin zu einem Punkt der körperlichen, psychischen und emotionalen Überforderung reichten. All das nur, um ihre eigene Bedürftigkeit nicht zeigen zu müssen. Stattdessen maskierten sie sie und nannten sie »Liebe«, »Pflicht«, »Moral«, »Standard« oder schlicht »normal«. Denn bedürftig zu sein, *needy*, wie man heute auch zu sagen pflegt, gilt als unbequem, anstrengend und kindisch. Es bringt Erwartungen an andere mit sich, die oft im gleichen Atemzug eine Angst vor Trennung und Ausschluss auslösen. Diese Angst ist ein typisches Signal der Wunde der Ungeliebten. Doch sie dürstet nicht nur nach Liebe, sondern vor allem danach, dass sie da sein darf und nicht abgewiesen wird. Abweisung fügte sie den Frauen erst zu; deshalb ist jeder Zustand der Verneinung kontraproduktiv. Die Angst meldet sich nur deshalb wiederholt und vehement, weil sie lange nicht gehört und gesehen werden sollte. In der Realität aber will sie sich zeigen dürfen und andere zum Schweigen und Zuhören bringen. Das Unbequeme ist, dass sie erwartet, beachtet und befriedigt zu werden – doch nicht nur durch andere, sondern durch ihre Trägerin.

Fragen Sie sich an dieser Stelle, wie ungern auch Sie diese Gefühle angesehen haben. Wie lange haben Sie lieber eine Maskerade aus Schein-Sein gelebt, das Ihnen ein entsprechendes Scheinglück vorgaukelte? Wann haben Sie Ihre emotionalen Zustände nur aus Angst vor der Konfrontation mit Ihrer Wunde versucht wegzuarbeiten, im

Kehren Sie die Wahrnehmung und den Umgang mit Ihrer Bedürftigkeit um

Menschen haben Bedürfnisse. Niemand hat mehr oder weniger Bedürfnisse oder Bedürftigkeit verdient. Erlauben Sie sich die nötige Kehrtwende:

- Auf einer Skala von 1–10: Wie bedürftig empfinden Sie sich? Für wie unbequem halten Sie Ihre Bedürftigkeit? (Nur wahrnehmen und ehrlich beantworten, ohne zu hinterfragen.)
- Stellen Sie für sich heraus, wer/was in Ihrem bisherigen und aktuellen Leben Ihre Bedürftigkeit mitbestimmt (hat) und wer/was Sie Ihnen absprach.
- Auf einem neuen Blatt Papier: Erstellen Sie fünf Spalten.
  1. Welche Bedürfnisse haben Sie wirklich, im Vergleich zu denen, die Sie sich trauen, offen zu zeigen und auszusprechen?
  2. Wie gehen Sie mit diesen um?
  3. Was glauben Sie, was andere von Ihren Bedürfnissen halten?
  4. Was denken Sie über Ihre Bedürfnisse?
  5. Wie sollten/möchten Sie aus erwachsener, selbstverständ licher und selbstliebender Sicht mit Ihren wahren Bedürfnissen umgehen? Nehmen Sie diese Spalte als eine Entscheidung und versuchen Sie, einzelne Ideen tagtäglich umzusetzen.
- Nutzen Sie Visualisierungen durch Zettel an Gegenständen, an denen Sie mehrmals täglich vorbeilaufen, durch die Erinnerungsfunktion Ihres Handys oder durch Morgen- bzw. Abendseiten, um Ihre Bedürfnisse am Tag wahr- und anzunehmen, ihnen in Ihrem Denken und Fühlen Raum zu gewähren und sie sprechen zu lassen.
- Tipp: Verbinden Sie sich mit dem Bedürfnis und fragen Sie es, als wäre es ein Mensch, was es braucht, um sich wohlzufühlen.
- Erlauben Sie sich zuerst kleine Schritte, die Sie vorwiegend in emotional sicheren Beziehungen und Situationen machen.

Stress zu vergraben oder wegzukümmern? Ihre unbequemen Gefühle (wie Angst) sind eventuell nur die Folge, weil Sie Ihre Wunde nicht ansehen wollten, nur Ergebnis der Existenz einer tieferliegenden Wahrheit, die, wenn sie angenommen und ausgesprochen würde, eine erste Heilung erfahren könnte. Kompensationen sind per se nicht falsch; aber solange sie nur dazu dienen, dass Sie Ihre Wunde nicht bemerken müssen, kann es auf emotionaler und geistiger Ebene Schwierigkeiten bereiten. Denn ein wesentlicher Teil Ihrer Bedürfnisse soll unter allen Umständen verborgen und still bleiben.

Je mehr wir uns darum bemühen, diesen liebebedürftigen Part unseres Selbst wegzudrücken, desto mehr wird er sich zeigen. Sowenig man die Wunde auch beschreiben können mag – viele Frauen wussten genau, wo sie sich im Körper zeigte: als dumpfes oder stechendes Gefühl im Bauch, beizeiten diffus im Brustbereich oder direkt in den Lungen, unter den Schlüsselbeinen, im Rücken oder wie bei mir in den Beinen/Knien. Dass sie sie spürten, war eine schmerzhafte Erfahrung für Frauen und sie rief neue Angst hervor. Doch je mehr wir unsere Wunde ignorieren, umso stärker wird sie sich Gehör verschaffen und im Außen sichtbar werden. Sie zu akzeptieren bedeutet, seine Maske abzulegen und ungeniert mit all seinen Narben einen Blick in den Spiegel zu werfen – selbst, wenn das die Illusion unserer Ganzheit und Schmerzfreiheit zerstört. Die Wunde der ungeliebten Frauen bringt damit auch die Anerkennung mit sich, dass da tief in einem etwas nicht stimmt – seit langem.

Lassen Sie uns genauer hinsehen. Nehmen Sie sich einen Moment Zeit, atmen Sie mehrmals tief ein und aus und spüren Sie in Ihren Körper hinein. Denken Sie an einen bekannten Schmerz, den Sie mit sich herumtragen, z. B. sich nicht gebraucht zu fühlen, auf sich allein gestellt zu sein, mit dem, was Sie haben, unzufrieden zu sein, mehr zu wollen, durch äußere Widerstände oder Umstände gebremst zu werden, Traurigkeit wegen unerfüllter Beziehungen, undefinierbare Leere. Beachten Sie die Empfindungen, die sich in Ihrem Körper zeigen: Wo im Körper tauchen sie auf? Wie fühlen sie sich an: dumpf, strahlend, pulsierend, einnehmend, dunkel, stechend? Atmen Sie in

Ihre Empfindungen hinein, bis sie sich langsam auflösen. Erlauben Sie sich, auf alles, was auf Ihre verbundene Atem-Wunde-Wahrnehmung folgt, mit Annahme und Bestätigung zu reagieren. Sie können zum Beispiel bewusst weinen, statt Ihre Tränen zu unterdrücken, oder fluchen, wenn Sie Wut verspüren. Sie können die jeweilige Empfindung oder das Gefühl auch laut und mit Nachdruck aussprechen oder im Nachhinein schriftlich bestätigen. Sie können sogar Fragen an diesen Schmerz richten: »Was brauchst du von mir? Was soll ich tun? Was willst du mir sagen? Was übersehe ich?« Wenn Sie das getan haben, spüren Sie erneut in Ihren Körper und fokussieren Sie sich auf Ihren Schmerz. Wie fühlt es sich jetzt an? Stellen Sie eine Veränderung, eine Abnahme der Intensität oder eine zusätzliche Empfindung fest?

Das Leben sucht immer nach Balance: Yin und Yang, hell und dunkel, kalt und warm, weich und hart. Wir könnten das eine ohne das andere weder erkennen noch kennen. Doch hindern wir unsere Wunde daran, Heilung zu erfahren, laden wir andere Umstände mit demselben Ergebnis in unser Leben ein – um endlich zu heilen, endlich eine Lösung zu finden, endlich loszulassen. Viele müssen sie so neu spüren und in schmerzhafte Umstände zurückkehren, die vertraut sind. Welchen Typ Partner mit welchen Eigenschaften haben Sie vermehrt in Ihr Leben gezogen? Auf welche Menschentypen (Frauen, Männer) mit welchen Verhaltensweisen treffen Sie im Job und Privatleben? Welche sind es, die Sie an Ihre Grenzen bringen? Können Sie Überschneidungen oder Gedanken identifizieren, die Sie wiederholt dachten? Wie reagieren Sie? In unseren erwachsenen Jahren suchen wir uns unbewusst ähnliche Erlebnisse wie die, die unsere Wunde verursacht haben, nur mit neuen Menschen und Situationen. Sie sollen bestätigen, dass es früher nicht an uns lag, oder dass wir es bessermachen können.

Diese Heilung müsste im Innen geschehen. Außerhalb unserer selbst ist es jedoch leichter zu erkennen, was nicht stimmt. Denn hier haben wir die Möglichkeit, Kontrolle zu üben, Verantwortung oder gar Schuld zu verteilen und andere davon zu überzeugen, sich uns – im Interesse unserer Wunde – anzupassen. Dafür lösen wir unbewusst sogar Ängste in anderen aus, die wiederum dafür sorgen sollen (und können), dass unsere Wunde nicht weiter vertieft wird. Menschen, die uns lieben, handeln deshalb oft entsprechend, denn auch sie haben eine Wunde, die schmerzt, wenn jemand Salz hineinstreut. Doch weigern sich Menschen, sich beispielweise für eine gelungene Partnerschaft zu ändern, bleibt unsere Wunde von ihnen unbeachtet. Für viele fühlt es sich dann so an, als risse die Wunde von allein wieder auf. Denn die Wahrheit dahinter ist: Niemand kann die Wunde eines anderen schließen, höchstens stellvertretend für den, der sie verursachte, handeln. Doch hören diese heilsamen Akte auf oder erhält Ihre Wunde zu wenig Beachtung, wird sie bluten. Deshalb ist es essentiell, dass eine jede Frau ihre Wunde findet und sie heilt. Sie muss verstehen, woher sie stammt und wie sie entstehen konnte. Nur so kann sie Antworten auf die wichtigsten Fragen nach ihrer Zukunft finden.

— Welches Vertrauen darf ich ins Leben und in mich selbst, in meine Mitmenschen und Bezugspersonen – im Angesicht meiner Erlebnisse – haben? —

Die Fragen, die ich am häufigsten höre, sind diese: Welches Vertrauen darf ich ins Leben und in mich selbst, in meine Mitmenschen und Bezugspersonen – im Angesicht meiner Erlebnisse – haben? Was bin ich ohne andere / ohne Partner / ohne Kinder / ohne Karriere wert? Was muss ich selbst leisten und was darf ich von anderen erwarten? Wofür stehe ich ein und wie weit darf ich mich mit meinem Ich aus dem Fenster lehnen, ohne wertvolle Beziehungen zu verlieren, ohne Förderung und Stütze aufgeben zu müssen, ohne andere in Angst und Sorge zu stürzen? Wie unabhängig und eigenständig darf ich sein? Darf ich mich trennen und wenn ja, wann und wie? Wie kann ich in einer Beziehung sein, ohne die Beziehung zu mir zu verlieren? Wann darf ich meine Grenzen achten? Darf ich es überhaupt? Wie gehe ich mit meiner eigenen Begrenztheit um? Wann erlebe ich mich begrenzt?

Je nach den Erfahrungen, die Sie im Laufe des Lebens machten, haben Sie Ihren Wert und Ihr Verständnis über sich als Mensch und Frau in allen Rollen angepasst. Auch für diese Anpassungsleistungen dürfen Sie im Sinne der Heilung Ihrer Wunde die Verantwortung übernehmen. Erlauben Sie sich, dass Ihr Ich mindestens einen Riss hat, so wie viele, wenn nicht gar alle, in ihrer Identität Risse haben. Erkennen Sie an, dass Ihre Wunde schon in jungen Jahren, je nach Ihrer Lebensgeschichte, zu anhaltenden Fragen über den eigenen Wert führte. Doch Ihre Wunde – wenn geheilt – kann Ihnen auch zeigen, dass es nie Fragen gab. Ihr Wert stand weder je zur Diskussion noch infrage.

Darum wird es in den folgenden Kapiteln gehen. Wir widmen uns Ihrer Identität in Bezug auf Abhängigkeit bzw. Unabhängigkeit von anderen, Ihrer persönlichen Resilienz trotz Krisen und Ablehnung, der Bedeutung von Zugehörigkeit, Familiensystemen und generationsübergreifender Angst, Ihren Leitmotiven, Werten und Grenzen. Wir wollen uns noch intensiver den Umständen, die Ihre Wunde verursacht und genährt haben könnten, widmen, um Sie dann von innen wiederaufzubauen.

Woher komme ich?

Die Familie, in der wir aufwuchsen, begründet die Geschichte, die wir uns und anderen erzählen: Ich bin nicht genug oder etwas nicht wert. Warum darf ich das nicht haben? Was muss ich tun, damit ich endlich bekomme, was ich so sehr brauche? Sie ist damit stärker mit unserer eigenen Geschichte verbunden, als es auf den ersten Blick aussieht.

Es ist in vielen Fällen keine rundherum schöne Geschichte. Sehr oft fehlt das Happy End. Viele Frauen fühlen sich beim Thema Herkunftsfamilie zudem gelähmt oder bleiben an ihrer Wunde kleben, wenn sie sie bereits gefunden, akzeptiert und in ihrer Struktur erkannt hatten. Es ist, als hörten sie mitten in ihrer Geschichte einfach auf, als Heldin zu existieren, weil sie etwas aus ihrer Vergangenheit blockiert. Das glückliche Ende ist bei vielen nur eine blasse, stumme Hoffnung, die mehr und mehr abnimmt.

Das Thema der Geschichte, die wir uns erzählen, ist entweder Liebe, Wirken/Erfolg oder Wachstum/Verwirklichung, Selbstfindung oder Vereinigung gegensätzlicher Kräfte – oft auch kombiniert. Was wir jedoch fast immer in erfolgreichen Geschichten finden, ist die Reinigung mehrerer Blockaden durch die Heilung einer zentralen Wunde, eines inneren (oder stellvertretend äußeren) Konflikts. Hat die Heldin es endlich geschafft, eine Trennung zu verarbeiten, kommt der neue Partner ganz von allein in ihr Leben und auch im Beruf ergeben sich die Chancen, auf die sie schon so lange gewartet hat. Was sich ebenfalls zeigt, ist die Willenskraft der Frau trotz Rückschlägen. Trotz aller Umstände zieht sie sich aus der Misere und trotzt Widerständen mit viel Kraft und dem Glauben an sich selbst.

Doch unsere Familiengeschichte ist eine Geschichte, die noch viel größer, tiefer und teilweise nicht einmal erzählt worden ist: Sie prägte nicht nur unsere Geschichte als Mensch, Frau, Mutter, Tochter, Schwester, Freundin usw., sondern sie könnte auch die Geschichte unserer Kinder und Enkelkinder beeinflussen. Deshalb ist es essentiell, dass wir sie betrachten – auch wenn wir sie nicht ändern können. Wir können dafür unsere innere Einstellung und Wahrnehmung der Geschichte ändern und so die nächsten Kapitel unserer eigenen positiver gestalten.

Die Familie ist ein System, das der Ordnung, Struktur und Funktionalität im Sinne des Erhalts einer Gemeinschaft dient. In diesem System finden wir verschiedene Akteure, die bestimmten Rollen und Mustern folgen, um das Gemeinschaftsziel sowie eigene Ziele zu erfüllen. Dennoch sind es alle Menschen mit einer eigenen Biografie und individuellen Charaktereigenschaften, Kompetenzen, die mehr oder weniger ausgeprägt sind, sowie Bedürfnissen, Interessen und Wünschen für sich und ihr Leben.

In dem Moment, in dem wir geboren werden, treten wir mit unseren Familienmitgliedern in eine ganz eigene Beziehung. Dabei verbinden wir uns auch mit all jenen Ahnen, die bereits verstorben sind, denn diese wirken in den noch lebenden Familienmitgliedern weiter. So werden wir in unseren Eltern Werte ihrer Eltern wiederfinden – selbst dann, wenn sie in der Verneinung auftauchen, im Sinne der Vermeidung bestimmter Denk-, Gefühls- und Verhaltensmuster. Wir selbst werden im Laufe unseres Lebens eigene Werte entwickeln oder die unserer Eltern und anderer Bezugspersonen übernehmen. In der Interaktion mit unserer Familie erleben wir auch Situationen, die uns ein Gefühl für unsere Gefühle geben. Welche darf ich haben und zeigen? Wie zeige ich sie? Wie gehe ich allein mit ihnen um? Welche sind problematisch für mein Umfeld? usw. In Auseinandersetzungen lernen wir so zum Beispiel Angst oder aber den Mut, uns abzugrenzen und für unsere Interessen einzustehen. In anderen Situationen lernen wir, unsere Bedürfnisse auszusprechen oder einzufordern oder sie zurückzustellen, wenn damit ein anderes, wichtigeres unserer Bedürfnisse gefährdet wäre – so wie Schutz und Sicherheit oder Liebe und Zuwendung. Am Verhalten unserer Familie können wir schon früh erkennen, was wir wann erreichen können, dürfen, sollen und was nicht. Dieser Umstand steuert viele bis ins hohe Alter. Einige entwickeln später eine tiefe Wut auf diese innerfamiliären Richtlinien. Andere leben im Frieden mit dem, was sie als *richtig* und *falsch*, *erwünscht* oder *unerwünscht* vorgelebt bekommen und erlernt haben.

Wie wir unsere Ahnen erlebten, was wir fühlten, über sie dachten, vermissten und ablehnten, stellt einen großen Teil unserer Wunde dar. Ich verlor meine Großmutter, die wie eine zweite Mutter war, im Alter von fünf Jahren und kurze Zeit später aufgrund von Familienstreitigkeiten auch meinen Großvater. Er hatte die ersten Jahre meines Lebens meinen Vater ersetzt, von dem sich meine Mutter früh hatte scheiden lassen. Sie arbeitete viel, um unseren Lebensunterhalt zu verdienen, und war sehr oft nicht anwesend. Stellvertretend, nach dem Tod meiner Großmutter, sorgten viele andere Personen für mich, wenn meine Mutter als Krankenschwester in Schichten arbeitete.

Doch niemand ersetzte meine Großeltern. Deshalb ist der Schmerz über ihre Abwesenheit, vorwiegend der meiner Großmutter, bis heute ein Thema, das mir die Tränen in die Augen treibt. Es ist meine Wunde – eine frühe Verlusterfahrung, die ich zwar gut aufarbeiten konnte, doch nichts vermindert den Schmerz. Nur die Fürsorge und das Mitgefühl für mich und diese Erfahrung, die ich machen musste, helfen mir. Doch ich brauchte sehr lange, um mich in diesem Dickicht einigermaßen sicher zu bewegen, die einzelnen Pfade zu entdecken und zu erkennen, was sie umgab.

— **Nur die Fürsorge und das Mitgefühl für mich und diese Erfahrung, die ich machen musste, helfen mir.** —

Ein Hauptaspekt dieser Reise war der eigene Schmerz meiner Mutter, den sie mir aus Rücksicht nie offenbart hatte. Wie viele Jahre sie unter dem Tod ihrer Mutter gelitten hatte, wie viele Nächte sie sich in den Schlaf geweint hatte, bevor sie am kommenden Morgen wieder aufstand, mich für meinen Tag fertig machte und ihren Arbeitstag begann, weiß ich bis heute nicht. Doch je mehr sie sich mir öffnete – ihre eigene Reise während meiner Therapie der Angst- und Panikstörung –, desto mehr offenbarten sich mir zutiefst erschreckende und verschreckende Familiendramen, die mir bis weit über mein 30. Lebensjahr verborgen geblieben waren. Sie hatte sie absichtlich verheimlicht, um sowohl sich durch Verdrängung zu entlasten als auch mich zu beschützen. In unserer Familie gab es kaum gesunde Beziehungsstrukturen, nur funktional gehaltene Beziehungen, die stark von Abhängigkeiten und Kontrolle geprägt waren. Schwierige und kalte, distanzierte Mutter-Tochter-Beziehungen, die erst in der nächsten Generation, nach der Geburt eines Enkels, Besserung fanden, ziehen sich quer durch meine Familie. Meine weiblichen Vorfahren waren übermäßig starke Frauen mit schwacher weiblicher Energie, die dennoch ihren Eltern sehr ergeben waren und ihnen Folge leisteten – selbst dann, wenn sie es nicht wollten. In ihrem Leben, ihrer eigenen Familie, waren sie die Macherinnen und Beschützerinnen, sei es auch durch Schweigsamkeit oder Distanz, um ihren Kindern Sicherheit durch das zusätzliche Einkommen ihrer Ehepartner zu gewährleisten. Erschöpfungszustände bis hin zu Suizidversuchen finden sich in den Geschichten dieser Frauen. Sie hielten durch bis zu ihrem Ende – manchmal denke ich, es kam nur deshalb so schnell, weil sie stets durchhielten. Doch die damaligen wirtschaftlichen und gesellschaftlichen Umstände brachten besondere Bedingungen mit sich, die sich mit der heutigen Zeit nicht vergleichen lassen.

Meine Mutter hingegen wählte einen Weg, den sie nicht vorgelebt bekommen hatte, den sie aber unbewusst von ihrer Mutter erwartet hatte: getrennt, ihr Kind in Sicherheit wissend, wenn auch unter starken Belastungen durch Geldnot und fehlender Unterstützung bis hin zur Ächtung durch andere Familienmitglieder. Wie auch die Frauen vor ihr sorgte sie für den Erhalt ihrer Familie – bis an den Rand ihrer Möglichkeiten und oft darüber hinaus, erlaubte sich weder privates Glück, noch gab es genug Zeit für den Nachwuchs, in diesem Fall mich.

Die Männer meiner Familie waren durch ihre eigene Familiengeschichte so tief verwundet und zerfressen von Angst vor Verlust und Bedeutungslosigkeit, dass sie diese entweder an sich selbst (ihrer Gesundheit) ausließen oder an ihrer Familie. Sie tendierten dazu, meine weiblichen Ahnen zu verstoßen und auszugrenzen, sie zu missachten und anzuprangern, nur um nicht an ihre Wunde erinnert zu werden, um keine Schuldgefühle und Traurigkeit spüren zu müssen. Sie wuchsen mit ebenso distanzierten Müttern auf, neben Männern, die geschwächt waren oder abwesend, und Herrschsucht, Alkohol bis hin zu häuslicher Gewalt nutzten, um sich sicher zu fühlen oder die Kontrolle zu behalten. Entzog man ihnen diese, machten sich Wut und Angst breit.

Ich habe durch meine Geschichte gelernt, dass man Zugang zu seiner Wunde findet, indem man sich Schlüsselmomente und -aspekte seiner Herkunftsfamilie genauer betrachtet. In Bezug auf die Frauen und Männer meiner Familie ließen sich Schlagworte bilden.

Ich zeige Sie Ihnen exemplarisch auf, um Ihnen ein Gefühl für den Kern zu geben:

- **FRAUEN:** leisten, statt zu fühlen und Gefühle zu zeigen, stark männlich, gesundheitliche/psychische Probleme durch Erschöpfung und unbefriedigte Bedürfnisse, Wiedergutmachung der fehlenden Zuwendung zu ihren Kindern erst in der nächsten Generation, der Glaube, etwas allein nicht zu schaffen, Missachtung durch den Partner still dulden und verschweigen, heimliche Liebe, tiefe Mutterliebe, Sehnsucht nach starken männlichen Vorbildern, die ihnen (emotionalen) Schutz und Sicherheit bieten, kaum sichtbare, aber tiefe Einsamkeit, Hinnahme dessen, was ist
- **MÄNNER:** tiefe Enttäuschung durch Frauen (durch Mutter-Sohn-Beziehung), kranke, abwesende Väter oder dysfunktionale Männervorbilder, geringer Selbstwert, Kompensation durch Drogen, Gewalt und (selbst)zerstörerisches Verhalten, Angst vor dem Alleinsein, große Verlustängste, Bestrafung anderer bei Zuwiderhandlungen gegen ihre Diktate, große Bedürftigkeit, geringe Empathie, Missachtung der Bedürfnisse anderer, tiefe Sehnsucht nach wahrer Begegnung und so angenommen zu werden, wie sie sind

Ich beispielweise zog oft geschwächte Männer an, die viel leisteten und bis zur Erschöpfung arbeiteten, um die Familie zu erhalten (oder stellvertretend sich), während ich zu kurz kam und zurückstehen musste – ein Muster, dass ich unbewusst von meinen weiblichen Ahnen, zuletzt meiner Mutter, übernommen hatte. Das Verhalten, das sich aus meiner Geschichte entwickelte – stilles Warten und Leiden, Hoffen auf baldige Besserung, Verschweigen der eigenen Bedürfnisse, bis zur Unerträglichkeit auszuharren, Kompensieren der Bedürftigkeit durch Arbeit und Leistung als Ersatz für meine innere Leere –, ergab endlich einen Sinn. Ich wartete, wie alle meine weiblichen Vorfahren, auf meine Mutter und meinen Vater, eine zufriedene Gemeinschaft, in der ich mich entfalten konnte und in der es sicher war, meine Bedürfnisse auszusprechen. Ich wartete darauf, meine Bedürfnisse beantwortet zu bekommen, dass jemand sie wahrnahm und deshalb befriedigte. Kommt Ihnen das vielleicht bekannt vor?

Es wäre psychologisch gesehen nichts Neues, denn viele spüren dieselbe Sehnsucht in sich oder kennen sie aus ihrer Kindheit/Jugend. Und ebenso viele passten sich an die Zeiten und Umstände, Gefüh-

Versuchen Sie, sich eine ähnliche Aufstellung Ihrer Vorfahren anzulegen, um erste Muster in Ihrem Leben zu erkennen – und Ihre Wunde. Wenn Sie Ihre Familie näher ansehen, betrachten Sie nicht nur Ihre Eltern, sondern auch andere Familienmitglieder wie Tante(n), Onkel, Geschwister, Großeltern und Urgroßeltern. Schauen Sie auch hinter die Erziehung Ihrer Eltern und Großeltern. Es wird Ihnen wertvolle Aufschlüsse darüber geben, was Ihr Denken, Fühlen und Verhalten prägte, um Liebe und Zugehörigkeit zu sichern. Auch Ihr Verhältnis zu Macht über sich und ggf. andere kann eine solche Aufstellung beleuchten. Sollten Sie einzelne Aspekte Ihrer Persönlichkeit nur schwer verstehen, betrachten Sie Ihre Ahnen in Bezug auf diese. Beachten Sie, dass sich auch Verhaltensweisen oder Anforderungen Ihrer männlichen Ahnen in Frauen manifestieren können und umgekehrt. Sind Sie zum Beispiel auf der Suche nach einer Antwort auf missliche Partnerschaften oder abwesender Liebe in Ihrem Leben, sehen Sie sich sowohl die Beziehungsfähigkeit zum Beispiel Ihres Vaters und Ihrer Mutter an als auch die Art, wie sie sich Liebe und Zugehörigkeit sicherten und sie ausdrückten. Denn selbst Ihre Mutter könnte bei Ihrer Partnerwahl eine Rolle spielen – sogar eine entscheidende.

le und Bedürfnisse ihrer Eltern/Ahnen an. Sie übernahmen so nicht nur deren Bedürfnisse und den Umgang damit, sondern auch deren Reaktion auf ihre Bedürftigkeit. Wurden sie gar nicht beachtet, verbinden viele Frauen später ihre Bedürfnisse mit Bedeutungslosigkeit und stellen andere und deren Bedürfnisse in den Vordergrund, während sie selbst vereinsamen oder nur durch die Anwesenheit anderer leben. Entweder sie fühlen kaum mehr etwas oder sie fürchten, dass das, was sie fühlen, störend, falsch oder unangebracht wäre. Berechtigterweise können solche Folgen später Angst auslösen – sei es als klinische Störung oder wiederkehrende Angstzustände.

Bereits als Kind haben sich in Ihnen ahnenbezogene Ziele, Werte und Erwartungen gefestigt, die Sie auch im späteren Leben beibehalten. An meinem Beispiel wären das finanzielle Sicherheit, indiskutable Loyalität trotz Unzufriedenheit, Sorge für das Wohl anderer, die mich (und somit mein Wohl) sichern sollte. Es dauerte Jahre, bis ich lernte, destruktive Beziehungen zu verlassen, meinen Bindungsstil zu ändern und auf mich und das Leben zu vertrauen. Nur der genaue Blick auf meine Familiengeschichte ermöglichte das.

Vielleicht haben Sie schon in frühen Jahren eine gewisse Fürsorge für Ihre Eltern übernommen oder wurden freiwillig trotz Ihrer Bedürftigkeit nicht zu einer »Störquelle« für andere. Vielleicht haben Sie unbewusst in Zeiten von Stress, Angst und Traurigkeit Ihrer Eltern deren Umgang mit diesen Gefühlen übernommen. Eventuell kennen Sie das Gefühl, sich nicht freuen zu dürfen, nicht wichtiger oder besser oder erfolgreicher sein zu dürfen als Ihre Mutter oder Ihre Geschwister? Vielleicht beherrscht Sie unbewusst bis heute der Drang, für jemanden endlich der Mittelpunkt der Welt zu sein. Wie es sich bei Ihnen auch gestaltet: Ihre Wunde liegt irgendwo dort in Ihrer Familiengeschichte begründet. Um sie nicht weiter aufzureißen und heilen zu lassen, haben Sie früh Überlebens- und Gewährleistungsstrategien für sich entdeckt. Es könnte sehr gut möglich sein, dass Ihre Angstzustände eine Folge Ihrer unausgesprochenen, verschleierten, (von Ihnen und anderen) ignorierten und unbefriedigten Bedürftigkeit sind – die in Ihrer Herkunftsfamilie wurzelt. Es sind Gefühle, Gedanken und Handlungen, die zu einem Teil unserer Identität wurden. Deshalb verbinden wir mit der Anwesenheit und Abwesenheit einzelner Menschen bestimmte Gefühle und Gedanken. Deshalb reagieren wir auf eine bestimmte Art auf Menschen, die denen ähneln, mit denen wir am meisten Zeit verbrachten, die uns am meisten abverlangten, die wir am meisten vermissten. Es sind alte Interpretationen einer alten Situation, die uns verwundete, Angst einjagte und schwächte.

Mir half es, meine Mutter von ihrer Mutterrolle abzulösen, sie als Mensch, Tochter, Frau und Mutter wahrzunehmen und all ihre Bedürfnisse und Gefühle, die sie hatte. Ihr dabei zuzuhören, wie sie den Tod ihrer Mutter im Alter von 25 Jahren erlebte und die darauffolgende Trennung von ihrem Vater, ihren Existenzkampf, geächtet in ihrem Heimatort und teils innerhalb der verbliebenen Familie, ermöglichte mir Mitgefühl. Dieses wiederum war wichtig, um zu vergeben. Dasselbe tat ich bei meiner Großmutter und meinem Großvater und vielen anderen Familienmitgliedern.

Lebensumstände, in denen Sie sich als Erweiterung Ihrer Mutter oder Ihres Vaters wiederfinden, können aufgelöst werden, indem Sie die Bedürfnisse der Anderen, die in Ihnen leben, aufdecken und sich von ihnen abgrenzen. Die Versöhnung hingegen ist unerlässlich. Wir müssen einmal oder mehrmals, je nach Intensität der Verdrängung, Abgewehrtes wieder hochholen, uns der Umstände unserer Kindheit gewahr werden und diese liebevoll annehmen.

Die Eltern in uns: Identität und Identifizierung

Ein Stück unserer Eltern wird uns nicht nur genetisch mitgegeben; auch unsere Sozialisation geschieht nach den Ein- und Vorstellungen unserer Eltern sowie anhand unserer Umwelt und ihrer Bedingungen. Sie bilden unter anderem unsere Identität, das, was wir als unser Ich erleben. Wir haben uns mit ihnen in Teilen identifiziert.

Je stärker diese Identifizierung war/ist, desto zerstückelter ist unser Ich, denn es besteht nicht vorrangig aus uns, den Erfahrungen und Erkenntnissen unserer eigenen Selbstfindung, sondern aus mehreren Personen und deren Identität. Frauen mit diesem Erleben kennen das Gefühl, nicht zu wissen, »wer sie eigentlich« sind, sondern sie fühlen sich in Zeiten der Angst, Wut oder Traurigkeit »außer sich« oder »nicht wie sie selbst«, fremd und von einer ihnen bislang unbekannten Macht in ihnen gesteuert. Sie »erkennen sich nicht wieder«, aber schauten Sie bei Ihren Ahnen genauer hin, würden ihnen eventuell Überschneidungen auffallen.

Während unsere Identität von dem spricht, was uns eigen ist, einschließlich aller Charaktereigenschaften, ist Identifizierung ein innerseelischer Prozess, der unserer Identität Sinn stiftet.

Bei dem Thema Identifizierung müssen viele Frauen erkennen, wie stark sie das Leben ihrer Mutter oder das, das diese hätte führen sollen/wollen, ausleben. Die Mutter-Tochter-Beziehung ist eine spezielle, bei der die Nähe oft beibehalten wird oder beibehalten werden soll. Ohne bestimmte Erziehungsstile infrage stellen zu wollen, kennen wir alle Mütter, die beispielsweise auch ihre Söhne ähnlich behandeln, damit sie sich nicht lösen, vielleicht aus der ganz eigenen Angst vor dem Nichtgebrauchtwerden. Bei Töchtern hingegen ist es weniger auffällig, wenn Mütter das tun. Immerhin verbindet sie das Frausein und viele Erfahrungen einer Mutter werden mit allen Werten zumindest der Tochter erzählt, wenn nicht gar gelehrt. Töchtern wird nicht nur beigebracht, wie sie sich in Sachen Liebe/Partnerwahl, Leistung, Fürsorge und Erziehung zu verhalten hätten. Sondern sie agieren auch durch die Identifizierung mit dem weiblichen Anteil ihrer Mutter auf besondere Weise, sind darauf bedacht, sich entweder ihrer Mutter anzugleichen oder sie mit ihrer Bedürftigkeit und Macht abzulehnen.

»Mach es anders als ich!«, »Vermeide meine Fehler!«, »Ich habe es so und so gemacht ...«, »Dein Vater ist schuld!«, »Er wollte dich nicht!«, »Ich komme ohne ihn nicht zurecht!«, »Nur ich habe mich um dich gekümmert! Er hat nie geholfen!«, »Er war nie für mich/uns/dich da!«, »Frag deinen Vater!«, »Lass deinen Vater in Ruhe!«, »Hilf mir bei xy.«, »Lerne/Studiere etwas Solides!«, »Wenn ich du wäre, würde ich ...«, »Aber das kannst du doch nicht machen!«

Es sind Aussagen, die nur deshalb Töchter erreichen können, weil ihre Mutter ebenfalls weiblich ist und diese biologische Gemeinsamkeit eine einzigartige und charakterliche Gleichheit suggeriert – ob sie gewollt ist oder nicht. Eben deshalb tendieren Mütter auch eher dazu, ihre nicht ausgelebten Träume auf ihre Töchter zu projizieren oder sie gar anzuhalten, sie zu verfolgen: Berufswünsche, die nicht erfüllt wurden, weil die Mutter mit ihr schwanger wurde, oder andere private Interessen und Lebensträume. Töchter fühlen sich eher schuldig und der Mutter verpflichtet, in Hinsicht auf Sorge für ihr Wohlbefinden – auch bezüglich des Vaters. So vielen Frauen, mit denen ich sprach, hatten die direkte oder indirekte Aufforderung erhalten, sich auf die Seite der Mutter zu stellen, wenn es in der Ehe Schwierigkeiten gab. Sie mussten sich nicht nur um den Schmerz der Mutter und ihre Traurigkeit, Angst und Ohnmacht kümmern; sie wurden angehalten, selbst zur Mutter zu werden, während sie noch Kinder waren. Sie lernten, dass die Liebe und Zuwendung, die sie sich wünschten, einen Preis hatte. Um im Mittelpunkt der Aufmerksamkeit der Mutter zu stehen, mussten sie in den Hintergrund treten und ihre Mutter in den Fokus rücken. Das hieß in vielen Fällen auch, ihr und ihren Worten zu glauben, statt sie infrage zu stellen.

Deshalb haben viele Frauen eine stark ambivalente Beziehung zu ihrer Mutter entwickelt. Die ständigen Kämpfe um die Verwirklichung eigener Ziele und Bedürfnisse, die von der Mutter unbeantworteten Gefühle rumoren noch bis in ihr Erwachsenenleben – und regieren viele unbewusst. Entweder sie hatten sich bereits in ihrer Kindheit heimlich, ohne es auszusprechen, emotional mit dem Vater solidarisiert. Oder sie mussten sich mit der Mutter begnügen, weil sie keine andere Wahl hatten – besonders in Fällen, in denen der Vater abwesend durch Scheidung/Trennung, Beruf oder schlicht emotional weder erreichbar noch verfügbar war. Nicht wenige fühlten sich eher dem Vater verpflichtet, wollten die Last der Mutter loswerden, um Kind sein zu können und frei zu sein von den emotionalen Ansprüchen. Im späteren Leben verteidigten sie den Vater oder stellvertretend ihre Partner. Sie leisteten Unterstützung oder zeigten Verständnis, sogar dann, wenn ihre eigenen Bedürfnisse als Frau hinten anstehen mussten.

Gleichfalls saßen viele Töchter zwischen den Stühlen: War der Vater kaum da oder merkbar, hatten sie keine andere Wahl, als sich auf die Mutter und ihre Lebensweise einzulassen, um sicher und beschützt zu bleiben und auch um wenigstens ein klein wenig Aufmerksamkeit und Zuwendung zu erhalten. Der Preis war in vielen Fällen das Eintauschen des eigenen Kindseins mit eigenen Bedürfnissen gegen eine verfrüht erwachsene, mütterliche Fürsorge für ihre Mutter oder den Vater. Denn auch Eltern tragen in sich ein kleines, überfordertes, schwaches und verängstigtes Kind.

Diese Dynamik wird in der Literatur häufig beschrieben und zeigte sich nicht nur in meiner Familie, sondern auch in der vieler anderer Frauen. Nur weil auch ich diese Erfahrungen in meinen Partnerschaften wiederholt gemacht hatte, konnte ich erkennen, was in mir aktiviert wurde, wenn ich beispielsweise allein war oder meine Bedürfnisse unbefriedigt blieben, ich mich für andere einsetzte und mich selbst vernachlässigte. Es waren Erinnerungen an meine Kindheit, die ich wiederholt abspulte wie eine alte Schallplatte. Doch es bedurfte eines erwachsenen Blickes auf meine damalige Situation und die meiner Eltern, viele Neuinszenierungen meines Kindheitsbewusstseins und das Durchleben der schwierigsten Gefühle, die ich mir – trotz mehrmaliger Angst- und Panikstörungen – vorstellen konnte. Diese Auflösung und Heilung war unausweichlich.

In »Perfekte Frauen« schreibt Colette Dowling ausführlich über die schwere, aber für die Ich-Werdung nötige Trennung der Tochter besonders von ihrer Mutter und zitiert Vivian Gornick, die die Art dieses Getrenntseins näher erläutert: Das Leben der Tochter müsse sich zwingend vom Leben der Mutter unterscheiden. Nur dann könne eine Trennung auf menschlicher und weiblicher Ebene stattfinden. Dabei müsse sie mit der Gegenwehr der Mutter rechnen und währenddessen bedingungslos für sich selbst sorgen, trotz Angst und Wut.[13] Dieser Kampf um die bleibende Nähe und Gleichheit sei nicht zuletzt die Art der Mutter, sich auf die Tochter zu stützen, um sich selbst mehr Halt zu gewähren.[14] Es gehe nicht nur um die Identität der Tochter; auch die der Mutter stehe auf dem Spiel. Auch sie müsse sich neu finden und orientieren, wenn alte Kindheitswunden im Erwachsenenleben ihrer Tochter aufplatzten und dem Neuen Platz schaffen wollten.

Mütter können zudem (un)bewusst ihre Erwartungen auf die Tochter projizieren. »Die Tochter ist schließlich das *alter ego* [Hervorhebung von C. D.], diejenige, die der Mutter am ähnlichsten ist. Es ist wichtig, dass sie wunderbar ist ... Und es darf keine Abhängigkeit zeigen – diesen schrecklichen Zustand, dem gegenüber die Mutter so viel Ambivalenz bewahrt.«[15] Viele fühlten sich hin- und hergerissen, weil ihre Mutter oft doppeldeutige Botschaften ausgesendet habe: sie wollten, dass die Tochter »unabhängig und erfolgreich, zugleich aber anpassungsbereit und willfährig ist«.[16] Auch Gefühle der Einsamkeit, Ängste sowie Stolz und selbst ein heimlicher Narzissmus können bei der Tochter gefühlt ankommen.

In unserer Mutter – einem Menschen wie Sie – spielen sich ebenso emotionale Dramen rund um Verlust und Trennung ab, in Verbindung mit großer Angst oder einer Kontrolle, um diese abzuwehren. Beherzigen Sie bei Ihrer Suche nach alten Gedanken-, Gefühls- und Handlungsmustern die liebende Seite der Tochter, die Sie sind (oder einst waren), genauso wie Ihre ablehnende, sich trennen wollende Seite:

- Welche ihrer positiven Eigenschaften leben in Ihnen?
- Welche negativen wollten Sie nie besitzen?
- Wie schätzen Sie die Trennung von Ihrer Mutter ehrlich ein? Ist sie bereits gelungen oder nicht?

Achten Sie bei Ihrer nächsten Angst darauf, ob es eine alte Angst ist, eine, die Sie bereits aus Ihrer Kindheit kennen, und von wem Sie sie kennen. Eventuell kennen Sie sie von Ihrer Mutter oder Sie erinnern sich an Situationen, in denen Ihre Mutter diese Angst Ihnen gegenüber erwähnte – auch als Projektion auf Sie: »Pass auf, dass dir nichts geschieht!«, »Hast du den Herd ausgemacht, als du in den Urlaub geflogen bist?«, »Ich habe dich dreimal angerufen und du warst nicht da!« usw. Solche Sätze signalisieren, dass die Welt böse und unberechenbar ist, Sie Fehler mit schwerwiegenden Folgen begehen, Ihnen nur wenig zuzutrauen ist oder Sie stets abrufbar sein müssen, wenn jemand es so wünscht. Betrachten Sie auch Ihre Partnerschaften, in denen Sie ähnliche Dynamiken nachspielen, oder, falls Sie Mutter sind, Ihre Beziehung zu Ihrem Kind/Ihren Kindern.

Die folgenden Anregungen mögen Sie dabei unterstützen:

- Versuchen Sie, Ihre Kindheit in wenigen Stichworten zu beschreiben (z. B. einsam, viel allein, viel Fürsorge für xy oder liebevoll, überbehütet, stets gefördert, immer alles bekommen).
- Betrachten Sie bei jedem Aspekt sowohl die für Sie guten als auch die als negativ erlebten Seiten (einsam = Eigenbeschäftigung erlernt, viel Freiheit, aber oft ungeliebt und gelangweilt gefühlt, immer alles bekommen = stets im Mittelpunkt gestanden, viel Wärme und alles, was ich wollte, erhalten, aber Grenzen und Begrenztheit anderer und meine eigene nicht erlernt bzw. musste stets aktiv sein, um Zuwendung zu erhalten).
- Welche (verletzenden) Dynamiken, die Sie von früher kennen, haben sich wiederholt?
- Hatten Ihre bisherigen Partner eine Eigenschaft oder Herausforderung, die sie und Sie nicht lösen konnten, die einer aus Ihrem Elternhaus gleicht (z. B. viele Arbeitsstunden/Überarbeitung/Abwesenheit von zu Hause, Geldsorgen als echtes oder vorgeschobenes Problem, gesundheitliche Schwierigkeiten als Folge, viel Zeit für sich brauchen, (wichtigere) Verantwortung für andere statt für Sie (Eltern/Herkunftsfamilie, Belegschaft, Freunde), Süchte als Weg und Flucht)?

In Ihren Antworten könnten bereits die Wunde und die Ursache Ihrer Angst liegen. Vielleicht erkennen Sie auch, dass da die Angst eines Elternteils in Ihnen waltet, oder ähnliche Erfahrungen des Elternteils vermeiden möchte. Eine Alternative wäre es stattdessen, sich bewusst von Ihren Elternteilen im Innen abzugrenzen, sich auf eine Reise zu Ihrem wahren Selbst zu begeben, die mit der Frage beginnt: Wer bin ich (ohne sie, ohne ihn)?.

> — Wagen Sie in Ihrer Suche nach Ihrer Angst anschließend einen Blick auf die Beziehung Ihrer Eltern zueinander. Verbinden Sie die Puzzleteile und fügen Sie sie neu zusammen. —

Meine Mutter hatte stets (berechtigte) Angst um unsere Existenz; sie arbeitete teilweise in mehreren Jobs, um genug Geld für unser Überleben zu verdienen. Diese Existenz- und Zukunftsangst nahm ich nicht nur wahr, sondern auch auf. Sie lebt bis heute in mir und zeigte sich zuletzt als Angstzustand, als ich mich selbstständig machte und über Wochen hinweg nicht schlafen konnte. Doch es war nicht meine eigene Angst. Die Frau Janett hatte einen Plan B bis Plan H aufgestellt und hätte jederzeit eine sichere Lösung für ihr Überleben in petto gehabt, falls es nötig gewesen wäre. Es war die frühere Angst meiner Mutter – dieser Frau, die sich fast totgeschuftet hatte, um sich und ihr Kind durchzubringen und von (fast) niemandem abhängig zu sein. Sie wollte den Beweis antreten, dass sie ohne Männer besser zurechtkam, sie sie nicht brauchte, um zu überleben. Ich erkannte dieses gut verborgene Schema auch bei mir. Doch es stellte größtenteils eine innere Autorität dar, deren ich mich entledigen wollte – um die Mutter in mir zu unterstützen und meine Identifizierung erneut zu inszenieren.

- Welche Re-Inszenierungen der Kämpfe Ihrer Mutter (als Tochter, Frau, Mensch, Ehefrau) können Sie bei sich erkennen?
- Wie ging Ihre Mutter mit Stress, Ängsten und anderen Gefühlen wie Traurigkeit, Wut, Schuld und Scham um?
- Wogegen wehrte sie sich am meisten und wie sah das aus?
- Was lehnte sie an Ihnen ab? Wovor an Ihnen hatte sie Angst? Was an Ihnen machte sie wütend?
- Was lehnte sie an ihrem eigenen Charakter am meisten ab bzw. mit welcher ihrer Eigenschaften konnte sie nicht umgehen? Wofür verurteilte sie sich?
- Was ließ sie geschehen, obwohl Sie sahen, dass sie litt?
- Was ließ sie geschehen, obwohl sie sah, dass Sie litten?
- Welche Geschichte erzählten Sie sich deshalb: Wenn ich groß bin, dann ... (... mache ich es anders ... Wie genau?)

Betrachten Sie auch die Kämpfe mit Ihrer Mutter, z.B. den ersten Kampf um Ihren Vater sowie Ihre kindliche/jugendliche Rebellion als Ausdruck der eigenen Abgrenzung und Trennung:

- Wie sahen diese Kämpfe aus und wie endeten sie?
- Welchen Teil Ihrer Mutter lehn(t)en Sie ab bzw. wovon in ihr fühl(t)en Sie sich in Teilen bedroht (wenn auch beschützt)?
- Können Sie in Ihrem jetzigen Leben eine ungewollte Symbiose von ihr und Ihnen sehen, die sich als laute Angst vor einem Wir zeigen würde, wenn Sie nicht xy täten?
- Ist das, was Ihnen Angst diktiert (zu Hause bleiben, arbeiten, sich immer weiterentwickeln müssen, Ihren Partner verlassen usw.) etwas, was Sie mit Ihrer Mutter in Verbindung bringen – sei es auch eine eigene unausgesprochene Sehnsucht Ihrer Mutter, die sie sich nie auszuleben getraut hat?

Wenn Sie diese Arbeit geleistet haben, werfen Sie denselben kritischen, aber liebevollen Blick auf Ihren Vater und die Verbundenheit mit ihm, die Sie spürten oder die Sie sich gewünscht hätten. Verwenden Sie dieselben Fragen wie bei Ihrer Mutter und finden Sie Ihre eventuelle Identifizierung und Solidarität, Ihre Wut und Ablehnung sowie Sehnsucht nach ihm. Wagen Sie in Ihrer Suche nach Ihrer Angst anschließend einen Blick auf die Beziehung Ihrer Eltern zueinander. Verbinden Sie die Puzzleteile und fügen Sie sie neu zusammen. Sie können diese Form der Betrachtung für all Ihre Ahnen nutzen, bei denen es für Sie Sinn hätte.

Angst kann zudem ein Signal dafür sein, dass sich ein Teil von Ihnen dagegen wehrt, wie einer Ihrer Bezugspersonen zu werden oder, was ich ebenso häufig erlebt habe, dass Sie endlich Sie selbst werden wollen. Eine weitere Ursache fand ich erst durch zwei meiner Leserinnen, und schließlich an mir: Wir hatten die Elternteile, die wir gern gehabt hätten, in uns entwickelt. Wir wurden zu idealisierten Bezugspersonen – die perfekte Mutter, der perfekte Vater –, die wir wie einen Persönlichkeitsanteil ausbildeten. Wir kümmerten uns in dem Maße, wie wir es von unseren Eltern erwartet hätten, aber nicht etwa um uns, sondern um andere. Wir wurden für ebenso ängstliche Menschen deren Therapeutinnen, Mütter und Schwestern im Geiste. Wir verteidigten sie, waren stark, wenn sie es nicht waren, waren da, wenn sie es so wollten, und abwesend, wenn sie Freiheit wünschten. Wir zogen sie an, weil Menschen mit einer grundsätzlich phobischen Persönlichkeitsstruktur ungern Verantwortung übernehmen und sich nach Struktur und Steuerung sehnen[17]. Wollen wir ihnen ihre Angst abnehmen, damit sie nichts mehr daran hindert, uns zu lieben, kann das »zu einem Stolperstein für diejenigen werden, die gerne Verantwortung übernehmen: Man soll klären, ordnen, den Weg weisen«[18], so die Psychoanalytikerin Verena Kast. Ob wir nun ursprünglich einem Elternteil seine Angst nehmen wollten oder unsere idealisierte Vorstellung einer Mutter oder eines Vaters so stark verinnerlichten, dass wir uns nicht länger getrennt fühlen müssen: Es kann schnell mürbemachen, stets für andere da zu sein, während man hofft, dass andere dann für einen da sind. Es ist der Versuch des Kindes, die Mutter zu bekommen, die es nie hatte, oder den Vater, der seiner nicht war: Wiedergutmachung.

Schrecklicher als Angst

Mitunter zeigt sich uns Angst »nur« als Folgegefühl eines anderen Gefühls. Auch wenn Angst in ihrer Intensität sehr einnehmend sein kann, so sind es doch häufiger Schuld, Scham, Ekel, Einsamkeit, Überraschung oder Verwunderung, Liebe, Hass, Mitleid, Verzweiflung, Ablehnung, Eifersucht, Neid, Missgunst, Freundschaft, Verachtung, Freude, Neugier, Mut, Begierde, Eifer, Traurigkeit usw., die sich hinter Angst verbergen können. Um sie nicht zu spüren, weil sie ebenso überwältigend sein können oder früher bzw. heute als »verboten« gelten/galten, tritt Angst als Hemmer auf. In diesem Fall lohnt es sich, einen detaillierten Blick wie den auf Ihre Angst zu wagen:

- Wie gingen Ihre Eltern und Geschwister, aber auch Freunde und erste PartnerInnen mit diesen Gefühlen um?
- Was wurde Ihnen zu diesen Gefühlen in Ihrer Familie beigebracht? Wer hatte besonders große Schwierigkeiten mit welchen Gefühlen?
- Welche Aufforderungen erhielten Sie zu diesen Gefühlen (»Freu dich nicht zu früh!«, »Das geht nicht gut aus« usw.)?
- Welche Situationen fallen Ihnen ein, in denen Sie mit diesen Gefühlen konfrontiert waren? Wie gingen Sie mit ihnen um?
- Zu welchen Gefühlen haben Sie keine negative Assoziation? Bei welchen sind Sie zwiegespalten? Welche sind angstbesetzt – damit Sie das Gefühl nicht spüren?
- Wann erlauben Sie sich heute, diese Gefühle zu empfinden?
- Können Sie sie zeigen und wenn ja, bei wem? Wenn nicht, was würde geschehen, wenn sie es täten?

Schuld und Scham sind oft die am wenigsten gern erlebten Urgefühle. Scham bezieht sich auf Situationen, in denen man sich falsch fühlt. Bei Schuld hingegen geht es um solche, in denen man etwas (vermeintlich) Falsches getan hat. Beides kann – je nach Kontext – Konsequenzen für Ihr Leben haben, mit denen Sie einen gesunden Umgang bräuchten. Doch meistens fehlt dieser genauso wie die Fähigkeit, sich aus dem Gefühl herauszuziehen.

In unserer konditionierten Gesellschaft sind beide Gefühle für Frauen oft im Bereich Liebe/Partnerschaft, Familie und Körper/Selbstbild ein schweres Thema. Schuld hingegen (und Scham als Folge) findet sich, wenn wir uns nicht gut oder genug fühlen, zum Beispiel für unseren Partner, aber auch als Mutter spielen die Anforderungen an sich selbst eine bedeutsame Rolle. Scham empfinden viele in Bezug auf ihr Aussehen oder Körpergewicht, ihre Sexualität oder eigene Bedürfnisse. Schlussendlich haben beide das Potenzial, in einer weit verbreiteten Interpretation zu münden: »Es liegt an mir, wenn etwas nicht funktioniert/geschieht.« Daraus leiten viele ab: »Ich bin fehlerhaft, unvollkommen und noch nicht gut (genug). Ich muss mich noch mehr bemühen, mehr Rücksicht nehmen, weniger von anderen fordern und erwarten, besser werden, harmonischer werden, noch mehr an mir arbeiten, abnehmen, Sport treiben usw. ... um mein Ziel zu erreichen.« Wenige realisieren, dass sie damit versuchen, die Wand am Ende der Sackgasse mit ihren bloßen Fäusten einzuschlagen. Der kürzeste Weg wäre, sich umzudrehen und zu gehen. Denn funktioniert etwas nicht, will etwas trotz Bemühungen nicht gelingen, liegt es nicht zwingend an Ihnen. Es könnten die Umstände sein oder einfach ein Zeichen, dass etwas oder jemand nicht für Sie bestimmt ist. Hier würde wieder ein anderes Gefühl einsetzen: Traurigkeit. Niemand spürt dieses Gefühl gern, weil es wiederum häufig mit Schuld einhergeht. Es ist beinahe verständlich, mit Angst zu reagieren, statt es gleich mit mehreren großen Gefühlen aufzunehmen. Dasselbe gilt für unerwidertes Hoffen und Warten auf bessere Zeiten, ohne einen Weg aus dem Labyrinth zu suchen. Es macht traurig. Alle anderen Gefühle sind nicht weit.

Betrachten Sie deshalb zuerst alle Gefühle einzeln – abgetrennt von Angst. War Schuld in Ihrer Familie ein Thema, das nicht angesprochen werden durfte? Oder wurde sofortig nach einem Schuldigen gesucht? Was geschah, wenn dieser gefunden wurde? Welche Strafe stand darauf? Wollten Sie jemals andere vor ihrer Fehlbarkeit und Unvollkommenheit schützen – aus Angst, Konflikte hervorzurufen oder denjenigen traurig zu machen? Haben Sie die Verantwortung anderer übernommen, um für Sie oder Ihren Gegenüber Situationen einfacher zu machen? Wollten Sie sich so Liebe und Zuwendung sichern? Wie fühlen Sie sich im Erleben von Scham? Erinnert es Sie an eine Situation aus Ihrer Kindheit und Jugend? Um Scham zu vermeiden: Was taten/tun Sie? Umgehen Sie bestimmte Situationen aus Angst, jemanden zu beschämen oder zu beschuldigen?

—— Der kürzeste Weg wäre, sich umzudrehen und zu gehen. ——

Betrachten Sie Scham und Traurigkeit auch im großen Lebensbereich Ihrer sozialen Kontakte: Was erlauben Sie sich und was verbergen Sie bewusst, aus vorgeschobener Angst, Sie könnten auf die Ablehnung anderer stoßen oder sich schuldig fühlen für das, was Sie sind und was Sie ausmacht?

Falls Sie mit dieser Denkrichtung Schwierigkeiten haben, könnten Sie sich folgende Frage stellen: »Welche Angst ist schrecklicher als die, die ich im Moment erlebe?« Finden Sie eine größere Angst als die, in der Öffentlichkeit zu sein, Schlafprobleme, Zukunfts- und Existenzangst zu haben, Ihre Beziehung zu verlieren usw. Werfen Sie einen Blick hinter diese Fassade und entdecken Sie das zugrundeliegende Gefühl. Ist es wirklich Angst?

Unter diesem Aspekt: Prüfen Sie Ihre angstbesetzten Situationen neu. Im Idealfall können Sie erkennen, wieso, wozu und wobei Ihnen Ihre Ängste heute helfen wollen. Das Wieso leitet Sie zu einem Grund in Ihrer Vergangenheit, das Wozu zu einem Nutzen in Ihrer Zukunft.

- Woran erinnern Sie sich, wenn Sie an Angst als altes Gefühl ihrer Vergangenheit denken?
- Welche Personen fallen Ihnen ein?
- Wer/was löste dieses Gefühl in Ihnen aus?
- Welche Gedanken hatten Sie in der früheren Situation?
- Was war damals die altersgerechte Reaktion?
- Was darf in den Augen Ihres früheren Ichs aufgrund der damaligen Situation in Ihrer Zukunft nicht erneut geschehen?
- Wie wäre heute die altersgerechte Reaktion in dieser Situation?

Wenn Sie in früheren Situationen menschliche Gefühle als herausfordernd empfunden haben, ist es wahrscheinlich, dass Angst »nur« als Abwehrer auftritt: ein großer Krieger, der Ihnen dabei hilft, sich nicht erneut in ähnliche Situationen zu bringen, in denen Sie ausgelacht, kritisiert oder abgewertet werden, in denen Ihr Wert, so eng geknüpft an Ihr Selbst, auf dem Prüfstand stünde. Angst zu spüren, als Grund, sich nicht mit etwas konfrontieren zu müssen, das eventuell Scham, Schuld oder Trauer auslösen könnte, ist eine Gefühlsreaktion und ein Muster. Festgefahrene Verhaltensweisen macht Angst so deutlich erkennbar. Doch auch hier gilt: Wenn Sie es erkannt haben, nutzen Sie die Möglichkeit, die Intensität Ihrer Angst abzuschwächen, indem Sie weitere, mitwirkende Gefühle dahinter bewusst wahrnehmen und akzeptieren. Nehmen Sie auch dieses Gefühl achtsam und liebevoll an. Erlauben Sie es sich.

Wenn das kleine Mädchen in Ihnen ruft

Wenn Sie auf die letzten Fragen Antworten gefunden haben, haben Sie einiges über Ihre Wunde und auch über Ihr inneres Kind gelernt. Denn es ist der ursprüngliche Träger Ihrer Wunde. Es nährte (viele)

Ihrer heutigen Ängste bewusst und unbewusst, ist bedacht auf die Vermeidung alten Schmerzes und die Erfüllung alter Hoffnungen. Es erleidet dieselben alten Gefühle heute neu, wenn es an Situationen von damals erinnert wird oder wenn Ihr Unterbewusstsein in ähnlich potenziell emotional gefährliche Situationen gerät. Es kennt Angst.

Können Sie sich an Ihre Angst als Kind erinnern? Welches Erlebnis in Ihrer Kindheit fällt Ihnen als Erstes ein? Können Sie sich noch an die Hilflosigkeit erinnern, die Sie überfiel? Wie gingen Sie als Kind damit um? Was genau taten Sie? Können Sie diese Gefühle und Ihre Folgehandlungen mit Ihren heutigen Angstzuständen in Verbindung bringen? Fallen Ihnen Gemeinsamkeiten auf? Waren andere Gefühle neben der Angst präsent wie beispielsweise Wut oder Schuld, Neid oder die Angst, unwichtig und ungewollt zu sein oder verlassen zu werden?

Ihr inneres Kind verheimlichte damals seine Bedürfnisse sehr sicher aus eben dieser Angst heraus – dass es wirklich so weit kommen könnte, wie Angst ihm zuflüsterte. Vielleicht nahm es folglich sich und seine Gefühle weniger ernst als die seiner Mitmenschen, um die Angst nicht erneut spüren zu müssen. Vielleicht verließ es sich fortan auf steuernde Beziehungspersonen und erhoffte sich von ihnen die Struktur, die ihm Sicherheit geben würde. Es veränderte auf die eine oder andere Art sein wahres Ich und seine Natur zugunsten seines Umfeldes und der Bedingungen. Es passte sich an und leistete auf emotionaler und psychischer Ebene Großes.

Vor einigen Jahren erzählte mir meine Mutter, wie eigenständig ich als Kind gewesen sei und wie froh sie gewesen sei, dass ich sie so wenig gebraucht hätte. Es gab ihr die nötige Luft, um das Leben, das sie für uns zu meistern hatte, zu bewältigen. Als ich ihr sagte, wie falsch sie mit ihrer Einschätzung lag, wie einsam ich gewesen war und wie oft ich mich gefragt hatte, warum sie nie da gewesen war, war sie mehr als nur überrascht. Sie konnte lange nicht verstehen, dass meine Angststörungen etwas damit zu tun hatten, wie unser Leben ausgesehen hatte. Dass es mein kindlicher Wunsch war, groß zu sein und erwachsen, um ihr dabei zu helfen, Geld zu verdienen

Wählen Sie ein altes Foto aus einer Zeit, die Sie als Kind als besonders schmerzhaft empfanden. Ziehen Sie sich an einen ruhigen Ort zurück und verschönern Sie ihn mit Kerzen, sanfter Musik usw. Versuchen Sie sich in die Tage des Kindes, das Sie einst waren, zurückzuversetzen. Erlauben Sie sich eine Rückschau auf all Ihre Wut, Angst, Traurigkeit, Enttäuschung, Vernachlässigung, Neid, Eifersucht usw. Erinnern Sie sich daran, was Ihre Gefühle auslösten. Schreiben Sie Ihre Erinnerungen auf oder sprechen Sie sie laut aus. Doch betrachten Sie die Situation(en) und die Gefühle nicht aus der Perspektive der Erwachsenen, sondern aus der des Kindes. Werten Sie nichts ab, und reden Sie nichts schön. Begegnen Sie sich als Kind in Würde und Respekt und mit aller Liebe, die es verdient hatte. Sprechen Sie auch mit ihm: »Ich weiß, das war eine schwere Zeit für dich, weil ... Du hast dich ... gefühlt und das war ... für dich. Du hattest das Gefühl, du seist ... und das machte dich noch ... Das hat dir ein Stück deiner Seele geraubt und danach warst du ...«

Fühlen Sie in sich hinein: Meldet sich Ihr Körper mit (un)bekannten Symptomen? Kommen Ihnen neue Gedanken? Gibt Ihnen Ihre Intuition Hinweise auf Handlungen?

und weniger unter der Arbeit zu leiden, hatte meine Angst mitbegründet. Ich wollte nichts nicht können, wollte weder zusammenbrechen noch jemanden Hilfebedürftiges abweisen müssen, weil mir Kraft fehlte. Ich wollte mitanpacken und die Gemeinschaft – meine Mutter und mich früher, später meine Partner und mich, bis hin zu meinen Arbeitgebern und mich – unterstützen und, falls nötig, auch zusammenhalten. Ich wollte alle abwesenden Familienmitglieder ersetzen, deren Unterstützung wir gebraucht hätten. Ich wollte für sie da sein, damit sie mehr Zeit für mich und uns gehabt hätte (nicht für sich), damit sie erst gar nicht so viel hätte arbeiten müssen. Denn dann hätte ihr noch jemand geholfen, nämlich ich. Doch ich war klein und konnte nichts und schon gar kein Geld verdienen. Stattdessen fühlte sich jedes Bedürfnis von meiner Seite, das ich gern an sie gerichtet hätte, an, als bürdete ich ihr noch mehr Last auf. Und so behielt ich es für mich.

— Ich wollte alle abwesenden Familienmitglieder ersetzen, deren Unterstützung wir gebraucht hätten. —

Kinder wollen nicht nur selbstlos Gutes tun; sie wollen für das Gute gelobt und geliebt werden, wollen etwas zurück, was uns als Erwachsenen eher verboten wird. In Zeiten des Internets, in der der Buddhismus stark zur Gestaltung des eigenen Lebens (und zu seiner Bewerkstelligung) herangezogen wird, wird immer wieder auf ein Lebensprinzip eingegangen: »Gib, ohne zu wollen. Verlange nichts zurück.« Wir lernen als Kind eine Grundlage sozialisierten, angepassten Verhaltens im Sinne von »Sei x, dann bekommst du y« oder von »Sei nicht x, dann bekommst du y« und passen uns deshalb an. Dieses Verhalten bringt uns mit Angst in Berührung, denn nur aus Angst sind wir geneigt, uns anzupassen. Aber wir erwarten etwas zurück. Doch was, wenn wir dieses Etwas nicht bekommen? Fallen Ihnen solche Situationen aus Ihrer Kindheit ein? Wann haben Sie sich anders verhalten, als Sie es gewollt hätten, nur, um Ihren Bezugspersonen entweder einen Gefallen zu tun oder Gehorsam zu leisten, aber haben dafür nicht erhalten, was Sie erwartet hatten? Und wie gestalten sich die heutigen Situationen, in denen Sie geben, aber nichts oder weniger zurückerhalten als erwartet?

Vielleicht hätte meine Mutter mehr Zeit für mich aufgebracht, sich für mich aufgerafft oder ihre Zeit anders strukturiert, wenn ich

Machen Sie die folgende Übung täglich etwa zwei bis drei Minuten über den Zeitraum von ein bis zwei Wochen. Nehmen Sie erneut das Foto aus der ersten Übung und halten Sie es dicht an Ihr Herz. Schicken Sie Ihrem inneren Kind und den Gefühlen, die Sie damit verbinden, Zuneigung und Empathie. Sagen Sie ihm, wie sehr Sie es verstehen und lieben. Seien Sie ihm die ideale Mutter oder der perfekte Vater, den es sich gewünscht hätte. Erlauben Sie ihm, Kind zu sein, was auch immer in Ihrer Kindheit geschah. Sie können eigene Worte formulieren oder meine verwenden: »Meine kleine, liebe, süße Maus, es gab Zeiten, die dich verunsichert und verletzt haben, dir Angst eingejagt und dich verändert haben. Ich weiß, du hättest jemanden gebraucht, der dich in den Arm nimmt und festhält, bis du dich wieder sicher gefühlt hättest. Lass mich für dich da sein, heute, morgen und für immer. Ich bin bei dir. Ich bleibe bei dir. Bei mir bist du sicher. Das verspreche ich dir. Ich bin nur deinetwegen hier. Das Einzige, was für mich zählt, bist du.«

sie darum gebeten hätte. Ich konnte die Vergangenheit nicht mehr ändern, als ich zum ersten Mal mit diesem Gedanken konfrontiert war, aber ich wusste, ich konnte es in meiner Zukunft anders machen. Und so tat ich es. Ich lernte, meine Bedürfnisse auszusprechen. Ich lernte, nicht auf andere zu warten, damit sie meine Bedürfnisse beantworteten, sondern selbst zur Antwort zu werden: nicht nur, indem ich Fragen stellte, wenn mir eine persönliche Beziehung einseitig vorkam, sondern auch, mich zu fragen, ob es hier nur um die Vermeidung meiner damaligen Gefühle als Kind ging oder um diesen einen Menschen mit mir in dieser Situation. Ich stellte fest, dass es mir in den wenigsten Fällen um die Person ging, sondern um meine Familie, meine Mutter im Speziellen, und um mich als Kind, das weder stören noch etwas schlimmer machen wollte. Diese Entwicklung zeigte mir, dass ich mit meinen emotionalen Leistungen nur für Zugehörigkeit sorgen wollte. Und das erklärte unter anderem auch, weshalb ich oft an »schwache« bzw. stark bedürftige Männer geraten war, die viele Probleme hatten und nur selten meine Bedürfnisse im Sinn. Sie brauchten auch sehr viele Bedürfnisse und Probleme, damit ich das in mir schlummernde Ziel meines inneren Kindes verwirklichen konnte: Helfen und nützlich sein.

Gebraucht zu werden lässt uns viele Schmerzen ignorieren; es gibt uns die Möglichkeit, einzugreifen und die Lage mitkontrollieren zu können, auch wenn sie ausweglos erscheint. Selbst als Erwachsene verkennen wir oft unsere Begrenztheit und überschreiten dabei unsere Grenzen, verletzten uns selbst, nur aus Angst, eine zurechtgelegte Sicherheit zu verlieren. Doch als Kind wissen wir nicht um unsere Grenzen, alles fühlt sich existentiell an. Wir verharren in einem »Wenn ich groß bin, dann ...«-Szenario und tragen es in uns mit ins Erwachsenenalter, in dem wir ausagieren, was uns damals nicht möglich war.

Je ängstlicher wir in unseren Grundzügen sind, desto wahrscheinlicher werden Wutausbrüche und Trotzverhalten, die an Kinder erinnern. Als Kinder werden wir von anderen gesteuert und das gefiel uns schon damals nicht. Auch im späteren Leben können wir unser inneres Kind immer dann spüren, wenn wir aggressiv werden oder plötzlich das tun, was wir eigentlich heimlich tun wollen. Es platzt aus uns heraus, weil wir nicht anders können oder in etwas hineingerutscht sind, was wir mit unserem Verstand so nicht wollten. Und es sind genau diese Situationen, die im Nachhinein angeblich nichts bedeuten. Wir fühlen uns zwar noch immer abhängig vom Außen, aber die typische Entwicklungs- und Trennungsaggression, die wir schon als Kind spürten, ist vielen im späteren Leben erst recht ein Dorn im Auge. Man ist wütend über seine Abhängigkeit oder die, die jemand anders zu erzwingen scheint. Es macht uns Angst, nicht wachsen zu können oder keine persönliche Freiheit zu erleben. Die Grenzen, die

Was wir als Erwachsene oft vergessen, wenn unsere Kindheit schmerzhaft war, sind die guten Zeiten. Doch je stärker der Stress in Ihrem aktuellen Leben ist, je stärker Ihr inneres Kind reagiert, desto mehr könnten Sie von dem Guten profitieren. Wählen Sie dafür ein Foto von sich als Kind aus schönen Tagen, in denen Sie sich glücklich und sicher fühlten. Erinnern Sie sich wieder an alle Gefühle der Freude und wodurch und durch wen sie entstanden. Waren es Erlebnisse an besonderen Orten mit bestimmten Menschen? Was machte die Zeit so wunderbar für Sie? Hier finden Sie ein großes und wichtiges Thema, denn das, was Sie als Kind zufrieden machte, ist oft das, was wir in unserem Erwachsenenleben am meisten anstreben oder vermissen würden, wenn es uns nicht vergönnt zu sein schiene. Am meisten und längsten würden wir darum kämpfen. Worum kämpfen Sie aktuell? Wenn Sie wieder das Foto an Ihr Herz drücken, spüren Sie diese guten Gefühle durch Ihren Körper rauschen. Versuchen Sie, das Gute wieder zu integrieren, in Ihr inneres Kind, um ihm zu verdeutlichen, dass nicht alles schlecht war. Sprechen Sie in eigenen Worten zu Ihrem inneren Kind oder verwenden Sie meine: »Meine kleine Maus, schau, es gab gute Zeiten. Erinnerst du dich an sie? Weißt du noch, wie glücklich du warst, als du ... Nicht alles war schlecht und es gibt vieles, wofür wir dankbar sein können. Lass uns auch diese Zeiten in besonderer Erinnerung behalten. Erst mit ihnen sind wir ganz.« Oder sagen Sie ihm, dass früher früher war und heute heute ist, dass das Damals nichts mit der aktuellen Zeit zu tun hat, auch wenn es sich so anfühlen mag.

wir als Kind gern gesetzt hätten, setzen wir also auch als Erwachsene oft nicht.

Hätte ich als Kind zum Beispiel zu meiner Mutter gesagt: »Das funktioniert so für mich nicht. Ich sehe, was du alles leistest, aber es macht mich kaputt«, hätte sie reagieren können. Natürlich sagt so etwas kein Kind. Aber Erwachsene können das durchaus – insofern sie nicht aus ihrem Kind-Ich heraus leben. Denn je mehr wir spürten, was wir bräuchten, desto eher würde uns auffallen, was zu unserem Wohl fehlt, desto mehr müssten wir in Gespräche gehen, von denen einige positiv und andere negativ ausgehen könnten. Konfrontationen müssen gelernt werden. Gespräche über die eigenen Bedürfnisse – und eigene Bedürftigkeit – ebenso.

— Versuchen Sie, das Gute wieder zu integrieren, in Ihr inneres Kind, um ihm zu verdeutlichen, dass nicht alles schlecht war. —

Eine der wirksamsten Techniken der Arbeit mit dem inneren Kind ist in meinen Augen das Verfassen von Briefen, wenn Sie dem Schreiben zugeneigt sind. Solche Briefe lassen sich schreibtherapeutisch sowohl aus der Perspektive des erwachsenen Ichs als auch aus der des Kindes verfassen. Sie können Ihrem inneren Kind alles gestehen, erlauben, erklären oder sagen, was Sie möchten. Oder Sie erteilen Ihrem inneren Kind das Wort und tauchen in seine Lage ein. Beide Wege sind günstig, um Ihre Ängste zu lockern und sich besser zu verstehen. Aber auch die Aussöhnung mit den früheren Schmerzen, Erwartungen, Enttäuschungen kann so leichter gelingen.

Hier ist mein Brief, den ich als Erwachsene im Sommer 2015 für mein jüngeres Ich verfasste: [19]

Meine kleine Süße, Bockige, Lebendige, Traurige, Wissbegierige, Quirlige, Verspielte,

es wird Menschen geben, die die Welt mit anderen Augen sehen als du und dich und deine Wertvorstellungen belächeln, ablehnen und als unvernünftig hinstellen. Bleib dir trotzdem treu und halte an dem fest, was du glaubst. Du bist genauso wichtig wie sie.

Es wird Menschen geben, die mit ihren Worten und Taten in dir Hilflosigkeit und Schwäche auslösen, die mit ihrer Macht spielen und jeden Menschen – nicht nur dich – überrennen würden, um ganz vorn zu sein. Sie haben Angst, zurückzubleiben. Bleib in deiner Kraft, tritt zurück und lass sie ihren Weg gehen, auch wenn du ihn nicht verstehst.

Es wird Situationen geben, die du nicht hast kommen sehen. Gerade dann sollst du auf dich achten, zu dir stehen und dich so lieben, wie du bist – dich an deinen Wert erinnern. Alles geht vorbei, früher oder später. Jeder Gedanke zieht wieder vorüber. Kein Schmerz hält ewig.

Es wird immer – ausnahmslos immer – eine Lösung für jede Schwierigkeit geben. Auch wenn diese Lösungen nicht dem entsprechen, was du dir gewünscht hättest, so wird am Ende des Tages doch jeder haben und bekommen, was er braucht und sich verdient hat. Notfalls auch eine Lektion, an der man wächst.

Es wird Menschen geben, die dich verlassen, weil du dich änderst oder ändern willst. Verzeihe ihnen und beziehe es nur auf sie und ihre Wünsche. Dein Weg bleibt derselbe. Lass dich nicht aufhalten von den Ängsten oder Wünschen anderer Menschen. Viele Verbindungen dienen dir nur eine ge-

wisse Zeit. Es wird Menschen geben, die sich weder für ihre Fehler entschuldigen noch für etwas bedanken können. Sie können nicht anders. Es bedeutet ihnen etwas, so zu sein. Es ist ihre Form des Schutzes. Sie haben – auch wenn du es nicht sehen kannst – andere Herausforderungen auf ihren Schultern. Es bringt nichts, dich deswegen innerlich aufzureiben.

Versuche nicht, den Geist anderer zu verstehen, nur weil sie sich von dir abwenden. Frage dich nicht, wieso jemand etwas tut oder lässt. Dringe nicht in ihre Gedanken ein, hinterfrage nicht ihre Gefühle. Wenn sie dir etwas mitteilen wollen, werden sie es tun. Teilen sie dir nichts mit, dann, weil sie es so wollen. Versuche niemanden davon zu überzeugen, dass du liebeswert bist. Entweder die Person sieht es selbst und liebt dich, oder sie sieht es nicht und liebt dich nicht. Deshalb länger als nötig zu leiden, geht auf Kosten deiner Zeit mit denjenigen, die dich bereitwillig so mögen, wie du bist.

Stehe auf, wenn du hingefallen bist. Manche Steine übersieht man, manche Berge glaubt man fälschlicherweise bezwingen zu können. Schäme dich nicht für deinen Versuch. Finde lieber heraus, was geschehen ist, dass es so kommen konnte. Probiere dich aus, aber gib nie auf. Nur so erreichst du dein Ziel.

Sei gut zu dir und deinem Körper, nicht nur, wenn du krank bist. Sorge auch in gesunden Tagen für dich. Lerne das Maß aller Dinge und verletze deinen Körper niemals mutwillig. Er schenkt dir das Zuhause für dein Leben auf der Erde. Wenn dein Körper kaputt ist, wird dein Leben nicht lebenswert sein.

Versuche allen Menschen, die dich verletzt haben, einschließlich deiner selbst, zu verzeihen. Sie konnten nicht anders. Sie waren in sich gefangen. Sie hatten Angst. Sie hatten einen anderen Weg vor sich. Wenn du jemanden verletzt, erkenne es und bitte um Entschuldigung, solange du noch kannst. Je befreiter du von deinem Handeln und seinen Konsequenzen bist, desto freier und unabhängiger bist du.

Gehe starke Bindungen ein. Habe keine Angst davor, verletzt zu werden. Scheue dich nicht, deine Gefühle auszusprechen. Liebe aus vollem Herzen, auch wenn es sich im Nachhinein als Fehler herausstellten sollte. Es war keiner. Die Tage voller Liebe werden die Tage sein, an die du dich später erinnerst. So wirst du erinnert werden.

Sei bedingungslos, aber nicht naiv. Lebe durch das Herz eines Kindes, aber mit der Vernunft eines Erwachsenen. Springe herum wie ein Kind, aber verfolge erwachsene Ziele. Bewahre dir deine Leichtigkeit, deine Freude und deine Sehnsucht, aber nutze sie gezielt für das große Ganze, indem du leben willst.

Es wird Zeiten geben, die für das Alleinsein da sind, um dich auf dich zu besinnen und wieder neue Kraft zu tanken. Aber erinnere dich auch daran, dass der Mensch nicht für die Einsamkeit gemacht ist. Gleich, welche Gründe du haben wirst, allein oder nicht allein zu sein: Sei dir sicher, dass du immer am richtigen Ort zur richtigen Zeit bist. Jede Situation ist wie für dich gemacht, um noch einmal mehr zu wachsen und dich verstehen zu lernen.

Bringe Verständnis für dich auf. Das ist dein alleiniger Schutzschild in allen noch so schwierigen Zeiten. Aber wisse auch, dass jede Zeit des Kummers und Leides irgendwann dem Lebendigen in dir weichen muss.

Akzeptiere den Tod, aber wähle das Leben. Nutze es so gut wie möglich, solange du eins hast, das du leben kannst.

Deine erwachsene Janett

Hoffnungen, Erwartungen und Vorwürfe

Der Zauber der Kindheit war für einige Frauen niemals da oder wurde früh unterbrochen, wie es bei mir der Fall war. Die Enttäuschung und Last dieser fehlenden Magie stürzte sie bereits in jungen Jahren in eine Art Verzweiflung darüber, was zu folgenden Gedanken geführt haben mag: »Lag es an den anderen, die man bedingungslos lieben sollte? Funktioniert Liebe nur einseitig? Lag es doch an einem selbst? Und wenn ja, was genau war es? Was hätte man anders machen sollen? Wie hätte man sein sollen? Und wie wird man die Schwere dieser Erfahrungen wieder los, um im erwachsenen Leben zurechtzukommen?« Oder sie werden sich dieser Mattheit im Sinne der Ernüchterung erst im erwachsenen Alter bewusst: Sie sind so wie jeder andere auch, vielleicht in manchen Dingen genauso gut oder gar besser, aber nie so besonders, dass es sich in ihrem Leben zeigen würde. Selbst beim größten, zufälligsten »Glück« sucht man den Haken. Glück: für jemanden die Welt zu sein, bedingungslos akzeptiert und geliebt zu werden, dass jemand seine eigenen Bedürfnisse für einen zurückstellen würde, dass sie eine vorrangige Behandlung verdient hätten ... oder die maximale Freiheit genießen können, während sie so sicher sind, dass ihnen nie wieder etwas geschehen könnte. Es sind Hoffnungen, die kindisch erscheinen, aber die dennoch tief in ihnen verborgen walten.

An die Begrenztheit ihres eigenen Seins und Lebens haben sich diese Frauen schon früh gewöhnt, möge sie auch noch so abgewehrt worden sein durch Leistungen aller Art. Frauen, deren Zauber der eigenen Kindheit schon früh versiegte, sind entweder wahre Meisterinnen im Leisten, um wenigstens ein Körnchen Macht (für Zugehörigkeit und Anerkennung) über ihr Leben und andere zu ergattern. Oder sie verbinden mit Leistung sofort Angst, weil ihnen jede Form der Selbstständigkeit unheimlich ist: Sie würden ohnehin scheitern, denn sie scheiterten schon mehrfach in ihrer Vergangenheit oder brauchen jemanden, der ihnen klipp und klar Vorgaben macht –

Kehren Sie die Tiefen Ihrer Woche um

Identifizieren Sie die Tiefpunkte einer typischen Woche.

- Zeichnen Sie dafür eine Kurve, wie ich sie eben beschrieben habe, und markieren Sie daran die Höhen, die schönen Momente Ihrer Woche sowie die Tiefen, die an Ihnen zehren.
  Beispiele für Höhen: Treffen mit der besten Freundin, Freitagabendfilm mit dem Partner/der Partnerin, Sportkurs, Saunabesuch usw.
  Beispiele für Tiefen: Arbeitsstunden, Haushalt, alleinige Kinderbetreuung, Einsamkeit oder Langeweile am Abend usw.
- Wie ist das Verhältnis zwischen den Höhen und Tiefen? Was überwiegt? Wie viele Tiefen müssen Sie durchqueren, bevor Sie wieder eine Höhe durch einen schönen Moment erleben?
- Das Ziel ist es, beides sinnvoll zu gewichten und einen wöchentlichen Zustand herzustellen, der den Tiefen genug Höhen entgegenstellt. Wenn Sie einen sehr anstrengenden Tagesbeginn haben, sollten Sie danach oder im Laufe des Tages durch einen Höhepunkt für Ausgleich sorgen, um den Tiefpunkt wieder auszubalancieren.
- Sollten Sie bemerken, dass Sie mehr Tiefen als Höhen in Ihrer Woche erleben, entscheiden Sie sich für neue, selbstbestimmte Höhepunkte zwischen den Tiefen: Buchen Sie den Yogakurs, lesen Sie abends in der Badewanne einen schönen Roman, lernen Sie eine neue Küche kochen, erinnern Sie sich an Ihre Träume und überprüfen Sie jeden einzeln auf seine Umsetzbarkeit (nutzen Sie das Internet und finden Sie heraus, wie andere es schafften). Tanzen Sie zu Ihrem Lieblingslied, legen Sie einen »Ich darf heute alles essen, was ich will!«-Tag ein usw.

und so Sicherheit spendet. Viele sind wütend über diese Abhängigkeit und Unselbstständigkeit, doch der Glaube, für sie gebe es weder Nähe, Liebe noch Aufmerksamkeit oder Lob, ist stärker. Sie fühlen sich falsch oder anders, anders genug, um abgelehnt zu werden, denn sie passen »hier« in diese Gesellschaft, Gruppe, Beziehung oder Firma ohnehin nicht hinein – jedenfalls nicht mit ihrem wahren Selbst. Nur das angepasste Verhalten könnte Wirkung zeigen. Auflehnung und Authentizität werden zutiefst (bewusst oder unbewusst) ersehnt, aber aus Angst vermieden. Sie erleben stattdessen Gedanken wie: »Sie lassen mich nicht. Sie wollen mich nicht. Sie sehen mich nicht. Es gibt mich nicht. Ich bin da, aber keiner merkt es. Keiner weiß, wie ich wirklich bin. Keiner darf merken, wie es mir wirklich geht.« Dass deshalb Angst auftreten muss, um jede Korrektur der Seele, die es besser weiß, im Keim zu ersticken, ist verständlich. Denn sonst hieße der Weg: Abgrenzung und los. Doch Angst herrscht auch deshalb vorwiegend, um sich der eingepferchten, blockierenden und kleinhaltenden »Lektionen« des Lebens bewusst zu werden: nämlich, dass sie so nicht stimmen.

Auf dieser Welt gilt das Prinzip der Balance, des Ausgleichs, und niemand ist für ein ewiges Tief in diese Welt geboren worden. Es existieren Polaritäten, ja, aber nur durch die Vereinigung beider Pole können wir Sinn erfahren. Das Leben gleicht vielmehr einer Sinuskurve, die bei null startet, langsam aufsteigt, ihren ersten Hochpunkt erreicht, um dann langsam in den Negativbereich abzufallen, hier einen Tiefstwert zu erzielen, sich wieder langsam zu neutralisieren und in den positiven Bereich anzusteigen. Es sind eben diese Höhen und Tiefen, die wir genießen und ertragen lernen müssen, wenn wir gesund bleiben wollen. Brechen wir jedes Mal zusammen oder kommen nicht wieder auf die Beine oder geben schon im Vorfeld auf, verpassen wir das nächste Hoch des Lebens oder können es nicht auskosten. Aber das Gute im Leben spendet uns Kraft und Energie dafür, den weniger guten Zeiten mit Optimismus und Mut zu begegnen. Das Schönste und Wertvollste unserer Existenz ginge so verloren, weil wir uns durch die Anwesenheit von Tiefpunkten sabotieren lassen.

Sie lenken unseren Blick vom Licht hin zum Dunkel, indem man sich leicht verirren kann, wenn man keinen Weg hinaus weiß.

Menschen lernen aber durch Krisen jeder Art, eben andere Wege zu finden und zu gehen. Wer bereits einige Krisen in seinem Leben gemeistert hat, weiß, was ich meine. Doch wenn dies die erste Krise oder erste bedeutsamere in Ihrem Leben ist, fühlen Sie sich zu Recht wie ein kleines Mädchen, dass in der großen Stadt verlorengegangen ist – und voller Angst. Doch indem wir uns den Lektionen der Krisen versperren oder an ihnen freiwillig zugrunde gehen, lernen wir nichts über das Leben und erst recht nicht über unser Leben. Es ist die Gewissheit, dass es zu jeder Zeit und an jedem Ort für jedes noch so große Problem eine Lösung gibt, dass wir unser Leben steuern und nur wir diejenigen sein können, die etwas bewirken. Die Herausforderung liegt entweder in ihrer Eliminierung oder im Umgang mit ihr. Zu oft halten wir am Alten und Gewohnten fest und wollen im Neuen keine Orientierung finden müssen, weil es zu mühsam erscheint.

Frauen, die unter dem Schirm des Nicht-Besonderen aufwuchsen und sich ihrer Kraft nur im Sinne einer heimlichen Wut über unbeantwortete Bedürfnisse bewusstwerden konnten, tragen sich schwer mit Unabhängigkeit, Alleinsein, Verstehen und Inbesitznahme ihres eigenen Ichs, dem Ausleben Ihres Selbst. Sie haben sich zu oft auf sich allein gestellt erlebt und zu oft eine Maske getragen, die ihrer Umwelt suggerierte, dass alles wunderbar sei und nichts schmerze. Sie versteckten ihre wahren Gefühle und Bedürftigkeit so gut, dass sie diese selbst im Erwachsenenleben kaum bemerken – bzw. erst, wenn ihr Körper zu ihnen spricht, zum Beispiel durch Angstzustände.

In »Der Cinderella Komplex« beschreibt Colette Dowling frühe Anzeichen dieser Angst vor Unabhängigkeit in Bezug auf Phobien. Von dieser Angst betroffene Frauen zeigten schon früh Stärke und Selbstständigkeit und steuerten ihre Gefühle bewusst. Sie sehnten sich nach einem Zustand der Unverletzbarkeit und Unnahbarkeit, der sie im Inneren kräftigen solle. Deshalb versuchten sie, sowohl in ihrem Know-how und ihrer Expertise als auch in ihrer Persönlichkeit Kompetenzen und Eigenschaften herauszubilden, die ihnen das

Gefühl der Unabhängigkeit und Eigenständigkeit verliehen. Daraus könne leicht, so Dowling, der Zwang entstehen, etwas erreichen zu müssen, »eine Festung zu errichten, in der sie den inneren Kern der Unsicherheit und Angst verstecken« könnten.[20]

Niemanden zu brauchen und alles allein zu können muss aber nicht der Gewissheit entstammen, dass dies der einzige oder beste Weg ist; es kann auch eine Reaktion auf bisherige Erlebnisse sein, wie es bei mir der Fall war. Ich dachte an einem Punkt in meiner Vergangenheit, es wäre besser, alles allein zu machen und mich auf niemanden zu stützen oder gar zu verlassen. So wäre ich wenigstens vor Enttäuschungen und Blockaden durch andere gefeit. Doch das stellte nur eine wutentbrannte Entscheidung dar, wann immer ich verletzt worden war. Jede neue Enttäuschung brachte mich zurück zu dem Zeitpunkt in meiner Kindheit, als ich mich allein und verlassen fühlte, auf mich zurückgeworfen, ohne jemanden, der mich durch diese schwere Zeit hindurch begleitete. »Dann mache ich es eben allein! Ich schaffe das schon! Ich brauche dich nicht!« Das waren meine neuen Gedanken, geboren aus dem Schmerz des Verlustes meiner Familie und der Härte des Alltags meiner Mutter – und den Folgen für mich. Jemanden zu brauchen, weil ich ihn liebte, wurde über die kommenden Jahre ebenso schwer ertragbar wie der Gedanke, dass auch ich meine Grenzen hatte. Zur damaligen Zeit lebte ich jedoch noch in der gefährlichen Annahme, ich würde alles allein können und können müssen. Hilfe in dem Ausmaß, in dem ich sie gebraucht hätte, zu bekommen, erschien mir genauso wenig realistisch wie der Gedanke, Unterstützung zu brauchen. Denn erst der Verlass auf andere hatte mich der Enttäuschung nahegebracht. Das war natürlich ein Trugschluss, wie sich spätestens in meinen Angststörungen zeigte.

Vergessenes Vertrauen

Sollten Sie unter intensiven Angstzuständen leiden, wird sich das Vertrauen in Ihren Körper, das Sie einst hatten, stark verändert haben. Sie werden ihn vielleicht als Feind erleben, als weniger funktional, weniger friedlich und verträglich, oder sich fragen, was er Ihnen mitteilen möchte. Nutzen Sie als ersten Anfang Methoden und Techniken, die ich zur physiologischen Bedürfnisebene im ersten Kapitel beschrieben habe. Erlegen Sie Ihrem Körper keine Fristen auf oder zwingen ihn gar dazu, in einem schnelleren Tempo Fortschritte zu machen, solange Ihr Leben Bereiche aufweist, die Angst berechtigen. Sie können mit aller Entschiedenheit gegen irrationale Ängste vorgehen, ja. Und das ist sinnvoll. Doch sollte Ihre Angst physische Ursachen haben wie Intoleranzen, Schilddrüsenerkrankungen oder andere hormonelle bzw. substanzinduzierte Gründe, wird er seine Zeit brauchen, um sich zu regenerieren. Diese Zeit aber bestimmen nicht Sie, nicht Ihr Geist, nicht Ihr Arbeitgeber, nicht Ihr Partner. Ist es erst einmal so weit gekommen, dass der Körper das Zepter in die Hand genommen hat, gibt es Gründe. Vertrauen Sie auf die Selbstheilungskräfte, die Ihr Körper besitzt, und zweifeln Sie sie nicht an.

Bei irrationalen oder diffusen Angstzuständen, solchen, die nicht organisch bedingt sind, sieht es nicht anders aus. An Ihren Körper selbst unter widrigen Umständen zu glauben und ihm zu helfen, bedingt, dass Sie fühlen, dass die Zeiten der Angstfreiheit und psychischen Gesundheit wiederkehren werden – weil Sie Ihrem Körper bedingungslos vertrauen. Sie werden aus eigener Erfahrung wissen, dass Ihr Körper Sie in besonders belastenden Zeiten beispielsweise krankmacht, um Ihnen eine Auszeit zu gönnen und Ihnen so zu zeigen, dass Sie es ruhiger angehen lassen sollten. Ähnlich verhält es sich auch bei psychischen Anzeichen: Besteht ein Ungleichgewicht, eine Überbelastung, und sei es nur ein einzelner Gedanke, den Sie täglich bedienen, kann Ihr Körper darauf reagieren.

Wenn ich von Selbstheilungskräften spreche, meine ich die biologische Art und Weise, deren Sie sich nicht bewusst sein müssen, »Er-

Affirmationen können Ihnen Sicherheit und Halt geben, die wiederum Ihr Vertrauen und Ihren Glauben stärken:

- Ich bin sicher.
- Ich bin dankbar für mein Leben.
- Ich vertraue, dass alles gut ausgeht/Gutes geschieht/mir Menschen helfen/ich in meiner Kraft bleibe/ich stets beschützt bin.
- Ich vertraue dem Leben/mir/Gott/dem Universum.

Auch mit sich aus der Perspektive eines anderen zu sprechen, hilft Ihrem Selbstvertrauen. Es aktiviert Archetypen wie die innere Mutter und die weise Alte:

- Ich bin bei dir.
- Nichts wird geschehen, solange ich da bin.
- Ich wache über dich und dein Leben.
- Du bist sicher.
- Ich passe auf dich auf.
- Sei unbesorgt.
- Ich werde dir immer beistehen, mag die Situation noch so schwer sein.

reger« aller Art, auch soziale oder emotionale Bakterien sozusagen, zu bekämpfen.

Da es fast immer Gedanken sind, die Gefühle auslösen, die den Geist ins Verderben stürzen oder erlösen, ist Glaube ein kraftvolles Werkzeug zur körperlichen Unterstützung. Glaube setzt etwas gegen den schwarzen Teil des Geistes und ist die Antwort auf die Dunkelheit in Ihnen. Glaube bedeutet dann: Heilung ist möglich, wenn Sie für sich an sie glauben und sie zulassen. Alles kann wieder umgekehrt werden. Es gibt einen gesunden Urzustand, den Ihr Körper kennt, den er zurückhaben möchte, an dem er bereits mit Hochdruck arbeitet. Unterstützen Sie ihn dabei.

Leider ist unser Geist eine sehr komplexe Sache und die Wahrscheinlichkeit ist groß, dass Ihr Geist sich selbst geschwächt hat – zum Beispiel durch geringes Vertrauen oder geringen Glauben an sich und das Leben. Wie in einer gut funktionierenden Gemeinschaft wurde nun dem die Macht entzogen, der sie missbraucht hat: Ihrem Geist alias Verstand alias Ego. Damit Ihr System weiterhin funktionieren kann, im Sinne aller (meint Körper, Geist, Herz, Seele – nicht nur ein Part), übernimmt jemand anderes.

Jede Erfahrung mit anderen Menschen kann uns entweder aufs Gemüt drücken oder uns beglücken. Auch jede Erfahrung mit uns selbst – als Individuen – vermag dasselbe. Der Mut, das Vertrauen, das Sie aktuell zu sich und der Welt, den Menschen haben, ist jedoch geprägt durch die Erlebnisse Ihrer Vergangenheit. Wir denken oft nur an einzelne Personen, die uns verletzt oder gestützt haben, sehen aber selten das Ganze. Viele Frauen erleben sich beispielsweise als gelähmt bei Männern oder bei Frauen einer bestimmten Art. Andere wiederum haben allgemein Schwierigkeiten mit mütterlichen oder väterlichen Menschen oder solchen, die es nicht sind. Ihr Vertrauen aufgrund Ihrer Vergangenheit entscheidet darüber. Was viele übersehen, ist, dass Vertrauen eine aktive Entscheidung ist. Vertraue ich oder vertraue ich nicht, vertraue ich von vornherein oder müssen sie mein Vertrauen zuerst gewinnen – das alles sind Entscheidungen, die man unbewusst trifft. Auch ob Ihnen zu vertrauen ist oder Sie sich erst beweisen müssen, ist entscheidend: Denn jede Antwort, die Sie in sich tragen, kann Ihrem Körper helfen oder schaden. Haben Sie bislang kaum jemandem vertraut, könnten Sie das von jetzt auf gleich einfach tun. Sie nehmen es als Grundhaltung in sich auf. Sie entscheiden so. Haben Sie sich selbst bisher eher misstraut, können Sie auch das ändern – sofort.

Sein Vertrauen wiederzufinden, kann eine schmerzhafte Reise bedeuten, denn oft heißt das, Personen und sich selbst zu verzeihen, neu anzufangen mit neuen, dienlichen Gedanken und sich zurückzuerinnern an das, was man ist und kann. Man muss sich zuerst mit seinem Misstrauen beschäftigen. Je öfter wir das tun, desto mehr erinnern wir uns an jene, die es schürten. Wir erinnern uns auch an unsere eigenen Fehler, Makel und wenig ausgeprägten Kompetenzen. Unser Selbstbild ist in puncto Vertrauen ein wichtiger Pfeiler. Hinzu kommt: Je länger wir uns anderen Leben und ihren Stilen hingegeben haben, desto mehr haben wir uns von unserem entfernt. So vergessen viele Frauen im Laufe der Zeit, was sie können, wozu sie fähig sind, was sie früher einmal wollten und wovon sie träumten. Es war leichter, sich der Norm anzupassen oder sich in Abhängigkeiten zu begeben, um das Leben nicht allein zu bestreiten. Oder es erschien einfacher, sich aus der Abhängigkeit zu lösen, um von niemandem beschränkt zu werden und um sich an niemandem zu stoßen. Doch beide Wege hatten nichts mit Vertrauen zu tun, das Ich-förderlich wäre. Es waren Entscheidungen, die aus der Angst geboren wurden. Sie sollten Risiken vermeiden und Konflikte und Disharmonie reduzieren – sowohl in der inneren als auch äußeren Welt. Sie sollten Angst abwehren.

Vertrauen heißt auch, sich zu trauen – auch dann, wenn man den Ausgang der eigenen Handlungen und der anderer nicht kennt, wenn alles ungewiss ist und man nur seinen Mut im Gepäck hat. Es ist der Glaube daran, dass die Dinge gut ausgehen werden, und der Mut, trotz aller Angst auf Kontrolle und Steuerung zu verzichten. Vertrauen bedeutet, sich auf seine Fähigkeiten und auf die anderer zu verlassen, auch wenn man sie noch nicht kennt oder es ungewiss ist, wie sie reagieren werden. Vertrauen zielt darauf ab, dass wir unter allen Umständen Hilfe bekommen. Es ist ein bedingungsloses Ja zu Liebe und Güte als Eigenschaft aller Wesen in dieser Welt und dazu, dass wir bereits alles in uns tragen, was wir zu glauben brauchen – egal, welches Problem auch auftreten mag. Wir sind die Sicherheit, die wir brauchen, und vertrauen uns deshalb. Wir wissen, dass wir alle nötigen Kompetenzen erwerben oder es wenigstens versuchen können. Ich rede nicht davon, Astrophysik oder Biochemie zu lernen. Es geht um die Nutzung der vorhandenen Fähigkeiten unseres Selbst, in Bereichen, die wir täglich uns und anderen beweisen. Es geht um die Erweiterung der noch nicht voll ausgeprägten oder bislang eher ungenutzten Fähigkeiten, die als Anlage vorhanden sind und auf ihre Verwirklichung warten.

> —— **Freude, als Ausdruck von Liebe, kann Ihre Angst k.o. schlagen.** ——

Eine dieser Fähigkeiten, wenn Sie unter Angst leiden, ist die zur Freude. Freude ist so eng verbunden mit Angst wie Liebe mit Hass. Ihre Freude kann geweckt werden, wenn Sie sie wecken möchten. Sie sollten es wollen, denn sonst macht Ihr Leben Sie nicht (mehr) zufrieden und bringt kein Lächeln mehr auf Ihre Lippen, dann ist Ihre Angst zu Recht da. Freude, als Ausdruck von Liebe (zum Leben), kann Ihre Angst k.o. schlagen. Wenn Sie sich auch nichts sonst aus diesem Buch merken: Merken Sie sich dies. Es geht primär nicht um das, was Sie in Ihrem Leben schaffen oder erreichen müssten, um etwas zu bekommen – in der Hoffnung, es werde mehr Freude in Ihr Leben bringen. Es geht um die Freude, die bereits vorhanden sein muss, als indiskutabler Bestandteil Ihres Lebens, um Ihre Liebe zu Ihrem Leben zu festigen. Jeder Stress wird weniger schmerzhaft sein, wenn Sie gleichermaßen freudvolle Tätigkeiten ausüben, etwas, was nur Ihnen und dem Lächeln auf Ihrem Gesicht dient – sonst niemandem. Das darf so sein und sollte sich als Ihr individuelles Recht in Ihnen zu Ihrem Vertrauen legen: Sie dürfen Freude am Leben empfinden, sie ausbauen und sich daran wärmen. Fragen Sie sich, was in Ihrem Leben Ihnen Freude bereitet. Welche Tätigkeiten schaffen Freude, welche das Gegenteil? Was tun Sie, in der Hoffnung, es werde Ihnen Zufriedenheit (d. h. Freude) bringen? Haben Sie mitten im Kampf um diese Freude das Ziel aus den Augen verloren? Wie viel Energie bringen Sie auf, um anderen Freude in ihr Leben zu bringen? Bleibt Ihre Freude auf der Strecke?

Nehmen Sie sich dafür einen Zettel und schreiben Sie auf die Vorderseite zehn Erfolge der letzten Jahre, auf die Sie stolz sind. Sie können aus allen Lebensbereichen stammen. Auf die Rückseite schreiben Sie dann 20 Fähigkeiten/Eigenschaften, die Ihnen diese Erfolge ermöglicht haben. Auf einem neuen Blatt listen Sie dann 30 und mehr Erfolge, die Sie mit diesen Talenten und Charaktereigenschaften noch erreichen könnten. Denken Sie groß!

Setzen Sie sich an erste Stelle. Sie müssen niemanden ausschließen, sondern können alle an Ihrer Freude und dem, was sie schafft, teilhaben lassen. Je mehr Sie sich freuen, desto wohler werden sich Ihre Mitmenschen in Ihrer Nähe fühlen.

Viele Frauen sagen mir, sie würden etwas nicht schaffen, wenn Sie sich zuerst um sich selbst kümmerten. Sie hätten keine Zeit oder benutzen andere Ausreden. Ich verwende absichtlich dieses wertende Wort, weil es in aller Wahrheit genau so ist: Es sind Ausreden, wenn man sich nicht um sich selbst kümmert. Der Grund ist oft nicht die eigene Unfähigkeit zur Selbstfürsorge, sondern die fehlende Gewohnheit und leider ebenso oft die Angst vor dem Verlust anderer. Viele haben zudem nicht gelernt, für sich da zu sein. Ihnen fehlt Übung.

Die Realität offenbart vielen Frauen, wie viel sie tatsächlich schaffen, wie auch ihr Alltag zeigt. Frauen, die beispielsweise unglücklich in ihrer Beziehung sind, sagen mir, sie könnten sich nicht trennen, weil sie dann alleinerziehend wären, dabei war/ist ihr Partner fast nie Teil der Kindererziehung. De facto schaffen sie es bereits allein. Der Partner ist bei vielen nur eine Silhouette, die Sicherheit vorgaukelt. Ihnen fehlt nur das Selbstvertrauen, die Achtung vor ihren Fähigkeiten, die für sie schon so selbstverständlich geworden sind, dass sie ihnen nicht einmal mehr auffallen. Ich sage »nur«, weil man sich dieses Vertrauen aneignen kann – durch Mut und Übung. Je mehr

Sie sich dem stellen, desto sicherer werden sie mit jedem Schritt. Bis dahin sehen Sie vielleicht Ihre Besonderheit nicht, ihr Fundament zum Glück. Sie sehen nur das, was in der Psychologie Selbstwirksamkeitserwartung genannt wird, und schätzen ihre eigene gering ein. Ein niedriges Selbstvertrauen, meint Selbstsicherheit, führt unweigerlich zu einer Geringschätzung Ihrer Fähigkeiten. Denn bewerten wir uns gering(er) in dem, was wir zu leisten vermögen, ist auch unsere Wertschätzung uns gegenüber gering. Es ist ein angeschlagener Selbstwert, der einem ein Bein stellt. Das Schätzen Ihres Werts, den Sie sich zu- oder absprechen, entscheidet über alles, was Sie tun. Ich möchte Sie deshalb zu einer Übung einladen, die meines Erachtens von Connie Elliot, einem US-amerikanischen Therapeuten, spezialisiert auf die lösungsorientierte Kurztherapie, stammt.

Ihnen wird auffallen, dass Sie sehr wohl Kompetenzen und Talente besitzen, die Ihnen Vertrauen schenken sollten, Ihnen erlauben, an sich zu glauben. Sie beweisen Ihnen, wie wirksam Sie in Wahrheit sind und sein können, auch wenn Sie sich als wenig wirksam empfinden. Eine andere Möglichkeit, sich dem Vertrauen zu öffnen, ist das »Fake it until you make it«-Prinzip. Tun Sie so, als wären Sie zufrieden mit sich und Ihrem Leben. Nehmen Sie die (vielleicht wenigen) erfreulichen Aspekte Ihres Lebens und halten Sie sich an denen fest. Beschließen Sie, dass Sie auf diese Basis aufbauen werden und unermüdlich weiterbauen, bis Sie das Schloss haben, von dem Sie immer träumten.

Sie können sich dabei unterstützen, körperlich-hormonell, indem Sie bestimmte Methoden nutzen, beispielsweise das Kindchenschema. Dieses Schema, die kindlichen Proportionen und Gesichtszüge bei Kleinkindern und Jungtieren, löst in Menschen den Drang zur Pflege und Obhut aus. Es macht zufrieden. Freude ist außerdem ansteckend: Umgeben Sie sich mit Menschen, die Ihnen wenig von ihren Problemen erzählen und Ihnen auch keine machen. Suchen Sie gezielt die Nähe zufriedener Personen. Oder lächeln Sie sich selbst 60 Sekunden im Spiegel an: Ziehen Sie die Mundwinkel nach oben. Ihr Körper wird mit Glückshormonen und gegen Stresshormone reagieren, denn er hat keine andere Wahl.

Verborgene Wut

Ärger, Wut und Zorn sind mächtige Gefühle. Sie können so reinigend sein wie ein Gewitter oder aber die zerstörerische Kraft eines Tornados erlangen, wenn sich genug an unserem Himmel angestaut hat.

Ich habe bei vielen Frauen erlebt, wie sie mit Wut umgehen: Entweder sie verdrängen sie seit ihrer Kindheit/Jugend und bemerken sie daher nicht einmal. Oder sie verbieten sich ihre Wut, indem sie die Situation oder Person, die ihre Wut entzündete, bagatellisieren und schönreden, weil »er ja auch kein schlechter Mensch ist« oder »sie es nicht böse meint«, »sowas ja auch anderen Menschen schon passiert ist« und »man sich darüber nicht aufzuregen braucht«. Einige reagieren statt mit legitimer Wut auch mit Ersatzgefühlen und brechen beim ersten Anzeichen von Verärgerung in Tränen aus. Oder sie erleben so heftige Angst vor ihrer Wutenergie, dass sie eine Panikattacke bekommen, die sie – wie auch ihre Wut – abzuwehren versuchen. In all diesen Konstellationen zeigt sich mir, dass Frauen – vielleicht besonders jene, die mit Angstzuständen zu kämpfen haben – zwar angestaute Wut der vergangenen Jahre und Erlebnisse in sich tragen, sie diese aber dennoch versuchen zu verstecken oder zu ignorieren, statt sie offen zu äußern. Sie glauben oft, dass diese doch sehr männliche Form der Selbstbehauptung und Durchsetzung ihnen als Frau nicht stehe, weil »Mädchen« so eben nicht seien oder sein sollten. Wut hat nichts Sanftes und Anmutiges. Es ist kein weibliches Attribut.

Frauen wurde entweder antrainiert, dass sie trotz Wut lächeln sollen, oder aber – im Sinne des nicht immer dienlichen Mottos, die Klügere gebe nach – gar nicht erst wütend zu sein. Sie betrachten Wut als nicht legitim, in ihrer Existenz und ihrer Äußerung. Denn, was würde geschehen, wenn sie zugäben, dass sie verärgert, zornig und wütend über das Verhalten des Gegenübers sind oder wegen einer Situation? Sie würden ein natürliches Stoppzeichen setzen, Kritik oder Missbilligung ausdrücken und den Anderen auffordern, dieses zu verändern. Das Nein ihrer Seele würde ihnen dabei helfen, nicht nur ihre Beziehungen und Lebensereignisse mit zu gestalten, sondern auch sich in ihrer Authentizität und Größe einzubringen – für ihr Wohl und das ihres Umfeldes. Dieses Ergebnis klingt wunderbar, oder? Dennoch scheinen eben diese Verhaltensweisen Frauen mit Angstzuständen besonderes Leid zuzufügen, weil sie meinen, ihre Wut würde anderen Schmerzen zufügen: Angst schüren, beim Gegenüber Schuld- und Schamgefühle auslösen, ihn traurig machen. Gefühlswelten, die sie selbst nur zu gut kennen, und deshalb anderen gar nicht erst zumuten (wollen).

Dass Sie Angstzustände dadurch bedingt erleben, kann durchaus an Ihrer verdrängten, missbilligten, aber nicht ausgedrückten Wut liegen. Sie richtet sich entweder gegen Sie selbst und verursacht hormonellen Stress oder sie bleibt als Energie ungenutzt, sodass sie Angst- und Panikattacken auslösen kann. Energie aber muss fließen. Wird sie nicht adäquat kanalisiert, zum Beispiel durch Sport oder andere Wege der Balance, bündelt sie sich im Körper und bleibt dort als Knäuel aus Negativität bestehen. Nicht umsonst sagen wir, dass etwas *in uns querliegt* oder wir *etwas nicht verdaut* und *Wut im Bauch haben* oder es uns *bis zum Halse steht*. Wenn uns *die Galle überläuft*, wir *vor Wut schäumen* oder *blind vor Wut* sind, *außer uns* sind oder *daran zu ersticken drohen, an die Decke gehen* könnten, *vor Wut kochen* oder bald *platzen, brennen wir* – zu Recht. Unser Körper ist in heller Aufregung und wir würden erst einmal ... nichts tun.

Das ist keine Lösung. Ihre Wut zu unterdrücken bedeutet, einen Wirbelsturm wegzwinkern zu wollen oder ein heftiges Unwetter als Sonnenschein auszugeben, nur weil dieser leichter und weniger aufregend erscheint. Zu lernen, Ihre Wut zu erkennen, bedeutet auch, sich selbst ein Stück besser kennenzulernen und anderen dasselbe zu ermöglichen. In Ihrer Wut bringen Sie Ihre Grenzen zum Ausdruck, Ihre Werte und Vorstellungen, Ihre Meinungen und Ihre Würde. Es ist eine Form des Respekts vor sich selbst und anderen, wenn Sie laut und bestimmt sagen können: »Das macht mich wütend.« Es ist eine Kanalisierung, wenn Sie über Zustände fluchen können oder Ihre Wut auf körperliche Weise (nicht gegen jemanden) ausdrücken. Erinnern Sie sich an diese Situationen, in denen etwas partout nicht funktionieren wollte und Sie den Gegenstand deshalb im Raum umherwarfen oder heftig schüttelten, in der Hoffnung, es möge doch endlich funktionieren? Auch das sind Signale Ihrer Wut so wie das Stapfen mit den Füßen oder die Zornesfalte im Gesicht. Sie brauchen kein Extrem zu wählen, um Ihre Wut auszudrücken, doch ausdrücken sollten Sie sie.

Ich erinnere mich an eine Betroffene, die von ihrem Vorgesetzten instrumentalisiert und manipuliert wurde. Er richtete offen seine Wut gegen sie, kränkte sie nicht nur, sondern untergrub auch ihre Kompetenz, wenn er seine Gefühle nicht im Griff hatte. Sie war übermäßig häufig sein Prellbock. In unserem Gespräch wagte sie es nur, zu äußern, dass sie wusste, dass er sich falsch verhielt. Doch wann immer sie das tat, relativierte sie in den kommenden Minuten ihre Worte und suchte nach positiven Eigenschaften – an ihm und der Situation, am Job und der Bedeutung, die sie für ihren Vorgesetzten als Mitarbeiterin hatte. Ich wartete geduldig 45 Minuten darauf, dass sie zornig wurde, fluchen oder mit der Faust auf den Tisch hauen, aufstehen und herumwirbeln oder schreien würde. Doch alles, was sich zeigte, waren zwei Ansätze von Traurigkeit, die mit Tränen begleitet waren. Sie drückte sie sofort wieder weg. »Sagen Sie mal, macht Sie das denn gar nicht wütend?«, fragte ich sie. Sie fand das auch merkwürdig, aber entschuldigte ihn weiter mit Sätzen wie »Wenn ich ihm das sage, versteht er es sowieso nicht« oder »Er lässt Kritik nicht an sich heran«. »Das mag sein, aber was hat das mit Ihrer Wut zu tun?«, fragte ich sie weiter. »Sie können sie ja trotzdem zum Ausdruck bringen, mir oder Ihren Freunden gegenüber zum Beispiel, oder Ihrem Vorgesetzten ein Stopp-Signal geben, damit er versteht, dass er Ihre Grenzen überschreitet.« Man muss nicht zurückbrüllen oder sich ebenso mies verhalten wie sein Gegenüber. Aber man kann sagen, dass es einen wütend macht, den Raum verlassen, und – sollte die Beziehungsebene in der Situation sinnvoll sein – mit der Tür knallen, lauter »Hör auf!« oder »Stopp« sagen, damit einen das Gegenüber versteht. Welchen Weg Sie auch wählen, er sollte Ihre Selbstachtung präsentieren und die, die Sie vom anderen erwarten.

Doch oft findet diese Selbstachtung nur in fiktiven Gesprächen, die man im Kopf führt, statt, in denen man sich zur Wehr setzt und wenigstens innerlich anders reagiert, als es in der Realität geschah. Es ist der innere Wunsch, sich durchzusetzen und zu behaupten, sich seiner Kraft zu bemächtigen und sein Leben in Besitz zu nehmen – ohne Rücksicht auf andere. Vielen fügen diese Gespräche Schaden zu, denn sie lösen Angst aus. Diese Gespräche sind oft in der ersten und zweiten Person formuliert (ich, du) und genau hier liegt das Übel begraben: Sprechen Sie im Kopf mit jemandem, der Sie wütend gemacht hat, und denken sich Sätze wie »Du hast xy gemacht« und »Ich habe nur ... getan«, dann versteht Ihr Gehirn, dass es um *Sie* geht und Sie sich selbst angreifen. Es ähnelt einem Selbstgespräch. Sie nennen Ihrem Gehirn nicht den Namen der Person, sondern, indem Sie »ich« und »du« wählen, adressieren sich selbst. Sie richten somit die Wut, die die Situation/Person in Ihnen auslöst, gegen sich selbst. Ihr Gehirn versteht das und nicht nur wurden bereits Stresshormone wegen des Ereignisses ausgeschüttet. Es werden nun noch mehr ausgeschüttet, weil es die emotionale Schwere für Sie in der Zeit danach erkennt.

Wenn Sie solche Gespräche im Kopf führen, stellt das auf der einen Seite eine Form der Angstabwehr dar. Sie wollen zum Beispiel keine Verantwortung für eine Situation übernehmen oder sehen sich nicht als Handelnde. Etwas an der Situation macht Ihnen Angst und indem Sie im Kopf Gespräche durchdenken, rationalisieren Sie Ihre Angst – weg. Vielleicht ist es auch der Streit, die Disharmonie und das, was Sie mit dieser verbinden, was Ihnen Angst macht. Wut löst in vielen das Gefühl der Trennung aus, als Folge von etwas, das man selbst oder ein anderer falsch gemacht hätte, was nun – auf der Ebene des Kind-Ichs – bestraft würde. Deswegen empfinden viele Angst vor Wut im Allgemeinen und davor, dass sie mit ihrer eigenen Wut etwas, das ihnen viel bedeutet, zerstören würden. Die Folgeangst ist, es würde sich nicht mehr reparieren lassen. Auf der anderen Seite sind diese Gespräche im Kopf eine Form des Probehandelns. Sie exerzieren im Geiste durch, wie Sie lieber reagiert hätten oder wie Sie im kommenden Gespräch handeln könnten/möchten. Auch das wehrt Angst ab und kann außerdem zeigen, dass Sie noch ein wenig Training im Umgang mit dem Ausdruck Ihrer Gefühle benötigen. Doch achten Sie darauf, wie Sie mit sich sprechen. Sagen Sie Ihrem Gehirn, wann Sie wütend auf sich und wann auf jemand anderen sind.

— **Es ist der innere Wunsch, sich durchzusetzen und zu behaupten, sich seiner Kraft zu bemächtigen und sein Leben in Besitz zu nehmen.** —

Viele Frauen berichten mir – analog zu meiner eigenen Erfahrung –, dass sie ihre Wut erst Tage nach einem Ereignis bemerken. Das Gefühl taucht plötzlich auf, als hätte das Gehirn eine Situation erst jetzt verarbeitet: mit einzelnen Worten, einem bestimmten Tonfall oder einer Geste/Mimik, die in der Erinnerung auftaucht. Es sind Aha-Momente. Viele waren in der Situation im Reaktionsmodus, der bei ihnen zum Beispiel Totstellen (Stille) oder Flucht (Situation verlassen oder schlichten) bedeutet, aber nicht Kampf. Kampf als Form der Angstabwehr bedeutet, seine Wut offen zu äußern oder andersartig einem Konflikt zu begegnen, zum Beispiel jemanden zur Rechenschaft zu ziehen oder nach der Motivation zu fragen. Ertappen Sie sich aber dabei, dass Sie in wutauslösenden Situationen still bleiben, dass Worte an Ihnen abprallen, sich kein Gefühl in Ihnen regt oder Sie zur Beruhigung des Anderen tendieren, dann nur, weil Sie es so gelernt haben oder die Situation neu für Sie ist. Je unvorbereiteter wir sind, desto verwunderter sind wir. Das ist das Gefühl der Überraschung, wenn wir nicht wissen, was zu tun ist. Wir haben keine Erfahrungswerte und müssen in uns gehen, bevor wir den nächsten Schritt tun.

Ich glaube, der Grund dafür, dass Frauen vorgeworfen wird, sie würden selbst Monate und Jahre später die Vergehen einer Person in Gesprächen herauskramen, »immer wieder damit anfangen«, was jemand irgendwann einmal falsch gemacht hat, liegt hier: Sie haben zur damaligen Zeit ihre Wut nicht in voller Größe artikuliert, entweder, weil sie sie nicht wahrnahmen oder weil sie sie nicht wahrnehmen (also ausdrücken) wollten. Stille Wut bedeutet dann, dass sich alles addiert, was eine ähnliche Natur hat und Wut auslöst, die sie sich nicht trauen zu haben.

Viele Frauen adressieren ihre Wut zudem weder im Kleinen noch im Großen. Wut wird nicht zur Selbstbehauptung und Markierung im Job, in der Liebe und in der Familie genutzt. Werden sie im Job übergangen oder im Wettbewerb ausgegrenzt, bleiben viele eher still oder fügen sich. Sie warten nicht mit Durchsetzungsstrategien auf, besonders dann nicht, wenn ihre Gegner männlich sind oder Frauen mit einer besonders männlichen Energie. Andere haben diese Schwierigkeiten in der Liebe. Sie lassen eher zu, dass sich ihr Partner ihnen gegenüber respektlos verhält, statt ihm und der Frau, die mit ihrem Mann flirtet, etwas entgegenzusetzen. Auch Kindern gegenüber zeigen sie selten ihre Wut, sondern lassen eher den Mann die Stimme erheben, statt ein Stopp-Zeichen zu setzen. In welchem Lebensbereich es Ihnen auch schwerfallen sollte, Ihre Wut zu zeigen: Fragen Sie sich, was genau in Ihnen Verärgerung oder gar Groll auslöst. Was können Sie nur sehr schwer verzeihen? Was gar nicht? Was macht Sie so rasend, dass Sie sich nicht wiedererkennen? Das können Ausschluss, Übergangenwerden, Ignoriertwerden, Übergriffigkeit, fehlende Unterstützung, Alleingelassenwerden oder unerfüllte Bedürfnisse sein oder nur die Angst, dass Ihre Bedürfnisse nicht befriedigt werden würden/könnten. Benennen Sie für sich radikal, welche Ihrer Grenzen überschritten wird, wenn etwas geschieht, das Sie wütend macht, und welche Sie bewusst überschreiten (lassen), wenn Sie dem nichts entgegensetzen. Nehmen Sie alle Ereignisse Ihres Lebens als Hinweis, sich diese Fragen zu beantworten. Wie gingen Sie damals mit Ihrer Wut um? Und wozu wählten Sie diese Strategie? Was glaubten Sie, würde geschehen, wenn Sie Ihre Wut äußerten?

Falls Sie Mutter sind, kann Ihnen folgende Analogie helfen. (Sollten Sie kinderlos sein, stellen Sie es sich vor oder nehmen Sie gern ein Haustier oder eine Freundin zur Verdeutlichung.) Jemand kommt Ihrem Kind gefährlich nahe. Sie sind alarmiert und fürchten um sein Wohl. Würden Sie einfach zusehen und es geschehen lassen? Wahrscheinlich nicht. Sie würden brüllen, schreien, um Hilfe rufen oder im Notfall sogar zutreten. Sie wären zu allem fähig, nur um Ihr Kind zu schützen. Sie sehen Ihr Kind als Erweiterung Ihrer selbst. Es ist selbstverständlich, sich so wutentbrannt zu zeigen. Sie würden sich nicht schämen. Sie wären, wer Sie sind, und würden sich behaupten, weil Ihr Kind zu Ihnen gehört und Ihren Schutz braucht. Bei einem Kind, Haustier oder Menschen reagieren wir so auf natürliche Weise. Warum nicht bei uns selbst? Es macht keinen Unterschied, ob das, worum wir kämpfen, was wir mit allen Mittel verteidigen, sozial geregelt und legitimiert ist, zum Beispiel durch das Strafgesetzbuch. Entscheidend ist, dass wir oft anderen Menschen die klaren Vorstellungen von dem, was sie uns gegenüber dürfen und was nicht, überlassen – statt sie selbst zu formulieren und zu wahren.

Jeder hat dabei seine Form der Wutbewältigung und Kontrolle. Wenn ich wütend bin, laufe ich in der Wohnung herum, räume auf und mache sauber. Ich bringe das Außen in Ordnung, weil es im Inneren tobt. Ich brülle, ich fluche. Wenn jemand etwas getan hat, was mich, meine Arbeit, meine Beziehungen oder etwas anderes gefährdet, ohne die Konsequenzen bedacht zu haben, habe ich das Recht, es ihm mitzuteilen und wütend zu sein. Dasselbe Recht gestehe ich demjenigen zu, wenn ich mich falsch oder bewusst verletzend verhalte. Es ist eine natürliche Reaktion, wie auch zu weinen, wenn wir körperliche oder emotionale Schmerzen haben. Ich musste (auch) lernen, dass ich meine Gefühle nicht ersatzweise ausdrücke, zum Beispiel mit Angst, wenn ich wütend war, oder mit Tränen, wenn ich Schuld empfand. Stattdessen adressierte ich Stück für Stück die natürliche Ausdrucksform des einzelnen Gefühls: Weinen bei Traurigkeit, um Entschuldigung bitten, wenn ich einen Fehler gemacht hatte, mich verletzlich zeigen, wenn ich beschämt war, Wut rauslassen, Angst fühlen und entscheiden, wie ich weiter verfuhr – und erkennen, wann Angst nur eine Reaktion auf ein anderes Gefühl war. Sehr oft war es keine Angst, sondern Wut, Schuld oder der Versuch anderer, mich zu beschämen. Auch scheinbar nichtige Gründe hatte meine Angst, zum Beispiel, wenn mich jemand anrief und mir von etwas erzählte, was ihn wütend gemacht hatte. Er entlud seine Wut auf jemand anderen bei mir. Ich ermächtigte mich, auch fremde Wut zu adressieren, indem ich die Person bat, ihre Wut nicht gegen mich zu richten, sondern an die Stelle, an die sie gehörte.

Auch wenn es dauern mag, bis uns das Gegenüber versteht, es lohnt sich, ruhig zu bleiben und sein Gefühl auszudrücken, statt es mit sich herumzuschleppen. Nicht immer meinen es unsere Mitmenschen negativ. Doch schaffen wir es nicht im Kleinen, uns auszudrücken, werden wir es im Großen auch nicht vermögen.

Alles hinzunehmen, ohne seinen Verdruss zu äußern, macht im Übrigen zu Recht Angst. Beginnen Sie schon heute mit kleinen Schritten und sagen Sie sich: »Ich darf wütend sein. Es ist okay, wenn ich wütend bin. Niemandem steht es zu, mir zu sagen, was ich fühlen darf.«

Frau Ich, Ihr Selbst und Ihr Ego

Was auch immer Sie für andere und wegen anderer bewusst verstecken und vermeiden, ignorieren, bagatellisieren, projizieren oder schon vor langer Zeit unbewusst verdrängt haben – es sind Entscheidungen mit einem Anlass. Der Hintergrund war/ist ein sozialer: zum Beispiel, weil ein Verhalten wie Wut in einer speziellen Situation von anderen nicht akzeptiert würde oder weil das Ausleben Ihrer persönlichen Freiheit und Selbstachtung anderen das Fürchten lehrt(e).

Seit Kindheitstagen lernen Sie, was als sozial verträglich gilt. Entweder Ihre Eltern haben es Ihnen beigebracht oder es waren Bezugspersonen wie Lehrer, Freunde oder Partner. Ausschlag gab auch, was Sie aus deren Leben als Lektionen und Interpretationen mitgenommen haben. So entwickelte sich Ihr innerer Kompass, Richter und Kritiker. Dieser Ich-Kodex speist sich nicht nur aus akzeptierten und abgelehnten Gefühlen, Gedanken und Handlungen. Auch was Sie glauben und sich trauen zu glauben oder aber scheuen, spielt eine Rolle. Ähnlich verhält es sich mit Ihrem Ego. Was Sie glauben zu sein, zu verdienen und was nicht, wie Sie sich sehen und mit welchen Attributen, dürfen Sie als wildes Sammelsurium Ihrer bisherigen Eindrücke verstehen. Wie Ihre Wohnung auszusehen hat, wie Sie sich behandeln lassen, wie viel oder wie wenig Geld Sie ausgeben und sparen, was Sie sich Gutes tun und was nicht, was Sie sich erlauben und was nicht – in Gedanken, Gefühlen und Taten: Sie verbinden es mit dem, was andere von Ihnen wahrnehmen sollen. Denn wie andere Sie wahrnehmen, spiegelt sich auf Sie zurück. So kreieren wir ein Bild von uns selbst (unser Selbstbild), das wir anderen vermitteln, damit diese auf eine von uns vorbestimmte Weise denken, fühlen und handeln. Das sorgt für Anerkennung und sichert so Ihre Zugehörigkeit und Einflussnahme – wenn Sie dieselben Werte teilen. Würden Sie das sozial akzeptierte Verhalten innerhalb Ihrer Familie oder Ihres Arbeitgebers überschreiten, bedeutete das zwar nicht unbedingt Ausschluss. Viele bringen es aber mit Angst vor Verlust und Isolation in Verbindung. Allein dieser Gedanke lässt unzählige Frauen mit dem Druck der Fremderwartung zurück, der ihnen im Außen vorgelebt wird und in ihrem Inneren auf Resonanz stößt. Deshalb finden sie sich in unglücklichen Partnerschaften oder zermürbenden Jobs wieder, während sie heimlich von einem authentischen Leben träumen. Sich anders als erwartet zu verhalten, ihr Umfeld zu überraschen oder durch Eigensinn für neuen Schwung zu sorgen, ist angstbesetzt.

Sicher kennen Sie Menschen, die Ihnen ein spezielles Bild von sich vorspielen, um Sie zu zerstreuen, auf ihre Seite zu ziehen, Sie zu etwas zu bekommen, für sich zu gewinnen oder gar auszunutzen. Zu Beginn einer Partnerschaft oder einer neuen Stelle ist genau das der Grund, aus dem wir uns von unserer besten Seite zeigen: damit der neue Partner oder Arbeitgeber ein besonders gutes Bild von uns hat. Es sorgt dafür, dass er uns mag und bei uns bleibt, weil er von diesem guten Bild beeindruckt ist. Würden wir jedoch alle unsere unberechenbaren, unbequemen und negativen Seiten in einem Schwung präsentieren, könnte es geschehen, dass sich der andere zurückzieht. Im Endeffekt sind es schlechte Eigenschaften, die Beziehungen aller Art zu zerbrechen drohen. Es ist legitim, dass wir im Umkehrschluss versuchen, sie zu drosseln, zu verstecken oder aktiv an ihnen zu arbeiten, denn sie entscheiden über unsere sozialen Verbindungen und unseren Platz im Leben. Beziehungen gehen auch verloren, wenn wir unser wahres Gesicht verstecken, nur damit es irgendwann aus uns herausplatzt. Was wir vor uns und anderen verbergen, findet seinen Weg zurück in den Alltag.

Als Kleinkind wussten Sie nichts von einem Ego oder Bild, das Sie einmal von sich haben würden. Sie haben ohne Umschweife Ihre Bedürfnisse geäußert, gingen zu Ihren Eltern kuscheln oder haben gesagt, dass Sie Durst haben, haben sich in den Mittelpunkt gedrängt und geschrien, wenn Ihnen danach war. Sie haben nicht auf andere und deren Meinungen in Bezug auf Ihr Verhalten geachtet. Es war Ihnen egal. Für Sie waren Sie nur dann in Ihrer Mitte, wenn Sie tun konnten, was Sie tun wollten und brauchten. Es war *selbst*verständlich. So verstand sich Ihr Selbst und deshalb agierten Sie. Dieses Selbstverständnis beruhte weder auf Wissen noch auf sozialen Regeln, denn als Kleinkind wussten Sie per se nichts. Sich selbst bzw. sein Selbst zu verstehen und ein Verständnis für das eigene Selbst zu entwickeln, wird erst später zu einer Lernaufgabe – vielmehr zu einer Erinnerungsaufgabe. Denn je mehr Sie an Ihrem Selbstbild arbeiteten und sich in Ihrem Ich-Sein anpassten, desto mehr entfremdeten und entfernten Sie sich von Ihrem wahren Selbst.

Es existieren verschiedene Auffassungen vom Selbst. Carl Gustav Jung beispielsweise verstand es als Unterbewusstsein, einschließlich aller dortigen Vorgänge, die Gedanken, Gefühle und Handlungen steuern. Nur Ihr Ich (Ihr Bewusstsein, was Sie über sich und Ihre Ich-Werdung wissen) könne ergründen, was Ihr Unterbewusstsein beinhaltet, damit Sie ganz ich werden. Nach Jung ist es das, was Sie im Moment nicht über sich wissen, weder klar erkennen noch benennen können, was wichtig für Ihre Selbstverwirklichung ist.

Ich bevorzuge das Verständnis des Selbst nach dem Psychologen und Philosophen William James[21]: Der erste Zustand beschreibt Ihren Kern (*Das/So bin ich*), sozusagen Ihr Selbstkonzept, während der zweite Zustand das Sinnieren über sich im Laufe Ihres Lebens darstellt (*Wer bin ich wirklich?*). Über Ihr Kern-Selbst oder Kern-Ich reflektieren Sie höchstwahrscheinlich, seitdem Sie dieses Buch lesen. Doch Ihre Antwort auf die Frage, wer Sie wirklich sind, kann sich von Minute zu Minute ändern. Mit jedem Umblättern der Seiten kann Ihr Selbst eine neue Definition bekommen. Hier werden Sie sich Ihrer bewusst und erkennen verdrängte Teile durch neue Perspektiven. Das beinhaltet auch, was Sie über sich denken und annehmen, wie Sie sich sehen, mit allen Stärken, Schwächen, Ängsten, Hoffnungen und Zielen.

Im Laufe Ihres Lebens bildeten beide Teile des Selbst ein Gefühl der Identität, die für Sie Sinn stiftet(e). Ihre Ich-Werdung aber wird nie abgeschlossen sein. Sie werden sich immer weiterentwickeln, auch, wenn Sie einer Entwicklung aus dem Weg gehen. Sogar Stagnation kann Sie in Ihrem Wesen ändern, sei es auch, dass Sie wie ich plötzlich Angst- und Panikattacken bekommen und zu Veränderung gezwungen werden. Jung beispielsweise sah eine erhöhte Wahrscheinlichkeit psychischer Krankheiten, wenn man das Nachdenken über sich unterband. Für ihn vermochte es nur die angeborene Neugier eines Menschen auf sein Selbst – sofern ausagiert – zu einer Ganzheit zu führen.[22] Nur, wenn Sie sich dem, was Sie wirklich sind, stellen statt dem, was Sie zu sein glauben oder sein wollen, kann es zu Ihrer Ganz-Ich-Werdung beitragen.

Ich weiß von mir selbst und anderen Betroffenen, dass es manchmal leichter ist, sich keine Gedanken über sich zu machen. Je mehr Gedanken wir uns zusätzlich zu denen, die wir uns machen müssen, machen, desto beschwerlicher kann unser Alltag aussehen. Es kann auch unsere bisherigen Lebenswege infrage stellen und Gefühle wie Reue auslösen. Es kann uns Angst einjagen und bis ins Mark erschüttern. Unter diesem Aspekt ist es verständlich, dass viele Menschen so erhebliche Schwierigkeiten mit Schuld und Scham haben, denn sich

Irrwege und Fehler einzugestehen, kann die Identität und das Selbstbild bröckeln lassen.

- Was für eine Tochter wäre ich, wenn ich mit meinem Partner keine Kinder bekäme, nicht in einer stereotypen Ehe lebte, sondern Single bliebe, obwohl mich meine Herkunftsfamilie so gern Enkelkinder wünscht?
- Wer bin ich als Frau, wenn ich keinen Mann brauche, sondern erfolgreicher bin als jeder Mann, den ich kenne? Wenn ich nicht bin, was andere von mir erwarten, wer bin ich in den Augen der anderen und in meinen eigenen?
- Was wird meine Familie sagen und denken, wenn ich aus der Kirche austrete oder mich als lesbisch oute? Was für ein Mensch bin ich, wenn ich mich weder für Politik interessiere noch für die Umwelt, weder die Zeitung lese noch die Nachrichten konsumiere, nicht auf Facebook bin oder absichtlich nicht ans Telefon gehe, wenn es klingelt?
- Welche Sorte Frau bin, wenn ich viele unterschiedliche sexuelle Kontakte genieße?
- Was für eine Frau bin ich, wenn ich mein Leben lieber mit Tieren verbringe?
- Was für eine Frau bin ich, wenn ich mich von meinem Partner trenne? Was werden meine Kinder über mich denken? Was werden meine Freunde sagen?
- Was für eine Frau bin ich, wenn ich die Affären meines Partners bewusst dulde und bei ihm bleibe, trotz der Beschämung?
- Darf ich meinem neuen Partner sagen, dass ich dreimal so viel verdiene wie er, oder geht er dann?
- Was für ein Mensch und was für eine Partnerin bin ich, wenn ich meinem Partner sage, dass es mich stört, dass er nichts aus sich macht?
- Was für eine Kollegin bin ich, wenn ich jetzt nach Hause gehe, statt meinem Kollegen zu helfen, seinen Stapel abzuarbeiten?

Bilden Sie Ihre eigenen Fragen. Ich bin mir sicher, dass sich Ihr Selbst schon beim Lesen meiner Beispiele gemeldet hat. Je stärker Ihr Selbstbild, also Ihr Ego, ist, desto eher würden Ihre Antworten auf all diese Fragen lauten: eine ehrliche, authentische, sich liebende, würdevolle, anderweitig engagierte, sich Ihrer selbst bewusste und sich selbst vertrauende Frau. Ein Mensch mit einem eigenen Leben, eigenen Ansichten und Wertvorstellungen, Zielen und Wünschen.

— Ihre Ich-Werdung wird nie abgeschlossen sein. —

Doch wir hängen unser Selbst und wie man sich in den verschiedenen Rollen als Mensch, Tochter, Freundin, Partnerin, Mutter, Schwester usw. versteht, an Faktoren: Wir beobachten und bewerten unser Verhalten, wir ziehen aus dem, was andere sagen, Rückschlüsse auf uns, und interpretieren ihre Reaktionen auf uns. Außerdem vergleichen wir uns mit ihnen und schneiden dabei auf eine unserem Selbstbild entsprechende Art ab. Behandelt uns jemand zum Beispiel respektlos, könnte es sein, dass wir es nicht einmal merken, weil unser Selbst an Respektlosigkeit gewöhnt ist oder sie akzeptiert und sich nicht wehrt. Es könnte sein, dass wir glauben, Respektlosigkeit uns gegenüber sei die Norm – oder wir unser Selbstverständnis deswegen anpassen. Sie können Ihr Selbst jederzeit aktualisieren – egal, wie Sie sich im Moment sehen, wie sich Ihr Bild von Ihrem Selbst gestaltet, ob Sie wirklich sind, was Sie zu sein glauben, oder sich und anderen nur etwas vorgaukeln. Sie können die Maske, die anderen zeigte, wie sozial angepasst und passend Sie sind, ablegen und sich in Ihrem wahren Selbst erkennen. Sie haben die Macht, sich zu ändern und jeden Tag mehr Sie selbst zu werden, indem Sie sich den verdrängten, verneinten und versteckten Seiten ihres Selbst bewusst werden und sie an die Oberfläche kommen lassen.

Machen Sie sich all die Aspekte Ihres Lebens, die nur einem Bild dienten, bewusst: die perfekte Mutter, die Frau, die alles kann, die süße und liebe, mädchenhafte Frau, die Starke, die Weise, die Femme Fatal, die Heilerin und Heilige. Was nützten Ihnen diese einseitigen Darstellungen Ihrer selbst? Was brachten Sie anderen? Inwiefern dienten sie Ihrer Zugehörigkeit? Welche Masken wären ebenso anerkannt gewesen? Wieso wählten Sie diese eine statt einer anderen?

Dann stellen Sie sich die alles entscheidenden Frage: Was davon bin ich wirklich? Was davon tut mir gut? Was davon gefällt mir selbst? Ist das ein Selbst, das ich leben möchte? Dient es mir oder dient es anderen? Was davon macht mir Angst?

Motive und Motivationen

Es gibt eine weitere Komponente, die mit in Ihre Handlungen hineinspielt: Es sind die sogenannten Lebensmotive, auch Basismotive genannt. Sie bieten Antworten auf Fragen wie »Was treibt Sie an? Was veranlasst Sie zu handeln?«. Sie geben wertvolle Aufschlüsse über die Identität und Ziele des Einzelnen, wohingegen Bedürfnisse eine angeborene Veranlagung sind. Motive sind aber situationsunabhängig und in Ihnen verankert. Sie speisen sich aus Ihren Erfahrungen und Ihrem Wissen darüber, wie Sie Ihre Ziele erreichen können. Wünschen Sie sich eine Partnerschaft, wissen Sie, was Sie (nicht) tun müssen und sollten. Wenn Sie einen attraktiven Mann im Bus sähen, kämen Sie nicht auf die Idee, ihn mit forscher Stimme zu zwingen, dass er fortan mit Ihnen zusammen zu sein hat. Sie denken auch sicher nicht, dass diese Vorgehensweise erfolgreich sein könnte, oder? Sie sind sich bewusst, dass Sie ein Gegenüber brauchen, das Ihre Gefühle erwidert. Sie haben gelernt, dass Sie Ihre Gefühle zeigen müssen, und auch, wie.

Mit Motiven befriedigen Sie Ihre Bedürfnisse und werden möglichst so tätig, dass Sie sie erreichen. Glaubten Sie aber, dass Sie auf bestimmte Art Ihr Motiv nicht befriedigen können, würden Sie entweder tiefe Unlust und Abwehr spüren oder gar nicht tätig werden. Sie würden stattdessen Ihr Verhalten anpassen. Deshalb zwingen Sie den schönen Unbekannten nicht, mit Ihnen ins Kino zu gehen. Sie lächeln freundlich, bauen Blickkontakt auf und warten auf ein Zeichen seiner Bereitschaft, bevor Sie Hallo sagen.

Generell lassen sich drei Lebensmotive unterscheiden: das der persönlichen Macht (Einflussnahme, Kontrolle, Steuerung von Situationen), der sozialen Zugehörigkeit/Anschluss (Beziehungen zu Menschen wie Familie, Freundeskreis, Kreis Gleichgesinnter, Partner, Kinder usw.) und das der Leistung (Kompetenz, Stärken, Potenziale ausleben, sich beweisen, Anerkennung durch Erfolge).

— Mit Motiven befriedigen Sie Ihre Bedürfnisse und werden möglichst so tätig, dass Sie sie erreichen. —

Lassen Sie uns näher betrachten, welche dieser Motive bei Ihnen in welcher Ausprägung vorhanden sind. Grundsätzlich unterscheidet man eine starke oder schwache Ausprägung, die wiederum situationsabhängig sein kann.

MOTIV PERSÖNLICHE MACHT Wie wichtig ist es Ihnen, die Kontrolle über Ihre Lebenssituationen und deren Gestaltung zu behalten? Welchen Stellenwert haben Menschen, die Ihnen Macht ermöglichen? Wie sehr wollen Sie Einfluss nehmen auf andere, um Ihr Leben oder das der Anderen zu gestalten? Wie sehr lehnen Sie Übergriffigkeit anderer ab, die Ihr Leben in Ihren Augen negativ beeinflussen würden? Wie überzeugt sind Sie von Ihren Werten und Zielen? Wie stehen Sie zu Herausforderungen und Verantwortung? Wie stark lassen Sie sich von anderen leiten und führen? Wie sehr übernehmen Sie die Werte und Ziele anderer? Macht Ihnen im Mittelpunkt zu stehen Angst? Bleiben Sie lieber im Hintergrund? Fürchten Sie, autonom Veränderungen vorzunehmen und Entscheidungen zu treffen? Grübeln Sie lange über Konsequenzen (auch für andere), statt Ihren Weg zu gehen?

Wenn Sie ungern die Verantwortung, Führung, Leitung und Kontrolle übernehmen und auch Entscheidungen eher scheuen, so ist Ihr Machtmotiv schwach ausgeprägt. Tendieren Sie jedoch dazu, die Verantwortung zu übernehmen, und hadern vor allem mit fremdbestimmten Impulsen, so haben Sie ein starkes Machtmotiv. Es zeigt sich besonders, wenn wir schlecht warten oder vertrauen können.

MOTIV ZUGEHÖRIGKEIT/ANSCHLUSS Wie wichtig ist Ihnen der Kontakt mit Menschen im Allgemeinen? Gieren Sie nach neuen, interessanten Kontakten und nach Austausch? Wie hungrig sind Sie nach Kontakten mit Ihrem engsten Umfeld? Was geben diese Menschen Ihnen, zum Beispiel Halt, Sicherheit, Zuwendung, das Gefühl, nicht allein zu sein? Wie häufig fühlen Sie sich einsam, wenn Sie keinen oder zu geringen Kontakt mit Menschen haben? Fühlen Sie sich auch einsam, wenn Sie nicht allein sind? Wie gut können Sie allein sein? Haben Sie Zeiten, in denen Sie dringend allein sein wollen?

Wenn Sie ungern allein sind und gern im Kontakt, aber in Zeiten des Alleinseins zu Einsamkeit oder innerer Leere, Langeweile oder Hilflosigkeit neigen, so ist Ihr Zugehörigkeitsmotiv stark ausgeprägt. Tendieren Sie jedoch dazu, gern allein zu sein, nur wenige Kontakte und Menschen zu brauchen, um sich wohlzufühlen, so haben Sie ein schwaches Zugehörigkeitsmotiv. Es ist ebenfalls schwach, wenn Sie Kontakte mitunter sogar vermeiden, nur um allein sein zu können, weil sie fühlen, sie »müssten« es, um bei sich zu sein. Schwach ist es auch dann, wenn sie eher Single blieben, als in einer suboptimalen Partnerschaft zu leben.

MOTIV LEISTUNG Wie gern arbeiten und leisten, bemühen und kümmern Sie sich? Wollen Sie etwas mitgestalten? Dienen Sie einem höheren Gut oder dem Ziel eines Unternehmens? Liegt es Ihnen im Blut, viel zu leisten, um möglichst viel zu erhalten? Scheuen Sie keine Mühe, sondern bringen Ihre Talente, Stärken und Fähigkeiten ein? Nehmen Sie sich eher zurück, um ein Ziel zu erreichen? Ist es Ihnen wiederholt geschehen, dass Sie aktiv werden, um beispielsweise einen Partner für sich zu gewinnen oder einen Menschen zu beeindrucken? Beweisen Sie Ihren Wert durch besonders gute oder beeindruckende Taten bzw. Eigenschaften, die Ihren Wert mitbestimmen? Leisten Sie im Kontakt mit bestimmten Menschen mehr als üblich, um ein spezifisches Bild von sich zu vermitteln?

Wenn Sie ungern aktiv werden oder sich nur bedingt beweisen wollen, so ist Ihr Leistungsmotiv schwach ausgeprägt. Wenn Sie vermuten, dass Taten Ihnen nicht gelingen und nichts bringen würden, Sie Fehler machen oder nicht gesehen und gehört würden, ist es schwach. Tendieren Sie jedoch dazu, gern in die Bresche zu springen, anderen Aufgaben abzunehmen, um Ihren Wert zu unterstreichen oder ihn für andere sichtbar zu machen, so haben Sie ein starkes Leistungsmotiv. Es ist auch dann stark, wenn Sie gern arbeiten und sich in Aufgaben verlieren können, sich gern erproben oder etwas gestalten wollen, indem Sie Ihre Fähigkeiten dafür nutzbar machen. Oder Sie haben das Gefühl, zu nichts Nutze zu sein, wenn Sie nichts tun oder zu tun haben. Dann empfinden Sie das Gefühl der Freiheit ohne Pflichten eventuell als Last, weil Sie Ihre freie Zeit nicht mit nährenden, für Sie und Ihr Wohl sinnerfüllten Tätigkeiten zu gestalten wissen. Vielleicht fehlen Ihnen auch solche Beschäftigungen und Sie erfahren deshalb verstärkt innere Unruhe, weil der Kontakt mit sich selbst durch Leistung verlorengeht. Auch die Motive Anerkennung und sozialer Vergleich fanden im Laufe der Zeit Einzug in die Psychologie. Prüfen Sie auch diese Motive für sich.

MOTIV ANERKENNUNG Wie stark hängt Ihr Selbstbild vom Zuspruch anderer ab? Wie reagieren Sie auf Kritik? Nehmen Sie sie persönlich oder als Anreiz zur Verbesserung? Wie gehen Sie mit Ablehnung um? Beziehen Sie diese auf sich oder den anderen? Wie unsicher bzw. sicher sind Sie in sozialen Situationen? Wie souverän sind Sie? Vertrauen Sie sich? Sind Sie bei Fehlern von sich und anderen enttäuscht? Streben Sie nach Perfektion? Wie gehen Sie mit Rückschlägen um? Wie sehr wollen Sie anderen gefallen? Wie sehr gefallen Sie sich nicht, wenn Sie missfallen?

Wenn Sie ein eher geringes Selbstvertrauen besitzen und an Ihrem Wert zweifeln, dazu neigen, ihn sich durch andere bestätigen zu lassen, ist Ihr Anerkennungsmotiv stark ausgeprägt. Das ist auch dann so, wenn Sie sich weniger mögen, weil andere Sie ablehnen oder ambivalent sehen. Tendieren Sie jedoch dazu, Kritik und Ablehnung nicht persönlich zu nehmen, sich sicher in der Welt zu bewegen, mit allen Stärken und Schwächen, an sich zu glauben und zu arbeiten, ist Ihr Anerkennungsmotiv schwach ausgeprägt.

MOTIV SOZIALER VERGLEICH/WETTBEWERB

Wie stark orientieren Sie sich in Ihrem Selbstbild an dem Bild anderer? Ahmen Sie andere nach und wollen »wie sie sein«? Haben Sie Vorbilder? Wollen Sie wie eine andere Frau sein, ein Leben wie ihres, einen Partner oder Körper wie ihren haben? Können Sie sich selbst akkurat einschätzen, ohne Verzerrung (Schwächen und Stärken)? Kennen Sie Situationen, in denen Sie sich einschätzten und sich andere über Ihre Selbstwahrnehmung wunderten? Haben Sie Ansprüche an Ihr Leben und Sein, die sich an einem SOLL- oder MUSS-Wert orientieren, den andere bestimmt haben? Haben Sie Erwartungen wie »Bloß nicht so sein wie …«?

Wenn Sie zu Ihrer Individualität stehen und sich nicht mit anderen vergleichen, keine Rückschlüsse ziehen, wenn andere »besser« oder »schlechter« erscheinen, sondern sich und andere Menschen als wertvoll erachten, wie sie sind, ist ihr Motiv nach sozialem Vergleich schwach ausgeprägt. Tendieren Sie jedoch dazu, Ihren Wert aus dem Abgleich mit anderen zu ziehen, sich anzugleichen, andere still zu beneiden oder ihnen etwas zu missgönnen, ist ihr Motiv nach sozialem Vergleich stark ausgeprägt.

Betrachten Sie diese Motive für jeden einzelnen Lebensbereich: Wo muss ein Motiv zwingend erfüllt sein, damit Sie sich wohlfühlen? Brauchen Sie zum Beispiel in der Partnerschaft Macht, aber dafür im Job nicht? Kommen Sie mit mangelnder Anerkennung in der Familie besser zurecht als in der Partnerschaft? Oder müssen Sie etwas leisten im Job, um zufrieden zu sein, während Sie Leistung für die Familie ablehnen? Wann genau sind Sie gewillt, Ihren Motiven entsprechend zu handeln, und was lässt Sie sagen: »So nicht!«?

Da Menschen Individuen sind und nicht kategorisierbar, können sich Ihre Motive wild und quer durch Ihr Leben ziehen: Ein Mensch, der einen starken Drang nach Anerkennung hat, kann sich nach viel Zugehörigkeit sehnen, die für ihn Voraussetzung für das Erlangen von Akzeptanz durch andere ist. Er liebt es dennoch, wenn er seine Kontakte planen kann und zum Beispiel bei Stress in Beziehungen Halt findet. Im Beruf kann er eine Leitungsfunktion innehaben und sich ganz auf Leistung und Wettbewerb/Kampf fokussieren. Er muss aber privat nicht gleichermaßen nach viel Macht streben, sondern kann sich unterordnen oder gefügiger in seinen Beziehungen zeigen. Somit wäre sein privates Verhalten eine Garantie für Teilsein und Zuwendung. Im Beruf hingegen verfolgt er andere Motive. Denn hier zählt, dass er Anerkennung durch seine Vorgesetzten erfährt und sich zugehörig fühlt, weswegen sich sein sonst harmonisches Verhalten den Mitarbeitern anders darstellt. Dieses angepasste Verhalten ist auf beiden Ebenen sinnerfüllt. Hätte er das Gefühl, seine Ziele wären in Gefahr, würde er sich anpassen und erneut nach seinem maximalen Gewinn streben.

Der amerikanische Professor für Psychiatrie und Psychologie Steven Reiss formulierte in den 1990er Jahren insgesamt 16 verschiedene Lebensmotive. Neben Macht und Anerkennung sind dies:

- Unabhängigkeit (Freiheit, Selbstständigkeit)
- Ordnung (Struktur als Halt, Routine für Sicherheit)
- Neugier (Wissen, Wissensdrang, Lernen und Reflexion für persönliches Wachstum)
- Sparen/Sammeln (Besitz)
- Idealismus (soziale und eigene Gerechtigkeit, Fairplay)
- Ehre (Zweckmäßigkeit, Prinzipien, Pflichten, Loyalität)
- Status (Sehnsucht nach Prestige und Ansehen)
- Beziehungen (Nähe oder Distanz zu Menschen)
- Familie (Fürsorge, Wunsch nach Kindern)
- Eros (Sexualität, Lust, Schönheit und Ästhetik)

- Essen (auch Genuss)
- emotionale Ruhe (Freiheit von Angst, Stress und anderen negativen Gefühlen, Erleben positiver Gefühle, emotionale Stabilität)
- körperliche Bewegung (zum Zwecke des eigenen Wohls) sowie
- Kampf (Gewinn anstelle von Harmonie)[23]

Welche davon finden Sie in Ihrem Leben wieder und wie äußern Sie sich in welcher Ausprägung in Ihren Lebensbereichen?

Sehr häufig finden wir in uns eine Vermischung einzelner Motive: alles können wollen, um dazuzugehören oder Anerkennung zu erhalten, aber befürchten, etwas falsch zu machen, aus Angst vor Ausgrenzung, glauben, falsch zu sein, wenn Verlust, Ablehnung oder gar Trennung eintrifft, sich durch Zugehörigkeit Macht sichern wollen oder durch Macht Anerkennung.

Seit dem Diskurs um Hochsensibilität und Hochempathie hat Vermeidung von Angst/Furcht sowie weiteren negativen Gefühlen und Überforderung als eigenes Motiv für mich eine neue Gewichtung. Denn nicht nur steigt bei Angst die Sensibilität und Sensitivität an. Sondern man ist per se anfälliger für Lautstärke, Licht, Gerüche, Geschmäcker, Enge, Körperwahrnehmungen, Menschenmengen usw. Sensibilität und Sensitivität können durch vermehrte und anhaltende Stresshormone leichter und schneller zu einer Überforderung und Überreizung werden, die selbst nach der Angstzeit erhöht bleiben kann. Wer schon seit Kindertagen auf äußere Reize mit Überlastung reagiert, leicht an einen »Zu viel«-Punkt gelangt, ist von diesem Motiv betroffen. Nur Ruhe, Stille und Sinnesarmut bzw. gezielt genutzte Reize können dann helfen, Angstzustände zu verringern und gering zu halten.

Auch das Thema Hochempathie bzw. übermäßig starke Empathie und das Aufsaugen der Stimmungen, Gefühle und Schmerzen anderer spielt bei vielen Frauen eine besondere Rolle. Nicht nur sind viele seit ihrer Kindheit darauf programmiert zu bemerken, wie es anderen geht, damit sie so ihr Verhalten anpassen können, um ihre Motive und Bedürfnisse zu befriedigen. Sondern im späteren Leben kann diese früh angeeignete Fähigkeit auch entweder positiv genutzt werden oder sich als Nachteil herausstellen, wenn man nicht mit ihr umzugehen weiß. Gerade in Zeiten der Angst sind die Erwartungen anderer aber erst einmal nachrangig, denn der Fokus muss auf dem seelischen Wohl der einzelnen Frau liegen. Auch Fremderwartungen an sich können bereits Angst auslösen, wenn frau bemerkt, dass sie zu Stress und somit zu Angst führen. Einer sehr empathischen Frau kann es dann schwerfallen, sich um sich andere zu kümmern, in ihren Schmerz zu gehen und diesen unfreiwillig zu fühlen oder gar Lösungen herbeischaffen zu müssen. Je unerlöster ihre eigene Angst und negativen Gefühle sind, desto stärker treffen schwere Emotionen anderer Menschen auf ihre. Man könnte fast meinen, sie summierten sich. Gerade Frauen in sozialen Berufen und/oder mit einer stark menschenbezogenen, emotionsreichen Arbeit leiden dann unter den Gefühlen anderer. Es liegt an der mangelnden Selbstabgrenzung, dem fehlenden Gefühl für das eigene Selbst, den eigenen Körper und das Spüren der ureigenen Gefühle und Bedürfnisse. Denn sie lösen nicht selten Angst aus, wenn man Schwierigkeiten hat, Nein zu sagen oder andere mit seiner eigenen Begrenztheit und seinem Willen zu konfrontieren.

Falls Sie sich hier wiederfinden, kann ich Ihnen nur empfehlen, sich in Selbstabgrenzung und Selbstbestimmung zu üben. Finden Sie Methoden/Techniken, die Ihnen erlauben, in Kontakt mit sich zu kommen. Recht häufig habe ich erlebt, dass mir Leserinnen und Klientinnen berichteten, dass sie durch ihre Fürsorge und das Miteinander anderer so voller »fremder« Gefühle waren, dass sie sich abends nicht mehr spüren konnten. Bei Männern findet sich das eher im Beruf, wenn sie in stark stressigen Zeiten oder Branchen arbeiten. Sie kommen dann abends nicht »runter« oder brauchen viel Zeit, geliebte Beschäftigungen oder gar Suchtmittel wie Alkohol, um sich von dem Fremden in ihnen zu distanzieren. Sie erscheinen dann wenig beziehungsfähig oder -willig und geraten nicht selten in weiteren Stress mit ihren Partnerinnen. Dieses Phänomen findet sich aber auch bei Karrierefrauen oder Frauen, die sowohl ein hohes berufliches Pensum als auch viele Aufgaben in ihrer Familie/Partnerschaft innehaben. Je mehr Fremdverantwortung wir übernehmen und je weniger wir uns in den Stressentstehungsorten abzugrenzen wagen, desto höher ist die Chance auf einen seelischen Tumult. Da durch eine starke Empathie aber auch immer die Sensibilität und Sensitivität erhöht sind (umgekehrt ist dies nicht der Fall), lasten doppelte äußere Impulse auf unserer Psyche. Eben deshalb ist die Neuorientierung im Umgang mit dem Außen und Anderen so immens wichtig. Ob das Ego nun mit Angstzuständen zum Kampf aufruft, um Ihren Körper-Geist zu schützen oder weil es sich ignoriert fühlt: Ihr Leben braucht ein gesundes Maß an Eigendrehung und Hingabe, an Veränderung und Festhalten. Nur in dieser Balance können Sie für sich ermöglichen, physisch und psychisch gesund zu bleiben – und somit angstfrei. Ihre Motive können Ihnen dabei helfen oder Sie hindern. So können Sie besonders starke Motive als Weg nutzen, sich aus Situationen zu ziehen, die Sie belasten.

— Ihr Leben braucht ein gesundes Maß an Eigendrehung und Hingabe, an Veränderung und Festhalten. —

In diesem Zusammenhang spielt es auch eine Rolle, dass Sie wissen, ob Sie (eher) introvertiert oder extrovertiert sind. Introvertiert sind sogenannte »leise« Menschen, die wenige Reize vertragen, viel Beschäftigung mit sich, mit der Ruhe und dem Schönen in dieser Welt brauchen, um sich genährt zu fühlen. Das kann von Kunst bis hin zu Natur, Tieren, Literatur, sanfte Bewegungen wie Yoga oder Tai-Chi alles sein, was den Kontakt mit ihnen selbst herstellt. Es geht bei der Introversion weniger um Impulse, die von außen kommen, als um die, die sie selbst herstellen. Es ist Input, der ihnen erlaubt, sich zu fühlen. Sie würden als introvertierter Mensch nur wenige Kontakte brauchen, aber dafür qualitativ hochwertige und nährende. Hingegen sind extravertierte Menschen stark abhängig in ihrem Wohlbefinden von äußeren Impulsen und Menschen, die diese schaffen. Sie lieben Kontakte aller Art, auch und besonders mit neuen, fremden Menschen, mit denen sie sich austauschen können. Sie findet man auf Konzerten und in Menschenmengen, in Vertriebs-Jobs und überall dort, wo Selbstdarstellung, Kommunikation und Kontaktwunsch eine Kompetenz darstellen. Dabeisein und Output: Sie erleben sich durch und im Miteinander, haben andere Menschen und ihre Reaktionen als Hobby und erfahren so die Welt. Es belebt sie. Dort im Mittendrin sehen sie ihren Platz in diesem Leben. Alleinsein oder Langeweile verabscheuen sie. Sie ziehen Anerkennung aus den Kontakten, weil sie sich sonst aufzulösen scheinen, während introvertierte Menschen genau diesen Rückzug brauchen.

Klären Sie für sich, welcher Typ Sie sind, und passen Sie die Reize Ihres Lebens daran an. Auch einen Mittelwert gibt es hier: die sogenannte Ambiversion. Das Internet wartet mit vielen Möglichkeiten zu Selbsttests auf, um per Prozent zu bestimmen, wie viel Introversion und Extraversion in Ihnen angelegt ist. Sollten Sie ein Testergebnis von beispielsweise 80 Prozent Introversion und 20 Prozent Extraversion haben, wissen Sie, dass Sie nur wenige Impulse von außen brauchen und der Drang nach Kontakt zu sich selbst vorherrscht. Gewähren Sie ihn sich.

Haben Sie jedoch ein Ergebnis, das Ihnen 60 Prozent xy-vertiert und 40 Prozent xy-vertiert aufzeigt, können Sie eine Angleichung schaffen. Je nach Lebenssituation werden Sie feststellen, ob Sie gerade zu viel oder zu wenig vom einen oder anderen in Ihrem Leben haben. Grundsätzlich gilt: Zu viele Reize, wenn Sie (eher) introvertiert sind, können Angst auslösen. Zu wenige Reize, wenn Sie (eher) extravertiert sind, ebenso.

Zugehörigkeit um jeden Preis

Das Motiv der Zugehörigkeit, des Anschlusses, und der Vermeidung des Getrenntseins, des Ausschlusses, ist ein besonderes für Frauen. Frauen jeden Alters schreiben Beziehungen eine übermäßig hohe Bedeutung für ihre Existenz und ihren Lebenssinn zu. Sind aber ihre Beziehungen, Freundschaften, beruflichen Verbindungen zu Kollegen und Vorgesetzten, Eltern und Familienmitgliedern sowie dem Partner destruktiv oder wenig zufriedenstellend, leidet ihre Kraft. Dennoch bemühen sie sich um Harmonie und Liebe, weil sie mit diesem Wunschgefühl besonders stark verbunden sind. Stück für Stück wird ihre Energie mit jeder Auseinandersetzung oder jedem unerfüllten Bedürfnis verringert. Sei es, dass sie ungewollt Single sind oder ein ersehnter potenzieller Partner sich zurückzieht oder dass der langjährige Partner nur noch wenig Interesse für sie zeigt: Es schwächt ihre Lebensenergie für andere Bereiche, in denen sie sich einsetzen und sich zu verwirklichen versuchen. Nur wenige nutzen ihre Beziehungsenergie für andere Bereiche. Je schwacher die Energie nun ist, weil die persönlichen Verbindungen Energie rauben, die sie für sich und ihren Körper-Geist benötigen, desto weniger folgen sie ihrem Herzen oder können gar ihrer wahren Natur Ausdruck verleihen. Denn im Kopf sind sie nur mit dem Konflikt beschäftigt, der neben der Angst, die er hervorruft, auch Gefühle wie Verzweiflung, Groll und Frust oder Desillusionierung hervorruft – die wieder von neuen Gedanken und Gefühlen begleitet werden. Grübeleien über missliche Gespräche, das Sezieren jedes einzelnen Wortes, das Sinnieren über alternative Ausgänge, für die kein Mut zur Verfügung stand, und Rettungsszenarien zur Schadensbegrenzung halten sie davon ab, sich dem eigenen Wohl zu widmen. Mit Wohl meine ich alle Bedürfnisse und Herausforderungen, die an einem Tag auftreten können: vom morgendlichen Stau, von Termindruck, Aufgabenlisten, fehlender Zeit für sich bis hin zu schönen Begegnungen, denen wir uns gern widmen würden. Disharmonie lähmt sie. Dabei müssen es nicht einmal offene Konflikte sein, die Energie rauben. Auch die inneren Konflikte, die durch abwertende Glaubenssätze geschürt werden, spielen eine Rolle.

Persönliche Beziehungen haben besonders dann die Macht, über uns hereinzubrechen, wenn sie gefährdet sind oder wir sie durch Ereignisse gefährdet sehen. So manche Frau versetzen bereits kleinere Anlässe in (gedankliche) Gefahr, wenn der Partner beispielsweise schlechte Laune hat. Andere wiederum empfinden ihre beruflichen Kontakte als enorm stressend, weil sie entweder Berufliches auf der Beziehungsebene austragen (»Du bist schuld/verantwortlich/usw.«), wenig belastbar sind oder sich zu stark fokussieren und dabei alle anderen vergessen. Das ist auch dann so, wenn wir uns im Außen eine Beziehung wünschen, weil wir uns nur so in Beziehung mit uns fühlen würden.

— Frauen jeden Alters schreiben Beziehungen eine übermäßig hohe Bedeutung für ihre Existenz und ihren Lebenssinn zu. —

Wie auch immer die Disharmonie in Ihnen auch entsteht: Die meisten Frauen sind empathische Wesen und können die Gefühle und Gedanken anderer in ihrem Umfeld bereits erahnen, bevor es entsprechende Signale dafür gibt. Andere sind sogar hochempathisch und spüren bereits eine Welle auf sich zurasen, bevor sie überhaupt in Kontakt mit dem/den Betreffenden gekommen sind. Durch wiederholte Verhaltensmuster der Menschen in unserem Umfeld wissen wir zudem intuitiv, wie bestimmte Herausforderungen und Anliegen vom Gegenüber bewältigt werden, also wie er mit welchen Gefühlen reagieren wird, was ihn aus der Situation holen könnte und was seine emotionale Lage noch verschlimmern würde. Entsprechend tritt unser emotionaler Verhaltensnavigator, unser Kompass, in Erscheinung, der in jeder Verbindung unseres Lebens seine Nadel in eine vermeintlich passende Richtung ausschlägt. Diese orientiert sich daran, was wir uns von dieser Verbindung erhoffen. Sehnen wir uns nach Anerkennung im beruflichen Bereich und wissen um die Impulsivität unseres Vorgesetzten, handeln wir anders als bei unserem Partner, der seine Zeit benötigt, um Gefühle zu spüren und zu verstehen. Unser Navigator lotst uns durch Wissen und Erfahrung durch den Austausch mit Mitmenschen. Er steuert unsere ganz eigenen Gefühle und Gedanken, nicht nur jene, die in Verbindung mit der Person stehen. So bekommen wir beispielsweise Angst, wenn der Chef brüllt, oder werden wütend, wenn der Partner sich nicht ausdrücken kann. Deshalb vermeiden wir bestimmte Worte oder Handlungen, um die Person nicht noch weiter zu triggern und die Beziehung zu belasten bzw. zu gefährden. Unsere inneren Vorgänge und Zustände aber rücken in den Hintergrund, wenn wir eher zu einer Managerin der Gefühle und inneren Erlebnisse anderer werden, als uns den eigenen zu widmen. Das bringt nicht nur mit sich, dass wir uns in unserem Selbstausdruck hemmen, wenn wir nur auf andere sehen. Es schränkt uns auch in unserer eigenen Handlungsfähigkeit ein. Und das macht Angst.

In meiner Arbeit erlebe ich immer wieder, dass die bewusste Trennung vom Wir und die gezielte Aufsplittung in ein Ich und Du in vielen Frauen Angst auslöst. Selbst dann, wenn sie sagen, sie hätten die fehlenden Freiräume für die Gestaltung ihres Lebens satt. Es erscheint ihnen wie eine Entscheidung zwischen sich und den anderen, in der es kaum eine lebbare Mitte für sie gäbe. Schon die kleinste Rückbesinnung auf sich und ihre Bedürfnisse löst in ihnen einen Konflikt aus, der mit fürchterlichen Bildern einhergeht. Er könnte ihre Bedeutung als Mensch, Frau, Partnerin, Mutter und Freundin schmälern. Oder es stünde gleich die ganze Beziehung auf dem Spiel, wenn man ein altes Verhalten änderte, zum Beispiel mehr Acht auf sich geben würde. Je nach Mitmensch und seiner Art kann die Angst um die Beziehung gerechtfertigt sein oder nur ein Horrorszenario. Doch bei den meisten entstehen schon beim Gedanken ans proaktive Gestalten des Lebens und der Beziehungen *in ihrem Sinne* Ängste. Sie sind verbunden mit Fragen, die sich mit ihrer Identität und dem Zurechtfinden in der Zeit nach der Abgrenzung auseinandersetzen:

- Wird die Beziehung dennoch halten?
- Was kann/muss ich tun, um ich sein zu können, aber dennoch ein Wir zu erhalten?
- Bin ich dafür allein zuständig?
- Was geschieht mit mir, wenn der schlimmste Fall eintritt?
- Werde ich es bereuen?
- Wer bin ich und was bin ich wert (in meinen Augen und denen anderer)
  - allein als Mensch und Frau;
  - ohne die Liebe eines Partners;
  - ohne Zugehörigkeit zur Familie;
  - ohne regelmäßige Unterstützung von jemandem;
  - ohne verlässliche und liebevolle Freundschaften;
  - ohne konstante Zuwendung, Aufmerksamkeit und Anerkennung durch andere?

Es sind diese Bedeutungsebenen einer Beziehung, die Frauen sich selbst vernachlässigen lassen, einschließlich gesundheitlicher Risiken, statt sich dem Feld der vielen Möglichkeiten optimistisch zu stellen.

Laut Ursula Nuber ist dieser innere Konflikt eine Ursache für weibliche Depressionen. In ihren Augen sind sie Synonym für eine Beziehungsstörung.[24] »Die Orientierung an den Mitmenschen und die Sorge für und um andere ist ... für viele Stressbelastungen verantwortlich ... Beziehungen selbst können für Frauen zu *dem* [Hervorhebung durch U. N.] Stressfaktor werden, wenn sie nicht das bieten, was sie sich von ihnen erhoffen: Geborgenheit und Nähe, Verständnis und Zärtlichkeit, Heimat und Vertrauen.«[25] Auch Angstzustände können als Symptom für den Stress in und durch Beziehungen (zusätzlich oder hauptsächlich) auftreten.

Was wie eine direkte Verbindung aussieht, kann in Wahrheit subtilen Charakter haben. Nuber beschreibt an anderer Stelle, dass das »Gefühl von Bindungsunsicherheit« den Selbstwert einer Frau gefährlich verringern könne. Eine Partnerschaft, in der ihre Bedürfnisse ignoriert oder nur unangemessen beantwortet werden, kann zu Gefühlen der Enttäuschung und Hilflosigkeit führen.[26] Was bräuchte es noch, um Angstzustände auszulösen? Im Umkehrschluss bedeutet es, dass nährende und erfüllte Beziehungen bzw. die Abwesenheit solcher, die es nicht sind, Frauen psychisch gesund halten und Depressionen und Angst verringern.

Für die Psychotherapeutin Verena Kast ist dieser Konflikt eine Angst vor Distanz, da abwesende Menschen nicht nur unsere Aggressionen förderten, sondern auch an unserem Selbstwert rüttelten.[27] Während Nuber sich explizit auf negative Beziehungen bzw. als negativ erlebte bezieht, sieht es Kast neutraler und betrachtet jede Beziehung (und ihre Meinung, die wir über sie haben) als per se ambivalent. Menschen besitzen sowohl gute als auch gut gemeinte, aber weniger schillernde Eigenschaften, die wir wahrnehmen und mit denen wir uns auseinandersetzen müssen. Wir müssen einen gesunden Umgang mit ihnen finden. Schaffen wir das nicht, kann das furchterregend sein, »weil die Ambivalenz uns ja an den drohenden Verlust erinnert.«[28] Ein solcher über uns schwebender Verlust würde uns auf unsere Unsicherheit, unser bedürftiges Selbst, unser hungriges, inneres Kind, mit allen Bildern und Fantasien, die wir uns über die äußere Welt im Laufe unseres Lebens gemacht haben, zurückwerfen.

> — **Menschen besitzen sowohl gute als auch gut gemeinte, aber weniger schillernde Eigenschaften.** —

Nicht nur, dass sich ein geliebter Mensch von uns entfernen könnte, kann Angst verursachen. Auch uns in ihm zu verstricken und zu verlieren, während wir dennoch aushungert sein können durch unsere Sehnsucht nach Liebe, schürt Ängste. Es stellt eine Entfremdung von uns selbst dar, wenn wir uns wegen eines Partners vergessen und nur noch durch ihn leben. Auch der Gedanke, nach einer Trennung nie wieder jemandem etwas zu bedeuten oder die Bedeutung, die man für jemanden hatte, zu verlieren, kann jede Form von Krise auslösen. Besonders groß aber scheint jene zu sein, die direkt mit der eigenen Abhängigkeit und Unselbstständigkeit zu tun hat, die viele Frauen im Tausch gegen Zugehörigkeit in Kauf nehmen. Colette Dowling nennt es treffend eine Abhängigkeitskrise[29], die dann auftritt, wenn frau erkennt, dass sie nicht bekommen wird, was sie sich erhofft hat. Das ruft verschiedene Gefühle hervor, wie auch die Autorin Sigrid Steinbrecher am Beispiel einer Frau namens Marianne beschreibt. Diese blieb trotz Demütigungen, Kränkungen und Missachtungen in ihrer destruktiven, unerfüllten Beziehung. Sie konnte das nur, weil sie sich, wie Steinbrecher schreibt, »in die Haltung ihrer Kindheit: ›Nur nichts fordern, nicht auffallen, sich kleinmachen‹« flüchtete. »Aber etwas in ihr begann sich aufzulehnen: Angst und Wut kamen zum Vorschein.«[30]

Ich erlebte die schwerwiegendsten Angstzustände, ausgelöst durch Zorn und Wut, immer dann, wenn meine persönlichen und beruflichen Beziehungen angeschlagen waren oder gefährdet (erschienen). Vielleicht erscheint es Ihnen paradox, dass ich berufliche und Liebesbeziehungen in einen Topf werfe, doch viele Frauen kennen das: Ihnen ist eine Beziehung wichtig, auch wenn sie diese stellvertretend für abwesende oder nicht funktionierende Beziehungen nehmen, für ein Gefühl der Sicherheit und Zugehörigkeit, als Bühne für ihren Wert – wenn auch ersatzweise. Gerät so eine (Ersatz-)Beziehung ins Wanken oder erscheint in Gefahr, kann das Folgen für die psychische und emotionale Verfassung haben. Es dauerte einige Jahre, bis ich bewusst bereit war, die destruktiven Beziehungen hinter mir zu lassen, um für mein Wohl zu sorgen. Das betraf auch die Beziehungen, die ich loslassen musste, um meiner Selbstständigkeit zu begegnen, die ich in Teilen fürchtete. So sehr ich Autonomie auch wollte, ich brauchte meine Zeit, um zu verstehen, dass Angst ein Teil dieser Loslösung und nötigen Ich-Werdung war. Und das betraf alle Beziehungen, von denen ich glaubte, sie zu brauchen, um wirken zu können, um mein Leben zu unterhalten und am Leben zu bleiben.

»Frauen wollen die Angst nicht erleben, die zum Wachstumsprozess dazugehört«, schreibt Dowling, denn uns sei nicht beigebracht worden, unabhängig und voller Selbstvertrauen zu leben, sondern »bescheiden und abhängig«. Und hätten auch der Feminismus und die Emanzipation ermöglicht, dass wir nicht nur alles tun könnten, sondern auch dürften, so sei die Angst vor dem Wandel aller Gedanken über uns durch unsere Erziehung nach wie vor in uns aktiv. Es würde uns in eine Zerrissenheit stürzen, zu wissen, dass wir uns trennen und unabhängig machen können. Aber doch sei das damit verbundene Wachstum und das Entwachsen unserer Erziehungswerte das wahrhaft Schmerzhafte.[31]

Der Feminismus und die Emanzipation haben noch immer hart zu kämpfen, denn die Situation von Frauen hat sich in Teilen nicht verändert. Was mir in meiner Arbeit verstärkt auffällt, ist der Konflikt und erschwerte Umgang mit der alten und neuen Energie, die beinahe prä- und postfeministisch bzw. prä- und postemanzipatorisch genannt werden kann. Denn trotz der vielen Möglichkeiten, die Frauen heute offenstehen, sollte jede Frau ihre Aussöhnung damit finden:

- Was für eine Frau möchten Sie sein? (Welchem Rollenbild möchten Sie folgen?)
- Haben Sie Ihr bisheriges Leben in der alten Energie gelebt?
- Ist es die Vermischung beider Energien, die Ihnen Schwierigkeiten bereitet?
- Haben Sie das Gefühl, sich zwischen dem alten und neuen Frauenbild entscheiden zu müssen?
- Hadern Sie damit, dass Sie sich zwischen Ihrer Beziehung und Selbstverwirklichung entscheiden müssten?
- Brachte die neue Energie Konflikte mit in Ihre Partnerschaft?
- Ist Ihr Partner in einer Energie, während Sie in einer anderen sind?

Mir fällt häufig auf, dass Frauen in die neue Energie einsteigen wollen, aber ihre Partnerschaft, die auf der alten Energie fußt, sie daran zu hindern scheint. Die Frauen lieben ihre Partner und sind dankbar für die Versorgung durch den Mann und für seinen beruflichen Erfolg. Doch sie wünschen sich mehr Zeit für die eigene Entfaltung und wollen mehr Eigendrehung spüren, mehr Selbstwirksamkeit erleben. Die Allensbach-Studie[32] im Auftrag der EMMA aus dem August 2013 deutete bereits daraufhin: Die Ergebnisse zeigten, dass sich Frauen von ihren Partnern mehr Beteiligung in der Familie und im Haushalt wünschten, während sie gleiche Chancen hinsichtlich Beruf und Verdienst fordern – alles Möglichkeiten zur eigenen Persönlichkeitsentwicklung.

— Der Feminismus und die Emanzipation haben noch immer hart zu kämpfen. —

Frauen, die in der alten Energie sind, halten in meinen Augen eher an unzufriedenen Beziehungen fest, während Frauen der neuen Energie sich zwar eine Partnerschaft wünschen, aber nicht um jeden Preis. Während Männer und Frauen früher einander brauchten, ist es heute immer weniger so. Frauen der neuen Energie mögen zwar unter ihrem Single-Dasein oder den Mehrfachbelastungen durch Karriere und Familie/Partnerschaft leiden, aber es ist die alte Energie in ihnen, die sie beherrscht. Besonders oft sehe ich das bei Frauen, die anscheinend übermäßig eigenständig sind, aber in ihrer Kindheit viel allein waren. Je häufiger sie mit Einsamkeit in Berührung kamen, desto mehr wuchs ihr Bedürfnis, gebraucht zu werden, um weniger allein zu sein. Dieses Thema spielt für viele Frauen (und Männer) eine Rolle. Während einige das Bedürfnis, gebraucht zu werden, ablehnen, fühlen sich andere gerade deshalb wertvoll. Es sichert ihre Zugehörigkeit, nur dass diese einen hohen Preis hat. Nicht nur erleben sie oft, dass Gebrauchtwerden und Liebe zwei unterschiedliche Welten sind; sie müssen auch lernen, ihre Kümmerenergie so zu managen, dass ihr Wohl nicht darunter leidet. Die meisten Frauen, mit denen ich sprach, ordnen sich freiwillig unter, orientieren sich an den Meinungen und Urteilen anderer oder nutzen die Unterordnung als Form der wirksamen Schadensbegrenzung, wenn ihre Beziehung in Gefahr gerät. Dasselbe trifft auf berufliche und freundschaftliche Beziehungen zu. Trotz aller Optionen und aller Selbstständigkeit spielen Beziehungen eine übermäßig große Rolle. Sie geben sie ungern auf, nicht nur, weil sie fürchten, keine neue zu finden, sondern auch, weil Abschluss Leere bringt und damit die Frage nach der eigenen Identität, die zu oft unbeantwortet bleibt.

Im Hinblick auf diese Ängste ist es verständlich, dass Frauen eher in bestehende Beziehungen investieren, als sie zu beenden, sich eher in die Haltung aus der Kindheit begeben und sich mit »zu wenig, aber immerhin etwas« abfinden. Sollten Sie sich hier wiederfinden, kann ich Ihnen jedoch nur gegenteilige Erfahrungswerte mitgeben: Erst die Abwesenheit der negativen Beziehungen sowie das selbstdestruktive Verhalten aufgrund von Beziehungen machte alle Frauen, die ich kennenlernen durfte, angstfreier. Es braucht viele Schritte hin zu einer neuen emotionalen Freiheit, die allen eventuellen Konsequenzen mit Vertrauen entgegentritt. Sich zu kennen, an sich zu glauben und an das Leben selbst gehören dazu. Vielleicht ist es ein langsamerer Prozess der weiblichen Charakterwandlung und allgemeinen Akzeptanz. Es ist für jede Frau eine eigene Reise, auf der sie Entscheidungen trifft, wie sie ihre Sehnsüchte ausagiert und zusammenbringt. Machen Sie sich bewusst, dass es alles, was Sie tun und was Sie nicht tun, einen Nutzen hat und dass diese Entscheidungen Ihre Motive befriedigen sollen. Wenn aber zwei oder mehrere Motive, ob sie alt sind oder neu hinzugekommen, zum Beispiel (partnerschaftliche) Zugehörigkeit, (berufliche) Leistung und (berufliche und private) Anerkennung, miteinander konkurrieren, kann das in Ihnen Angst auslösen. Oder es kann Sie über eine lange Zeit latent phobisch werden lassen, weil Sie mit sich und (alten) Rollenerwartungen, aber (neuen) Sehnsüchten ringen. Finden Sie in diesem Fall eine für sich stimmige Entscheidung. Eine Kommunikationshilfe, um Ihr Umfeld über Ihre Sehnsüchte aufzuklären und es mit in Ihr Boot zu holen, finden Sie im letzten Kapitel. Eine Entscheidung aber ist unumgänglich.

Wenn Motive Angst hervorrufen

Jede Angst hat einen Nutzen, so paradox das auch erscheinen mag. Die Psychologie kennt beispielsweise das Phänomen der Angstlust und der extremen Reize. Angstlustige Menschen sind solche, die einen Lustgewinn durch das Erleben von Angst empfinden und daher Situationen suchen, in denen Angst entsteht. Sie springen auf fahrende Züge oder von Hochhäusern, klettern ungesichert hohe Berge hinauf oder sind in anderer Weise extrem sportlich aktiv. Sie lieben den Kick des Angsthormons Adrenalin. Angst ist der Anreiz und die Motivation, um nicht »normal«, sondern extrem oder einfach besonders zu sein.

Wenn Angst positiv besetzt ist, hat sie den besagten Nutzen. Bei Angstzuständen – dem unfreiwilligen Erleben von Angst – spricht die Psychologie jedoch vom sekundären Krankheitsgewinn. Demnach erlaubt Ihnen jede Angst etwas Bestimmtes, zum Beispiel etwas zu tun oder zu unterlassen. Bei diesem Thema fühlen sich viele beschuldigt, als hätten sie sich ihre Angstzustände ausgesucht. Gemeint ist vielmehr, dass Ihnen Angst etwas ermöglicht, nämlich das Erreichen eines Ihrer Ziele, damit Ihre Motive befriedigt werden oder befriedigt bleiben. Zugehörigkeit beispielsweise. So bliebe Angst aktiv oder würde größer, um beispielweise eine Partnerschaft aufrechtzuerhalten, die sonst in die Brüche gehen könnte. So befürchtete ich, wenn ich meinen Arbeitsplatz im häuslichen Wohnzimmer verließe und nicht erreichbar wäre, dass etwas Schlimmes geschehen würde – Probleme, die ich nicht lösen könnte, Stress, den andere hätten, weil ich nicht da wäre, Konflikte, die entstehen könnten, weil ich nicht zur Verfügung stünde. Harmonie um jeden Preis, um meine Zugehörigkeit zu sichern, wenn auch in einer Ersatzbeziehung. So, wie meine Angst meine Motive nach Zugehörigkeit, Anerkennung, Idealismus und Macht zu erfüllen versuchte, liegt auch Ihrer Angst ein Nutzen zugrunde. Lassen Sie uns ihn gemeinsam erforschen.

Vervollständigen Sie diesen Satz:
Meine Angst sagt, ich darf nicht ______________________.

Ersetzen Sie nun »darf« durch »brauche«:
Meine Angst ist da, damit ich nicht ______________________ brauche.

Wenn Ihnen das erspart bleibt, kommen Sie Ihrem Nutzen näher: Wenn ich nicht ____________________, dann ______________________

(passiert etwas nicht/kann etwas nicht geschehen/bin ich da, falls etwas geschehen würde/muss ich nicht xy/sind dort nicht xy/brauche ich nicht so oder so zu sein/wiederholt sich nicht xy/usw.)

Sie handeln bzw. handeln nicht nach Ihrer vorhandenen oder nicht vorhandenen Motivation, tätig zu werden, damit Sie Ihr Motiv erfüllen können. Sie vermeiden eventuellen Stress oder begeben sich bewusst hinein, auch wenn Sie wissen, dass er Ihnen physisch, emotional und mental schadet, um Ihr(e) Motiv(e) zu befriedigen. Sie agieren nicht, weil Sie ahnen, Ihr Motiv nicht erfüllen zu können, wenn Sie xy täten. Sehen Sie aber eine Chance zur Erfüllung, würden Sie handeln.

Auch tiefsitzende Glaubensmuster wie »Ich bin nicht gut genug!« steuern Ihre Motivationen. Motive haben jedoch wenig Aussagekraft über Realität und Wahrheit. Nur, wenn Sie Macht innehaben, werden Sie respektiert. Nur, wenn Sie den Ton angeben, wird nichts Schlimmes geschehen. Nur, wenn Sie in einer Partnerschaft leben, sind Sie ganz. Nur, wenn Sie besser sind als andere, sind Sie wertvoll.

Vervollständigen Sie einmal diesen Satz mit Ihren eigenen Gedanken:
Nur, wenn ich _______________, bin ich _______________.

Ganz sicher würden Ihnen einige zustimmen, wohingegen andere den Kopf schütteln. Diese individuelle Wahrnehmung und Ausrichtung zeigt Ihnen aber deutlich sowohl Ihre Glaubensmuster als auch Ziele/Motive und wieso Sie motiviert sind, sich nicht abzugrenzen, Selbstfürsorge zu betreiben, sich durchzusetzen oder zurückzulehnen und zu vertrauen. Sie erfüllen sich dadurch, dass Sie nicht für sich selbst handeln, ein Motiv, das gefunden werden darf und muss.

Sollten Sie es in der ersten Übung noch nicht erkannt haben, versuchen Sie, das Pferd von hinten aufzuzäumen: Was haben Sie zuletzt vermieden bzw. absichtlich nicht getan? Was glaubten Sie, würde sich ohnehin nicht erfüllen/nicht geschehen? Was hätten Sie sich gewünscht? Was hätte Ihnen ein erfüllter Wunsch gewährleistet? (Auf welche Motive deutet das hin?) Was hielt Sie davon ab zu denken, dass sich dieses nicht erfüllen würde? War es eine Erfahrung aus der Vergangenheit oder ein Glaubensmuster? Wenn ja, welche?

Auch Demotivationen können bei Angst positiv genutzt werden: Schon zu erkennen, wo der Hund begraben liegt, zu sehen, weshalb und aus welchen Motiven man handelt oder nicht, wann man eine Handlung für sinnvoll erachtet und wann nicht, kann viele Aufschlüsse geben. Wenn Sie etwas dringend erreichen wollen, zum Beispiel persönliche Freiheit, wären Sie ermutigt, für die Erreichung Ihres Zieles tätig zu werden: dank Ihres inneren Antreibers. Auch Angst könnte Ihnen dann nichts mehr anhaben. Nur Ihre Erwartung an Sie selbst zählt noch. Dafür können Sie Ihren inneren Antreiber aktivieren und auf Ihre Motive richten. Sie können eine größere Angst finden, ein wichtigeres Motiv und die Motivation, es zu befriedigen. Richten Sie Ihre Willensstärke darauf. Viele Frauen haben beispielsweise ein starkes Leistungs- und Zugehörigkeitsmotiv, aber ein schwaches Machtmotiv. Je nach Leben und Biografie sehen sie sich gezwungen, in die Machtposition zu gehen, den Alltag zu regeln und alles zu gewährleisten, obwohl sie sich unwohl dabei fühlen. Doch ihr Leistungsmotiv hilft, Zugehörigkeit zu sichern und sich zum Handeln zu ermächtigen. Wenn Sie sich hier sehen, könnte die Lektion Ihrer Angst heißen, dass Sie sich wichtiger nehmen und sich selbst ermächtigen sollen, in dem, was Sie wollen; nicht alles regeln und können müssen, sondern aktiv entscheiden dürfen, was Sie wollen. Nutzen Sie dafür Ihr Leistungsmotiv und bewahren Sie die Verbindungen in Ihrem Leben durch Ihr Zughörigkeitsmotiv oder bauen Sie neue Verbindungen dadurch auf.

Nähern Sie sich dem an, was Ihnen im Moment als Mangel erscheint. Sehr starke Motive können Sie ebenso anpassen und hier bewusst Energie herausnehmen. Denn diese Motive können Ihre Ängste noch weiter schüren. Haben Sie einen starken Drang nach Zugehörigkeit aufgrund früherer Erfahrungen, könnten Sie Beziehungen in ihrer Bedeutung überhöhen. An ihnen mit allen Mitteln festzuhalten oder sich in die emotionale (Anpassungs-)Leistung zu begeben, entgegen Ihren physischen und psychologischen Bedürfnissen, kann Ihnen dann schaden. Auch extreme Macht- und Anerkennungsmotive bergen ein gefährliches Potenzial, denn hier wollen Menschen oft ihren geschwächten Selbstwert stabilisieren.[33] Sie werden leicht süchtig nach Bestätigung oder Kontrolle. Das wiederum kann nicht nur zu destruktiven Beziehungen führen: Unweigerlich kommen die Tiefen des Lebens auf Sie zu und diesen müssen Sie genauso souverän begegnen, wie Sie die Höhen leben. Doch wer leicht bei ausbleibender Anerkennung zusammenbricht, nur weil dieses Motiv von früher entsprechend geprägt wurde, wird stets mit Selbstzweifeln, Angst und Einsamkeit konfrontiert sein. Die Lösung liegt auch hier nicht im Außen, sondern in Ihnen. Arbeiten Sie an und mit Ihren Motiven. Hinterfragen Sie sie ehrlich, nachdem Sie sie bewusst und liebevoll angenommen haben. Haben Sie Mitgefühl mit sich und Ihrer Vergangenheit. Es zählt nur, was Sie für Ihre Zukunft wollen, und die Vergangenheit kann Ihnen dabei durchaus behilflich sein. Sie werden viel aus ihr gelernt haben. Je stärker Ihr Wunsch nach etwas wird, desto stärker werden Ihnen Ihre (alten) Motive dabei helfen können. Finden Sie diese Wege für Ihr Leben, um das Alte mit dem Neuen zu verbinden: Wie können Sie Ihr Macht-, Leistungs-, Zugehörigkeits-, Anerkennungs-, Wettbewerbsmotiv nutzen, um Ihre Angstzustände zu verringern? Oder: Was würde Ihre Angst besiegen und welche Motive könnten Ihnen dabei helfen?

Struktur, Impulse und Anerkennung

Eric Berne, Begründer der Transaktionsanalyse, sprach neben Anerkennung von zwei weiteren Lebenspfeilern[34], nach denen sich jeder Mensch sehne: Struktur und Impulsen. Jeder Mensch sei innerlich auf Struktur und Ordnung ausgerichtet, die ihm Halt verliehen. Diese versuchten wir herzustellen und aufrechtzuerhalten. Das kann eine ganz eigene Struktur sein, wie das weniger sesshafte, aber aufregende Leben eines Nomaden und Weltreisenden zum Beispiel. Oder es handelt sich um eher soziokulturell typische Modelle der Lebensführung, wie ein Vollzeitjob und eine Eigentumswohnung oder eine Ehe mit Kindern in einem Vorort. Impulse hingegen füllen das Leben und sorgen für Erfahrungen und Anregung. Sie stimulieren unsere Aktivität und regen Veränderungen an. Sie machen uns neugierig auf die Welt und ermöglichen Abwechslung und Selbstaktualisierung. Sie bieten die Grundlage für Lebensfreude und Zufriedenheit – wenn sie in einem gesunden und passenden Maße in unserem Leben sind.

Es lohnt sich, zu erkennen, wie Sie hinsichtlich Struktur und Impulsen innerlich ausgerichtet sind. Struktur durch eine Partnerschaft und Familie in Verbindung mit einer Anstellung kann viele Impulse liefern, die Sie aber leicht überfordern könnten. Sie sichern jedoch Zugehörigkeit und Anerkennung und verleihen – je nach Charakter – Macht. Fürchten Sie den Verlust Ihrer Zugehörigkeit, könnten Sie meinen, dass all die Anforderungen und Eindrücke des Alltags bewältigt werden müssten, um sich geborgen und als Teil zu erleben.

Dabei spielt nur Ihre Angst eine Rolle. Jede Lebenssituation, in der Sie sich befinden, ist nur deshalb Teil Ihres Lebens, weil es zu einem Zeitpunkt in Ihrer Vergangenheit der Befriedigung eines Ihrer Motive und Bedürfnisse diente. Machen Sie sich bewusst, dass Zugehörigkeit als Motiv meist einen bereits bestehenden Rahmen, eine Struktur, vorgibt, an der Sie teilnehmen können, sofern Sie bereit sind, sich einzupassen – und ggf. Macht abzugeben. Sich einzupassen bedeutet ein stückweit, sich anzupassen. Schlummert nun ein Machtmotiv in Ihnen, wollen Sie Ihre Regeln selbst machen und autonom leben, könnten »alte« Strukturen, in die Sie sich damals problemlos eingefügten, heute eine Herausforderung darstellen. Dann fühlen Sie sich eingeengt und fremdgesteuert. Suchen Sie in diesem Fall nach Möglichkeiten, Ihren Rahmen neu zu definieren, ihn mit allen Beteiligten zu verändern. Sie können auch Ihrem Leben eine neue Struktur verleihen und – neben den Alltagsregeln – Freiräume schaffen. Wählen Sie Impulse, die nicht neuen negativen Stress verursachen. Die Psychologie kennt positiven Stress, der uns zur Veränderung und zu Wachstum anregt, bei dem wir aufblühen, auch wenn etwas zeitintensiv ist oder viel Hingabe abverlangt: ein Instrument spielen zu lernen oder eine neue Sprache, berufliche Weiterbildungen oder eine im Bereich der Persönlichkeitsentwicklung sowie das Ausüben eines Sports sind solche Beispiele. Sie erfordern Ihr Engagement, aber das Erleben währenddessen kann neuen Schwung in Ihre bestehende Struktur und in Ihre gewohnten Impulse bringen.

Nicht immer müssen Sie reduzieren, wo es eine Überladung gibt, oder hinzufügen, wo Mangel herrscht. Allein erfüllende Tätigkeiten können bereits zu geringerer Angst führen. Orientieren Sie sich an sich und warten Sie nicht auf Impulse, die von anderen im Außen an Sie herangetragen werden. Schaffen Sie stattdessen eigene Richtlinien für Ihren Alltag. Ihre Zukunft wird geordnet sein, wenn Sie im Herzen eine Struktur haben, die sich aus selbstgewählten, nährenden, haltgebenden Impulsen zusammensetzt.

Gemeinsam

Es ist in meinen Augen das bedeutsamste, am wenigsten diskutierte und reflektierte Thema bei Frauen: ihr Alleinsein sowie das Gefühl, allein zu sein, obwohl sie umgeben sind von Familie, Partner, Kollegen und Freunden. Es ist auch das am schwierigsten zu verstehende Thema im Herzen einer Frau. Denn es paart sich mit so viel Schuld und Scham, dass ihre Angst als Ursache oder Folge mehr als nur verständlich wird.

Nach vielen Jahren der Auseinandersetzung mit meiner Einsamkeit und der anderer sehe ich heute entscheidende Zusammenhänge zwischen Angst und Einsamkeit.

Einsamkeit oder das Gefühl, einsam zu sein, kann Angst auslösen, große Angst sogar, bis hin zu Angststörungen. Angst wäre somit ein bloßes Symptom. Hier kann es mehrere Gründe geben. Entweder frau hat tatsächlich zu wenige Kontakte. Die Freunde sind im Laufe der Jahre weniger geworden oder haben kaum mehr Zeit; man musste den Partner oder die Eltern pflegen, was das Privatleben einschränkte, oder die Freundschaften wurden unbewusst gegen eine Beziehung eingetauscht. Man wünschte sich immer einen Partner, aber entweder es fand sich kein passender oder die Partnerschaft hielt nur kurz. Ein weiterer Grund ist der, dass die Qualität der bestehenden Beziehungen gering ist oder mit den Jahren sinnentleerter wurde. Man fühlt sich nicht (mehr) gehört, übersehen oder selbstverständlich. Die Bedeutung, die man einst für jemanden hatte, hat sich gewandelt, oder umgekehrt: Jemand bedeutet Ihnen heute weniger. Oder der Sinn hat sich verschoben: Was Ihnen früher an einem Menschen wichtig war, ist in den Hintergrund gerückt. Im Umkehrschluss bedeuten all diese Varianten des Denkens, Fühlens und Handelns, dass Sie mit niemandem über Ihre Sorgen sprechen und sich austauschen können, über ihre Träume, Unsicherheiten, Ziele oder den Alltag. Sie fühlen sich abgetrennt und allein gelassen.

Ein weiterer Grund findet sich in der Annahme, man sei verloren, wenn man allein ist. Situationen, in denen man auf sich gestellt ist,

Entscheidungen für sich – zum Beispiel über die freie Zeit oder Zukunft – treffen muss, ohne jemanden als Unterstützung zu haben, empfinden wir dann als bedrückend und angsteinflößend. Vielleicht glauben auch Sie es zu brauchen, dass stets jemanden bei Ihnen ist, Sie nie allein sein wollen, weil Sie sich sonst unvollständig fühlen und nur sicher in Verbindung mit anderen wären.

Bei einigen meldet sich die Psyche aufgrund dieser Umstände bereits nach kurzer Zeit. Andere können jahrelang in diesem Zustand leben. Welche Konstellation Ihr Leben auch bereithält, ob Sie allein sind und sich deshalb als einsam empfinden, sich nur einsam fühlen, wenn Sie allein sind, oder auch dann einsam fühlen, wenn jemand bei Ihnen ist: Angst und ihre Abwehr haben ihren guten Zweck. Sie ermöglichen es, den Grundschmerz, der sich mit Angst ausdrückt, zum Beispiel Traurigkeit, zu umschiffen. (Sind Sie beispielsweise mit Ihrer Angst beschäftigt, müssen Sie Ihre Einsamkeit und die daraus folgende Traurigkeit nicht spüren.) Auch die Abwehr Ihrer Angst (z.B. durch Einsamkeit) versucht dasselbe: Sie werden irgendwie tätig, um diese Gefühle abzuwehren. Das bewältigt natürlich aber die Herausforderung nicht.

Wir weichen diesen Situationen aber dennoch konstant aus und beginnen damit nicht erst im Erwachsenenalter, sondern sehr oft bereits in der Kindheit. Wenn ich an meine eigene zurückdenke, fallen mir viele Situationen ein, in denen ich mich bewusst durch Beschäftigung vom Alleinsein ablenkte. Es war ein Umstand, den ich seit meiner Geburt verinnerlicht hatte: Bin ich beschäftigt, sei es auch durch andere, fühle ich die Abwesenheit meiner Lieben nicht (bzw. weniger). Dann fällt mir weniger auf, dass meine Mutter und Großeltern arbeiten und ein Vater in meinem Leben fehlt. Ich hatte den Gedanken, ich müsse nur die Zeit bis zu ihrem Feierabend überstehen, danach sei ich wieder in meiner emotional sicheren Umgebung und würde mich wohlfühlen. Ob es die Schule war oder das sichere Zuhause von jemandem, der auf mich aufpasste, bis ich abgeholt wurde: Mein frühester Fokus war Beschäftigung als Ablenkung vom Gefühl des Getrenntseins. Ich hatte jahrelang verschiedene Mechanismen, die mir diese Angstabwehr ermöglichten: Im Erwachsenenalter war es stundenlange, harte und unermüdliche Arbeit, selbst dann, wenn sie mich aussaugte, selbst mit Menschen, die mich nicht leiden konnten und die auch ich nicht leiden konnte. In meinen frühen Zwanzigern war es das Lernen, was mich ablenkte. Ich sabotierte mich so sehr selbst, dass mein Studium länger dauerte, als es hätte müssen – nur, um meine Einsamkeit nicht zu spüren. In meiner Jugend waren es meine Freunde, die ich täglich sah. Sah ich sie nicht oder brachen wichtige Freundschaften (wie es in diesem Alter oft geschieht) weg, war ich zutiefst getroffen. In meiner Kindheit jedoch wusste ich selten etwas zu tun; ich wartete auf jemanden, der kommen würde, damit ich nicht allein war. Doch ich erinnere mich in meiner Kindheit auch an Zeiten, in denen ich nicht allein war, zum Beispiel, wenn meine Mutter von der Arbeit kam, aber sich schlafen legte, um wieder zu Kräften zu kommen. So entwickelte sich mein Reaktionsmuster: Warten war schmerzhaft und leer, es dauerte und verlangte mir viel ab. Mich zu beschäftigen, zwanghaft, war eine gute Lösung für den Moment. Doch in meinen Dreißigern stellte ich auch hier fest: Mein Körper und Geist haben ihre Grenzen. Sie brauchen Pausen, Ich-Zeit und Sinn. Nur durch meine Angststörung erkannte ich das. Paradoxerweise fühlte ich mich nie so sicher mit mir allein, als zur Zeit dieser Störungen. Sie konfrontierten mich mit dem, was mein Körper brauchte, und gleichzeitig gaben sie meinem Geist den Raum und die Zeit, die er benötigte, um wieder zu sich zu kommen – und weg von anderen, wenn auch nur im Geiste. Mir war bis dahin nie aufgefallen, wie sehr ich auch im Kopf bei anderen war, mich in Gespräche oder Kontakt mit ihnen dachte. Als ich Angst erlebte, änderte sich das. Beziehungsweise, was sich änderte, war mein Denken. Denn plötzlich dachte ich weniger an andere, sondern an mich. Ich konnte auch kaum Ablenkungen aller Art zulassen, weil stets eine Panikattacke anzuklopfen schien, wenn ich etwas kompensieren wollte.

Wer seine Angst auflösen will – und für mich gab es irgendwann kein anderes Ziel mehr –, muss seinen Fokus ganz und gar auf sich legen. Und das bedeutet, allein zu sein und sich aushalten zu lernen –

mit allem, was im Ich enthalten ist. Es gleicht einer schweren Grippe, begleitet mit hohem Fieber und viel Schlaf: Der Körper verlangt uns (und unserem Geist) ab, dass er Zeit für sich hat, um sich zu regenerieren. Es ist ihm egal, was wir mit oder für andere machen wollten, ob die Deadline des Projekts morgen ist oder ob wir für jemanden oder im Job glauben unentbehrlich zu sein. Der Körper zieht uns in emotional und psychisch belastende Zeiten aus dem Verkehr, um uns genau diese Abgrenzung und Neuorientierung zu geben, in der wir uns wieder mit uns verbinden können – um statt mit anderen mit uns im Kontakt zu sein. Erinnern Sie sich an meine Leserin, die nächtelang um zwei oder drei Uhr aufwachte, um über die Welt und ihren Platz darin nachzudenken? Es war das Signal ihres Körpers, dass sie in Beziehung zu sich treten sollte, damit sie eine Beziehung zu sich aufbauen konnte – zu dem, was ihr wichtig war, was sie ausmachte: längst verdrängte und verschüttete Anteile wie auch vergessene Leidenschaften und die Frage nach dem Sinn. So wie ich hatte sie kaum eine Beziehung zu sich, eher zu anderen. Andere lieferten ihr Struktur und Impulse und taten sie es nicht, war sie allein, fühlte sie sich verlassen und einsam. Sie existierte fast nur für andere. Die Beziehung zu ihrem Selbst stand in der Wichtigkeit in ihrem Alltag sehr, sehr weit hintan. Ihr Partner und ihre Kinder hatten ihre ganze Aufmerksamkeit; alles drehte sich um sie.

Einsamkeit ist vor allem eine Interpretation und sie zehrt an uns, weil wir die interpretierenden, negativen Gedanken zulassen. Wir fragen uns, was der Grund ist, wieso wir allein sind, ob wir es vielleicht sind und wieso uns niemand begleitet. Oder wir geben anderen die Schuld, weil sie nicht bei uns sind, Spaß mit anderen haben, uns nicht wollen, uns nicht glücklich machen. Oder wir werden nicht aktiv, bringen uns nicht mit ein, tun nichts für soziale Kontakte, knüpfen keine neuen, probieren uns nicht aus, lassen uns vom Leben nicht überraschen – sondern warten darauf, dass jemand uns Impulse liefert, der uns aus dem Alleinsein zieht.

Spüren Sie in sich hinein, wann Sie sich allein und wann einsam fühlen: »Was/wer ist anwesend, was/wer abwesend?« Jeder braucht eine andere Form des Kontakts und unterschiedlich viel oder wenig davon. Sie können sich viel geistige oder körperliche Nähe wünschen oder nur gezielte Dosen davon als genussvoll empfinden. Sie können Zusammensein – gleich, wie – im Allgemeinen lieben und deshalb brauchen. Ihnen können sowohl Nähe als auch Alleinsein guttun, aber Sie können sie nur im Wechsel wohltuend empfinden.

Wie es sich bei Ihnen auch gestaltet – erkennen Sie Ihr Grundbedürfnis dahinter:

- Was nützt Ihnen die Abwesenheit von Alleinsein?
- Was geschieht mit Ihnen, wenn Sie nicht allein sind?
- Was am Kontakt bereitet Ihnen Freude?
- Wozu könnte Ihr Körper-Geist Kontakte brauchen?

Denken Sie nun daran, was Ihnen Alleinsein bringen könnte:

- Was am Alleinsein bereitet Ihnen Freude?
- Wozu könnte Ihr Körper-Geist es brauchen?
- Wofür könnten Sie die freie Zeit nutzen?
- Wie könnte Ihr Selbst davon profitieren?

Identifizieren Sie auch Ihr Muster, wenn Sie nicht bekommen, was Sie für Ihre Zufriedenheit brauchen:

- Wie und womit reagieren Sie?
- Was hat das mit Ihrer Angst zu tun?
- Kann es sein, dass Sie eine zusätzliche Belastung (für Ihren Körper-Geist) durch die Reaktion schaffen?
- Rauchen, trinken, essen oder arbeiten Sie übermäßig viel, machen sich Stress, um sich beschäftigt zu fühlen – Ihr Alleinsein nicht bemerken und adressieren zu müssen?

Single-Frauen und alleinerziehende Mütter sind besonders häufig Einsamkeit ausgesetzt. Sie sehnen sich nach Zuwendung und Nähe, Austausch, Unterstützung/Arbeitsteilung, emotionaler Stabilität, Gesprächen und ehrlichem Kontakt, Anerkennung und Wertschätzung oder zumindest nach einem vertrauten Terrain. Viele sind schon bei dem Gedanken erleichtert, dass es jemanden gibt, mit dem sie etwas teilen können. Sie empfinden ihr Alleinsein als Mangel in ihrem Leben oder gar als Zeichen ihres Mangels. Sie schleppen sich durch die Tage, daten online oder gar nicht, hoffen bei jedem, den sie kennenlernen, auf die ersehnte Wende in ihrem Liebesleben – oder sie haben die Hoffnung schon vor langer Zeit aufgegeben. Ich kenne aus meinem privaten Umfeld Frauen beider Sektionen: Die einen suchen fieberhaft weiter, während andere beschlossen haben, dass sie keinen Mann mehr brauchen (wollen). Sie härten innerlich ab. Zwar schützt eine Partnerschaft nicht vor Einsamkeit und Alleinsein. Das zeigt sich mir immer wieder bei Frauen, die unter der (emotionalen) Distanz ihres Partners leiden. Einige argumentieren mit dem Alltag, der auch in die Beziehung Einzug genommen hat; andere leben zwar miteinander, aber aneinander vorbei, ohne wirklich Bezug auf den Partner als Mensch und Frau/Mann zu nehmen. Doch eine Partnerschaft kann wenigstens die Illusion vermitteln, nicht auf sich allein gestellt zu sein. Sie kann den Rahmen für ein freundschaftliches Miteinander bilden oder die Erinnerung an (etwas wie) Liebe bedeuten. Viele leb(t)en wie ich auch in der vermeintlichen Sicherheit, dass alles, was sie brauchen, ihre Familie und/oder ihr Partner sei. Wie misslich das ist, verstehen wir erst, wenn der Partner nicht mehr da ist, krank oder verstorben, oder es zur Trennung kommt. Spätestens an diesem Punkt werden wir auf das Alleinsein und die oft folgende Einsamkeit zurückgeworfen – wenn die Entfremdung und Entzweiung nicht schon vorher – in unserem Herzen oder zumindest im Geiste – stattgefunden hat.

Mir schien es lange so, als wäre Alleinsein oder Einsamkeit eine Strafe, wenn nicht sogar meine. Sollten die wenigen Jahre, in denen ich mich sicher und geliebt gefühlt hatte, alles gewesen sein, was mir zustand? War ich zu undankbar und zu eigensinnig? Verlangte ich zu viel? Ich wusste: Irgendwo in diesem Gefühlszustand lag eine Lektion und damit ein Schatz. Ich hatte beides nur noch gefunden. Es dauerte, bis ich verstand, dass ich meinen Fokus ändern musste. Ich zog ihn ab von anderen, von Kontakt, von Beziehungen, von der Angst vor dem Alleinsein und verschob ihn auf mich, auf das, was mir Freude bereitete, was mich mich lebendig fühlen ließ. Meine Angst zwang mich ohnehin dazu. Wie Sie sich vorstellen können, waren die Quellen dieser Freude selten Menschen. Es waren zwar wenige, aber sehr nährende Freundschaften, die mich stabilisierten. Doch in der Hauptsache waren es all jene Tätigkeiten, die ich vernachlässigt hatte: Für mich als Literaturstudentin waren es Bücher als Container des Wissens und der Weisheit, die Erfahrungen anderer Menschen und die Inspirationen, die sie mir lieferten; Lesen und Schreiben, Tiere und Natur, Sport an der frischen Luft, Ruhe und Stille, Filme und Musik, Genuss und Kreativität. Nichts von alle dem hatte ich bewusst aufrechterhalten oder genossen, als ich eine Partnerschaft hatte – bevor ich in meine Angst hineingerutscht war. Meiner Therapeutin gilt mein lebenslanger Dank dafür, dass sie mich wieder auf mich aufmerksam machte. Und mein vorrangiger Dank gilt meinem Körper und Geist, denn nur durch Angst verstand ich die Lektion und fand zurück zu meinem Schatz.

Fragen Sie sich an dieser Stelle, wann es dazu kam, dass Sie Ihren Fokus auf andere legten und von sich abzogen. Wann haben Sie unbewusst beschlossen, dass es besser wäre, Ihre Individualität aufzugeben? Was haben Sie in den Hintergrund gerückt? Welche Leidenschaften und Tätigkeiten brachten Ihnen vorher Freude, die sie für andere Menschen vernachlässigten oder gar vergaßen? Welche herzerwärmenden und beglückenden Momente kommen Ihnen ins Gedächtnis und was taten Sie in dieser Zeit?

Es ist oft das Gegenteil dessen, was uns unsere Gedanken suggerieren, das wahrhaftig transformieren kann: Im Alleinsein zu entdecken, dass Sie mit sich nur allein sind, wenn Sie nicht bei sich selbst (bei Ihrem Selbst) sind, ist ein solches Paradoxon. Es ist vor allem kontraintuitiv. Während uns unser Kopf sagt, was zu tun wäre und helfen würde, zum Beispiel mit anderen im Kontakt sein, um sich nicht einsam zu fühlen, könnte es das Gegenteil sein: nicht im Kontakt mit anderen zu sein, dafür aber mit sich selbst oder es – ganz im Sinne der

Verhaltenstherapie – währenddessen zu lernen. Verstehen Sie mich nicht falsch: Einsam zu sein hilft nicht gegen Einsamkeit, jedenfalls nicht als Gefühl. Wir brauchen als soziale Wesen soziale Kontakte und nur im Zusammensein und -halt können wir uns erfahren und erkennen. Wir brauchen den Spiegel der Anderen, um uns zu sehen. Doch wir benötigen gegen das Gefühl der Einsamkeit gute und nährende Beziehungen und nicht nur irgendwelche oder gar destruktive, die uns die Illusion vermitteln, wir seien nicht allein, uns aber dafür mit dem Gefühl der Einsamkeit zurücklassen. Wir brauchen einen offenen und flexiblen Geist und Charakter, um uns in sich wandelnden Beziehungen stets wieder neu zu finden. Vor allem aber brauchen wir neue Gedanken und Verständnis für dieses Gefühl. Denn niemand ist per se einsam; man kann sich nur so fühlen oder glauben, man sei es. Doch wie auch bei Angst ist niemand ein Gefühl. Ein Gefühl begleitet einen vielleicht, aber man verkörpert es nicht. Man kann allein sein und es wird stets Zeiten im Leben eines jeden geben, in denen Mitmenschen abwesend sind. Es sind aber die Gedanken über dieses Alleinsein, über die Abwesenheit anderer, und unsere Erwartungen an andere, die uns einsam fühlen lassen. Auch die Gedanken über uns vermögen das: Wenn wir glauben, uns nur dann gut zu fühlen, wenn wir nicht allein sind, dann erfüllt sich das auch. Unser Gehirn baut diese neuronalen Verbindungen entsprechend auf; es wird zu einem Muster, einer Gewohnheit. Setzen wir uns aber damit auseinander, können wir erkennen, dass jedes geformte Muster mit Zeit verändert werden kann. Laut Studien benötigen wir 66 Tage, um eine neue Gewohnheit einzustudieren.[35] So lange braucht unser Gehirn, um neue Straßen zu pflastern, damit wir uns sicher auf ihnen bewegen können. Beginnen Sie klein und legen Sie zum Beispiel fest, dass Sie eine Stunde am Tag nur für sich sind. Machen Sie währenddessen etwas, was nichts mit anderen zu tun hat, sondern nur Ihnen und dem Kontakt mit Ihnen dient. Trauen Sie sich, allein zu sein und auf sich zurückgeworfen zu werden: Auch das ist eine Übung, die Ihr Selbstvertrauen stärken kann. Immerhin müssen Sie lernen, in sich hineinzuhören und Tätigkeiten zu finden, die wirklich Ihnen entsprechen.

Sollten Sie zu oft allein sein, tun Sie das Gegenteil: Nutzen Sie eine Stunde am Tag, in der Sie sich bewusst aus diesem Zustand begeben und die Nähe zu anderen suchen, sei es, dass Sie an einem viel besuchten Platz spazieren gehen oder in ein Café, um dort ein Buch zu lesen. Sich einsam zu fühlen bedeutet, sich getrennt zu fühlen, allein und auf sich gestellt zu sein oder nicht verbunden mit anderen, ohne andere zu sein, die eine Beziehung zu uns haben und Bezug auf uns als Mensch, Frau oder Partnerin nehmen.

Bewusst eine Verbindung für Verbundenheit zu schaffen, ist das Einzige, was Sie aus dem Umstand erlösen kann, wenn Sie an der Verbindung arbeiten möchten. Wollen Sie aber an Ihrem Gefühl der Einsamkeit arbeiten, arbeiten Sie primär an sich und zweitrangig an anderen. Ohne Verbindung sein zu können, ohne sich in Selbstzweifeln zu verlieren, ist solch eine Arbeit. Auch bewusst in die Verbindung zu gehen, sie zu suchen und währenddessen Verbundenheit zu schaffen, ist Arbeit an sich selbst. Sie macht es nötig, dass man sich und anderen zu vertrauen lernt, sich motiviert und doch den aktuellen Umstand des Alleinseins akzeptiert.

Sind Sie beispielsweise in einer Partnerschaft, in der Ihnen die Verbundenheit fehlt, fragen Sie sich:

- Was hat uns zusammengebracht?
- Was mochte ich so sehr an ihm?
- Was mochte er an mir?
- Was hielt uns zusammen?
- Was schuf diese Verbindung? Waren es Gemeinsamkeiten, ähnliche Ziele oder Andersartigkeit?

Sprechen Sie mit Ihrem Partner darüber und thematisieren Sie Ihren Gefühlszustand. Dasselbe können Sie tun, wenn es sich um Freundschaften handelt oder andere Beziehungen, die an Tiefe oder Verbundenheit verloren haben. Sollten Sie mehr Verbindungen für Verbundenheit in Ihrem Leben wünschen, gehen Sie ähnlich vor. Fragen Sie sich, was Verbundenheit schaffen würde, d.h., mit welchen Menschen Sie eine Verbindung suchen/wünschen. Suchen Sie gezielt nach

Menschen mit ähnlichen Interessen oder Gefühlszuständen, Lebensumständen oder Zielen: Gruppen mit hochsensiblen und -begabten Personen, Frauen, die sich selbstständig machen, Personen, die an ihrer ersten Million arbeiten, denselben Beruf haben, dasselbe Alter oder gleiche soziale Ziele wie Umwelt- oder Tierschutz. Googeln Sie Ihren Wohnort und diese Themen nach solchen Gruppen, Vereinen, Verbänden, Treffen oder nutzen Sie das Internet und soziale Medien, um dort virtuelle Gruppen zu finden – und um sich heranzutasten.

Auch beängstigende Herausforderungen können einsam machen. Je stärker Sie sie einschränken bzw. Sie sich einschränken lassen, zum Beispiel wegen der Angst vor der Angst, Verlust- oder Versagensangst, dass andere Ihre Schwächen sehen oder Sie einem anderen Gefühl wie Wut, Scham oder Schuld ausgeliefert wären, desto stärker könnte Isolation als einzig sinnvoller Weg erscheinen. Ich kann Ihnen nicht genug sagen, wie beschwerlich dieser gewählte Weg ist und wie mühsam es sein wird, ihn wieder zu verlassen. Die Vermeidung Ihrer Herausforderung wird Sie nicht retten. Wählen Sie jede Ressource und Entlastung, um gegenzusteuern, und möge sie noch so »bekannt unwirksam« sein.

Die dunkle Seite des Mondes

Alles hat seine Schattenseiten. Nie ist etwas nur positiv oder frei von Negativem. Auch bei Menschen stoßen wir unweigerlich an ihre Ecken und Kanten, weniger gut ausgeprägten Kompetenzen oder bemerken, welche sie nicht besitzen. Jeder trägt dieses Dunkle und Böse in sich, das Unliebsame und Unsoziale, moralisch Verwerfliche und Unethische. Es ist das, was ungewollt und liebesunwürdig erscheint und was wir deshalb an uns und anderen ablehnen. Dabei sprechen wir nicht nur von rechtswidrigen Handlungen, die legitim verurteilt werden sollten, wie Gewalttaten oder Veruntreuung von Geldern. Es handelt sich vielmehr um unwillkommenes Verhalten, unliebsame Gefühle und Gedanken, die wir absichtlich verstecken: Neid, Eifersucht, Habgier, Narzissmus und Egoismus, Zorn sowie Missgunst, sexuelle Fantasien bis hin zu Größenwahn – und Angst.

Aufgrund vieler sozialer Botschaften und Ihrer Erfahrungen haben sich in Ihrem Unterbewusstsein so einige verdrängte und verneinte Eigenschaften und Bedürfnisse angesammelt. Auf bewusster Ebene meinen Sie Bestimmtes tun oder vermeiden, zeigen oder verheimlichen zu müssen. Allein das, was sie glauben, nicht zu dürfen und lassen zu müssen, könnte extreme Angst auslösen – weil Sie alle Anteile Ihres Selbst *eigentlich* gern befreien würden, ob Sie das nun wissen oder nicht. Doch die entstandenen Gedanken- und Verhaltensmuster wie »Xy darf ich nicht tun!« oder »Wenn ich xy bin, dann ...« durch Nachrichten wie beispielsweise »Wenn du xy bist, mag ich dich nicht mehr!« walten weiter. Es sind leise oder laute Botschaften, die wir im Laufe des Lebens erhalten haben. Was Teil des Schattens wird, können wir auch von jemandem gelernt haben, dem wir geglaubt haben, weswegen wir es fortan als universal und wahr betrachten. Es wurde ungeprüft übernommen, um Harmonie zu erhalten. Beispiele dafür sind Verallgemeinerungen über Personengruppen oder Menschen mit bestimmten Attributen: »Männer, die ..., sind ...«, »Frauen mit ... sind ...« oder »Politiker sind alle ...«. Man verbindet die eigene Ablehnung mit dem, was man ablehnt, und spiegelt sie auf andere zurück. Das zeigt sich gut an Situationen, in denen wir Frauen mit Eigenarten ablehnen, zum Beispiel mit Kleidung, die »zu sexy« ist (»Hast du gesehen, was sie heute anhat?«), oder Eigenschaften/Verhaltensweisen, die wir als schlecht zu bewerten gelernt haben (»Die hat sich doch bestimmt hochgeschlafen. Anders kann es nicht sein!«). Jemand hätte oder hat genau das, was wir heute ablehnen, früher an uns abgelehnt. Deshalb muss es falsch sein, so zu sein, weswegen wir es vermeiden. Oder wir haben aus dem, was andere erlebten, einen Rückschluss gezogen, damit es uns nicht widerfährt. In Wahrheit wünschen wir uns die allgemeine Annahme dessen (Es ist okay, so zu sein) oder aber wir sehnen uns selbst danach, zum Beispiel Geld, Macht, Attraktivität (Ich beneide sie und wäre auch gern so).

Unser Schatten zeigt sich oft in stressbesetzten Situationen, wobei das, was Stress verursacht, stets individuell ist. Er bewirkt vor allem selbst Stress. Je mehr wir etwas an uns verneinen, desto stärker bahnt es sich seinen Weg ins Licht. Was da ist, will auch gelebt oder wenigstens liebevoll angenommen werden statt abgewiesen zu werden. Ihre Schattenseiten schüren Ängste, weil Sie etwas bewusst unterließen/unterlassen oder verdräng(t)en, um eines Ihrer Ziele zu erreichen.

Was geschieht mit uns, wenn wir ignorieren und verdrängen, was uns wichtig ist? Je mehr wir zum Beispiel die geringe Aufmerksamkeit durch unseren Partner dulden und uns trotz unserer wahren Bedürfnisse zufrieden und versöhnlich geben, desto empfänglicher sind wir für die Zuwendung anderer, für Seitensprünge bis hin zu Affären. Doch haben wir gelernt, dass wir Menschen nicht überfordern dürfen, nehmen wir es erst recht als Gegebenheit hin – auch, wenn uns unser Ego diktiert, dass wir etwas Besseres verdient hätten, unser Partner schuld ist oder er sich über andere Bewunderer nicht zu wundern braucht. Aber stets würden wir uns auf eine sozial akzeptierte und passende Art zeigen, um unsere Ziele zu erreichen. Nur kamen Sie mit diesem Selbstbild nicht auf die Welt. Es formte sich durch die Ansprüche anderer und das, was Sie aus diesen als Rückschluss lernten. Deshalb unterdrücken Sie auch Ihre Wut oder unterbrechen andere nicht in ihrer. Oder Sie werden lauter, wenn Sie meinen, nicht gehört zu werden.

Deepak Chopra sagte in einer seiner Meditationen: »Nur, indem man seine Ganzheit lebt, wird man vollkommen.«[36] Das heißt im Umkehrschluss: Nur, indem wir uns, einem Menschen, einer Situation, seine Ganzheit erlauben, können wir ihn sehen, wie er ist, und in seinem wahrhaftigen Ausdruck unterstützen und begleiten. Nur, wenn wir uns so zeigen dürfen – nackt und roh, ohne verurteilt zu werden –, können wir uns vollkommen erfassen und in diese Vollkommenheit treten. Wenn wir uns weder unterdrücken noch uns suggerieren, wir müssten Eigenschaften an uns ablehnen und verstecken, um akzeptiert zu werden, kann Befreiung stattfinden. Dasselbe gilt für Ihre Mitmenschen. Die Schwierigkeit liegt nicht in der fehlenden Erlaubnis anderer, sondern darin, dass wir es uns nicht erlauben. Fragen Sie sich, was Sie sich verbieten und machen Sie eine erste Liste.

Ich fühlte mich einige Jahre meines Lebens zu Männern hingezogen, die, wenn sie nicht bekamen, was sie glaubten verdient zu haben, herrschsüchtig und narzisstisch wurden. Sie waren selbst erstaunt über ihre Ausbrüche und Gefühle, aber konnten an ihrer Schattenentladung kaum etwas ändern. Ich war ihrer verborgenen Unsicherheit, ihrer Angst vor Ohnmacht durch Frauen, ihrer Verlustangst und offenen Wut darüber ausgesetzt. Diese Seiten waren ihr Schatten; sie hatten sie verbannt, weil sie wussten, dass ein solches Verhalten von den Menschen ihres Lebens nicht geduldet wurde. Da ich nur am Rande ihres Lebens existierte, zeigten sie mir ihre Seiten umso offener. Und ja, es hätte eine Rolle spielen müssen, wie sie mich behandelten, denn sie lösten Angst in mir aus. Ich hätte mich von ihnen als Menschen trennen müssen. Doch sie waren so sehr auch Ausdruck meines Schattens, dass ich es lange Zeit nicht vermochte. Teil meiner Lebenslektionen war es gewesen, eben ein solches Verhalten, besonders an Männern, nicht zu akzeptieren und deshalb keinerlei Kontakt mit ihnen zu pflegen, sondern sie auszuschließen und auf sich zurückfallen zu lassen. So wurde es mir von meinen weiblichen Vorfahren beigebracht, hauptsächlich wegen des ähnlichen Verhaltens meiner männlichen Vorfahren. Diese Anweisung, die ich schon früh erhielt, »Du darfst sie weder lieben noch wollen und glaube bloß nicht, dass sie sich je ändern würden!«, unterband jede natürliche Gefühlsregung eines Kindes, trotzdem zu lieben, was mit einem familiär verbunden ist. Ich verstand als Kind weder etwas von emotionaler Gewalt oder Übergriffigkeit noch konnte ich etwas rational gegen mein Bedürfnis, dennoch mit ihnen im Kontakt zu sein, tun. Auch hatten meine männlichen Ahnen mir gegenüber nie so ein Verhalten gezeigt. Es wurde lediglich mündlich überliefert, wie ein Kodex, für den ich keine Sachgrundlage kannte, aber an den ich mich zu halten hatte. Mein unausgelebter Drang, sie zu ehren oder in meinem Leben zu haben und all den weiblichen Ahnen zu zeigen, dass sie nicht so schlimm waren, dass sie lieben und gut sein konnten, bildete

Schatten. In mir waltete das stille Bedürfnis, sie zu lieben, so, wie sie waren, statt abzulehnen, wie alle anderen es taten. Die Männer, die ich eine Zeitlang in mein Leben zog, waren Ausdruck dessen: ins Licht gezogener, alter Schatten.

Ähnlich kann es mit Gefühlen geschehen. Denn diese Männer zeigten mir auch all jene Gefühle, die ich mir verbot. Zu gern hätte ich an vielen Stationen meines Lebens ähnlich gehandelt wie sie, hätte gern geschrien und auf meine Bedürfnisse aufmerksam gemacht, hätte andere aufgefordert, sie zu befriedigen und damit aufzuhören, nur an sich zu denken. Ich hätte meinen Frust über die Übergriffigkeit einiger Menschen meines damaligen Lebens offen zeigen können und die Macht, von der sie glaubten, sie innezuhaben, so geschmälert. Ich hätte stattdessen mein Leben, so, wie ich es mir vorstellte, leben und in Besitz nehmen können, statt es anderen zu überlassen. Ich hätte aus heutiger Sicht vieles anders machen können, doch ich traute mich nicht, weil dieses Verhalten als Teil meines Selbst abgelehnt wurde. Gleichzeitig aber fühlte sich allein der Gedanke, es doch zu tun, lebendig an.

In den meisten Fällen empfinden es Menschen erst einmal als verstörend, wenn sie auf eine Art handeln, die sie sich selbst nicht zugetraut hätten – und andere ebenso. Lernen wir an Menschen in unserem Umfeld solche Schattenzüge kennen, sind wir nicht nur irritiert, sondern auch oft verletzt. Wir nähern uns der Wahrheit eines Menschen und einer Situation, der Ganzheit, aber nur an, wenn wir auch die Schattenseiten akzeptieren – selbst, wenn es uns ent*täuscht*, was wir erleben. Durch das Bild, das sie uns zeigten und wir als einzig wahr hielten, erleben wir eine Täuschung, erliegen einer Illusion, die unweigerlich Ent*täuschung* bringt. Ähnlich geht es Ihren Mitmenschen mit Ihren Schattenseiten. Sie kennen diese nicht von Ihnen oder aber haben große Schwierigkeiten, mit ihnen umzugehen. Sie können aber für sich und Ihre Mitmenschen beschließen, fortan dem Schatten seine Existenzerlaubnis zu geben.

Schatten kann sich dabei sowohl im Kleinen als auch im Großen zeigen. Wenn wir neidisch sind auf jemanden, eifersüchtig oder an einer Person etwas bemängeln, spricht unser Schatten Bände. Selbst heimliche Affären oder heimliche Liebe zu jemandem sind Zeichen von Schatten. Bei Frauen äußert sich ihr Schatten auch durch (verheimlichte) sexuelle Fantasien und Präferenzen, besonders, wenn es ein Ungleichgewicht ihrer Energien gibt. Steuern sie in einer beruflichen Führungsposition stark, kann es sein, dass sich als Ausdruck ihres Schattens sexuelle Unterwürfigkeit oder der Wunsch danach zeigt. In umgekehrter Variante können Frauen starke sadistische Fantasien erleben, um sich zu ermächtigen, weil ihnen ihr wahrer Selbstausdruck im Leben fehlt. Auch Wut und Zorn, im Sinne der verbalen Aggression, kann sich dann im Schatten verbergen, wenn wir uns heimlich wünschen, uns aufzulehnen. Selbst der Drang nach nährender, bedingungsloser Liebe und Allzugehörigkeit, von der wir nicht glaubten, sie haben zu dürfen, kann sich ins Dunkle verirren: Dann neigen wir eventuell dazu, uns kleinzumachen, anzupassen und vieles zu dulden, während wir das Gegenteil ersehnen. Wir erlauben es dann unserem Partner oder unseren Freunden, während wir uns heimlich darüber aufregen oder es Gegenstand unserer stillen Wut wird. Unser unterdrückter Wunsch äußert sich immer, sei es auch, dass wir etwas heimlich tun.

Besonders unsere heimlichen Erwartungen, das Nicht-Einfordern und das teilweise bewusste Verstecken unserer Bedürfnisse, hat großes Schattenpotenzial. Was wir offen sagen, zu brauchen, muss nicht zwingend etwas mit dem zu tun haben, was wir wirklich ersehnen. Wie oft haben Sie schon »Alles in Ordnung! Kein Problem. Das kann doch mal passieren« gesagt, während Sie innerlich tobten oder zutiefst verletzt waren? Vielleicht hatten Sie danach Rachefantasien, ließen Ihre Wut an anderen aus oder streuten Gerüchte, um für sich Gerechtigkeit zu schaffen. Sie wollten demjenigen Ihre, wenn auch nur heimlich erwünschte Überlegenheit demonstrieren. Ebenso wie sich.

Ich habe keine Frau erlebt, die nicht zumindest unbewusst etwas Besonderes sein und von anderen so behandelt werden wollte. Auch keinen Mann. Und so verheerend »verborgener Narzissmus« als Begriff auch klingen mag: In meinen Ohren ist es eine natürliche Aggression im Inneren von Frauen, endlich zu werden, wer sie sind, sein zu können, was sie sein könnten – und entsprechend im Außen zu sehen, dass sie wertvoll sind. Während viele Experten davon ausgehen, dass es ein Thema des inneren Kindes, im Sinne der Prinzessin, die wir einst waren oder immer sein wollten, sei, glaube ich, dass es stark mit dem Feminismus und der Emanzipation zu hat. Wir werden heute beinahe angehalten, alle Optionen, die uns offenstehen, wahrzunehmen und unsere Fähigkeiten und Talente auszuleben, um mit Männern auf Augenhöhe zu sein. Die Männer hingegen werden aufgerufen, ihre weibliche Seite stärker zu zeigen und abzurücken von ihrer Dominanz. Besonders bei Frauen, die sich lange kleingemacht haben oder sich haben kleinhalten lassen, sehe ich dementsprechend immer wieder Ausbrüche eines heimlichen Narzissmus, wenn auch nicht im Sinne des klinischen Störungsbildes. Sie haben es nur satt, sich einfügen und anpassen zu müssen, als wollten sie endlich und sofortig die Anerkennung einfordern, nach der sie sich schon so lange sehnen. Eine tiefe Ablehnung stark egoistischer oder narzisstischer Menschen sehe ich in diesem Zusammenhang als Folge und Schatten, nicht zuletzt, weil ich sie von mir selbst kenne. Wir wünschten, jede bestehende Überlegenheit und Besonderheit ungeniert ausleben zu können. Dahinter verbirgt sich oft der Wunsch, endlich gesehen und gehört, wahr- und ernst genommen zu werden, in unserer vollen Größe und ja, Großartigkeit erkannt und beachtet zu werden. Es ist der in den Schatten gerutschte Wunsch nach Selbstachtung durch uns und Achtung durch andere, die uns nicht ausreicht(e). Er äußert sich als Empörung und Verachtung, als Missmut, Missgunst, Neid und Eifersucht auf andere oder als Groll gegenüber Menschen, die besitzen und bekommen, was wir wollen. Dahinter versteckt sich auch eine Traurigkeit des inneren Kindes, das noch immer nach Anerkennung, Lob und Zuwendung für seine Besonderheit schreit.

Ein Bereich, in dem dieser Schatten besonders stark auffällt, ist der der Partnerschaft. Frauen, die sich um eine Beziehung bemühen, wagen es oft nicht auszusprechen, was sie wirklich fühlen und wollen. Sie beschäftigen sich vielmehr mit den Gefühlen der Männer und wollen, dass diese lernen, über ihre emotionalen Welten zu sprechen. Sie bedenken den (potenziellen) Partner mit allerlei Aufmerksamkeit und Zuwendung, um ihn von seinem Wert zu überzeugen, damit er präsenter oder liebevoller ist, obwohl sie sich diese Anerkennung von ihm wünschen. Mit jedem Schritt, den sie für sich unterlassen, setzen sie einen weiteren in Richtung Schatten. Weil sie glauben, sich nicht als liebenswürdige und höchst wertvolle, würdige Frau zu sehen und so darzustellen, vergraben sie ihren Drang, in ihrer Besonderheit und Wichtigkeit erkannt zu werden, in ihren Schatten. Und das macht Angst – so, wie alles andere auch, was wir nicht dürfen, aber zutiefst ersehnen.

Darf man unbewusst einige seiner Seiten nicht ausleben und hält man sich brav daran, stets passend und bequem zu sein, können wir diese auch auf andere projizieren. So glaube ich bis heute, eine große Portion meiner Aggression und Lust auf Selbstermächtigung auf einige Männer meines Lebens übertragen zu haben – aus Angst, diese selbst zeigen zu müssen. Tatsächlich zeigen viele Frauen, die eine unbewusste Bindungsangst haben, zuerst eine sehr unterwürfige, duldsame Art; werden sie dieser Fassade überdrüssig, stoßen sie an ihren Stolz und bemerken ihre scharfkantige und selbstliebende Seite: »Ich habe wirklich etwas Besseres verdient!« Die Wut, die Lust auf Vergeltung und Verletzung des Anderen rutscht aus ihrem Schatten ins Licht.

Schatteneigenschaften wollen reintegriert werden und sie müssen es auch, denn sie stellen unerlöste Anteile unserer Persönlichkeit dar. Diese warten nur darauf, sich zu Wort melden zu dürfen, um endlich Teil des Ganzen sein zu dürfen. Das kann für viele anfangs sehr schmerzhaft sein. Ich erinnere mich an Dutzende Situationen, in denen ich nur die Wahl hatte, entweder meine unliebsame, abgelehnte Seite zu zeigen und somit Menschen mit meinem neuen, weniger netten Ich zu konfrontieren oder eine Panikattacke zu haben. Paradoxerweise entschied ich mich lange Jahre für die Angst. Meine Furcht vor den Konsequenzen, den Reaktionen meines Gegenübers und diesem anderen, ungewohnten Ich war zu stark. Nach einiger Zeit der Auseinandersetzung mit meinen Schattenseiten und Sehnsüchten versuchte ich keine großen Schritte mehr, sondern arbeitete an den kleinen Seiten, mit denen ich eher umgehen konnte: weniger Zeit mit anstrengenden Menschen zu verbringen, nur auf mich zu hören und Wege der Kommunikation zu finden, die andere nicht verletzten, liebevoll mit mir zu sprechen, meine Enttäuschung, Verletzung oder Wut zu äußern, um nur einige zu nennen. Das ermöglichte es mir, meine Angst vor Bloßstellung unter Kontrolle zu bringen und mich so Stück für Stück zu wandeln, sodass meine Mitmenschen nicht von heute auf morgen mit einer neuen Janett konfrontiert wurden. Ich sprach stattdessen oft und offen darüber, wieso ich mich änderte und ändern wollte, welche Erfolge ich damit für mich erzielte, und bat mein Umfeld, mich weiterhin darin zu unterstützen. Die, die mich für ihre Zwecke brav wollten, gingen. Ich hatte mir eine Rundumerlaubnis gegeben, meine Bedürfnisse auszusprechen und zu befriedigen. Es war befreiend.

Ein weiteres Phänomen in diesem Kontext zeigt sich bei Menschen, deren Eltern sie als Kinder in den Himmel priesen und jedem erzählten, wie einzigartig und herausragend sie seien. Ihre bisherige Rolle, der Zauber und Sinn ihrer bisherigen Existenz geht in Teilen spätestens beim Eintritt in das Erwachsenenleben verloren: wenn sie »nur noch so wie jede andere sind«, nicht mehr stets im Mittelpunkt stehen, keine selbstverständliche Anerkennung mehr erhalten, durch ihre Anwesenheit, ihr Wissen oder ihre Expertise nicht mehr in dem gewohnten Maße beeindrucken. Plötzlich tut sich für sie eine Art Graben auf. Vielleicht überbrücken sie ihn, indem sie sich durch hervorragende Leistungen, Wissen, Anpassung oder Attraktivität beweisen. Dahinter verbirgt sich das Warten auf den richtigen Zeitpunkt, bis sie sich ihre gewohnte Position zurückerobert haben, in der sie sich wieder besonders fühlen. Dasselbe trifft auf Männer zu; es ist ein menschliches, keineswegs weibliches Verhaltensmuster. Es zeigt sich aber nicht nur bei Menschen, die auf die mitunter gegebene Härte der wirklichen Welt nur wenig vom Elternhaus vorbereitet wurden. Es zeigt sich bei Frauen mit Schwestern, die schon früh lernten, sich als Nummer 1 zu beweisen, es wird deutlich bei Frauen, die trotz Rückschlägen nie den Glauben an ihre Besonderheit aufgegeben haben; es zeigt sich bei Frauen, die zu ihrer Würde zurückfinden und ihren Wert anerkannt sehen wollen. »Ich bin etwas Besonderes! Ich habe ... verdient! Wieso gibt es mir niemand? Wieso merkt keiner, was ich kann? Wieso sind andere wichtiger? Wieso hat xy aufgehört mich zu lieben? Wieso erwidert xy meine Gefühle nicht (mehr) so, wie ich es brauche? Wieso finde ich keinen Partner/Job?« Diese Fragen sind mit Gefühlen der Verwirrung, stiller Überlegenheit, dem Drang nach Unabhängigkeit und Groll über die eigene Abhängigkeit verbunden, weniger mit Traurigkeit als ersten Impuls. Sie rufen Stolz bis hin zu Verachtung hervor und lassen doch am Selbstwert zweifeln. Denn hinter der scheinbaren Überlegenheit, die der Tochter in jungen Jahren eingeimpft worden ist, ist die Angst verborgen, doch nicht so viel wert zu sein, nicht alles zu können oder zu wissen, nicht die Beste zu sein – und dass es eines Tages jemandem auffallen könnte. »Meine Vorstellung von mir als etwas Besonderem war eine Hauptstütze meiner Identität gewesen. Ohne sie schwankte ich zwischen Selbstverachtung und rasendem Neid ...«[37], schreibt Dowling. Auch sie sei auf der Suche nach »irgendeiner Stabilität«[38] gewesen, denn das Gefühl von Bedeutungslosigkeit habe sie jedes Mal gelähmt zurückgelassen. Sie verbarg ihren Drang nach Hoheit zwar, doch verglich sie sich stets mit anderen und verlor gefühlt jedes Mal.[39]

> **— Ich hatte mir eine Rundumerlaubnis gegeben, meine Bedürfnisse auszusprechen und zu befriedigen. —**

Nur, wenn wir es schaffen, uns vom Kind, das wir waren oder sein wollten, und dem, was es hatte oder lieber gehabt hätte, zu lösen, können wir eine erwachsene Sicht auf unser erwachsenes Leben erlangen. Dann trennen wir uns vom Kind-Ich und können bewusst in unser Erwachsenen-Ich treten, dem diese alten Sehnsüchte, Erwartungen und Hoffnungen zwar noch bekannt sind, bei dem sie aber nicht länger die Gedanken, Gefühle und Handlungen steuern. Wir werfen niemandem mehr vor, dass alte Bedürfnisse nicht befriedigt werden oder wir uns an unsere Eltern und was ihnen misslang, erinnert fühlen. Wir geben keinem die Schuld an unserer Vergangenheit, weil wir niemanden unter ihr leiden lassen. Wenige hatten eine perfekte Kindheit und in jeder finden wir Aspekte, die besser hätten gelingen können. Im erwachsenen Leben entscheiden wir selbst, ob wir deshalb zu einer Belastung für uns werden oder nicht. Wir bestimmen, es hinter uns zu lassen und uns unserer Zukunft zu widmen. Schaffen wir das nicht, wird unser Leben von vielen Ent-*Täuschungen*, vergebenen Hoffnungen und Mühen, fruchtlosen Erwartungen sowie viel Frust, Traurigkeit, Wut und Angst erfüllt sein.

Solange Sie in Maßen Ihre Schattenseiten reintegrieren, wird es kaum Verluste geben. Menschen haben nur deshalb Angst, Ihren Schatten zu zeigen, um niemanden zu verletzen und wegen dieser Verletzung zu verlieren. Oder es geht um bestimmte Werte wie ihren Status, den sie beibehalten wollen. Trägt dieser Status aber zu Ihrer Angst bei, kann etwas nicht damit stimmen, meint: Etwas an diesem ist für Sie unstimmig. Entweder Sie ändern ihn zu Ihrer Zufriedenheit, leben ihn ungeniert oder Sie arrangieren sich damit, dass Sie Angst erleben, wann immer Ihnen Ihr Ego gebietet: »Jetzt verhalte dich anständig!« Sie brauchen nicht von der unscheinbaren Mutter zum Vamp zu werden, der überall für Aufsehen sorgen würde (außer, Sie möchten das). Wem Sie Ihre bisherigen Schattenseiten und Ihre Besonderheit bewusst zeigen, entscheiden Sie. Gestatten Sie sich im Kleinen, einige Funken Ihres Schattens mit Genuss auszuleben, auch wenn Sie sich wie eine Betrügerin, Versagerin oder falsche Schlange vorkommen. Gehen Sie gestärkt aus diesem Erlebnis heraus, in dem Wissen, dass Sie sich getraut haben, Sie selbst zu sein.

Ich ermuntere Sie dazu, sich Ihren Schattenseiten zu stellen, indem Sie sich gegenüber ehrlich zugeben, was Sie sich anstelle einzelner Lebensumstände in Wahrheit wünschen.

Schreiben Sie sich alles auf, was Ihnen in den Kopf kommt, und erweitern Sie die vorherige Liste:

- ____ die Beste in Ihrem Beruf sein (auch wenn das einigen Kollegen ein Dorn im Auge wäre)
- ____ von Ihrem Partner wie eine Königin behandelt zu werden
- ____ nicht nur Mutter sein, sondern Frau mit Kindern (selbst, wenn es die Nerven anderer strapazieren würde)
- ____ Reichtum leben und Ihr Geld zeigen (trotz Neid anderer)
- ____ sich zwei Stunden täglich nur um sich und Ihren Körper kümmern (auch wenn sich Ihre Familie oder Ihr Partner dann ihrer Eigenständigkeit stellen müssen)
- ____ sich in den Mittelpunkt stellen (auch wenn andere dann Rücksicht lernen müssten)
- ____ ausgelassen feiern oder die Nacht durchmachen
- ____ lebendiger leben und Ihr Leben genießen, statt nur ernst zu sein
- ____ sich in Selbstabgrenzung üben (auch wenn das andere auf sich und ihre Verlustangst zurückwerfen würde)
- ____ Ihre Sexualität ausleben
- ____ Ihre eigenen Meinungen haben und zu diesen stehen
- ____ bewusst Ignoranz, Grandiosität, Arroganz, Egoismus leben
- ____ nicht mit sich diskutieren lassen (auch wenn andere gern die Kontrolle über Sie hätten)
- ____ sich dem befreiten Genuss in allen Formen hingeben
- ____ anderen gebieten, sich aus Ihrem Leben herauszuhalten u. v. m.

Je mehr Sie sich in diesen kleinen Bereichen Ihres Schattens um Licht bemühen, desto runder und vollkommener, mehr ganz werden Sie. Das befreit auch Ihre Ängste, denn sie müssen nicht mehr als Werkzeug Ihres gegeißelten Geistes dafür herhalten, Ihr wahres Selbst vor anderen zu verstecken. Es ist ein Stück Magie, wenn Sie sich Fehler erlauben und bemerken, dass sich die Welt dennoch weiterdrehen wird.

SCHRITT

3

Ein Leben *nach* der Angst

Die Qual der Wahl & die Magie der Neuanfänge

Nie hatten Menschen und Frauen der westlichen Gesellschaft mehr Möglichkeiten, sich weiterzuentwickeln, als heute. Ich schrieb bereits in den vorangegangenen Kapiteln über die Vielzahl der Türen, die uns offenstehen. Doch, um sie für sich zu nutzen, sind Entscheidungen nötig. Diese aber müssen zu Ihnen passen und Ihnen dienen; man muss sich zudem zutrauen, sie zu treffen und zu tragen. Doch welche ist die richtige und wird sie sich gut anfühlen? Was ist, wenn sie sich als falsch herausstellt? Diese und ähnliche Gedankengänge sind es, derentwegen wir lieber beim Altbekannten bleiben. Das Vertraute aber raubt uns oft mehr Energie, als es gibt, oder hat schon lange ausgedient – ist für Sie und Ihr Leben nicht länger förderlich.

Der Mensch strebt nach Wachstum; nicht umsonst besitzt er ein Gehirn, das bis ins hohe Alter lernfähig ist. Insofern ihr Gehirn gesund ist, kann jeder lernen. Denken Sie nur an die, die in der Rente in ein anderes Land auswandern oder eine neue Sprache lernen – oder beides. Denken Sie an die vielen Weiterbildungskurse, die speziell für ältere Personen angeboten werden. Lernen mag etwas langsamer geschehen, aber das Gehirn kann trotzdem jede Neuorientierung, die die Person sich vornimmt, umsetzen. Jeder Mensch könnte seine Gewohnheiten und Verhaltensweisen, darin begründet auch seine Gedanken- und Gefühlsmuster, immer dann ändern, wenn er es möchte, gäbe es nicht die Barrieren im Denken: Glaubensmuster.

- Ich bin zu alt.
- Das hätte ich früher machen müssen, als ich noch ...
- Das schaffe ich nicht (mehr).
- Ich kann das nicht.
- Ich konnte das noch nie.
- Das können nur andere.
- Das funktioniert nicht.
- Bei mir wird das nichts werden.
- Das habe ich früher schon probiert und es ging auch da schief.
- Dafür müsste ich noch ... lernen.
- Das kostet zu viel Geld.
- Dafür habe ich keine Zeit.
- Da spielt mein Partner/meine Familie/... nicht mit.
- Sowas macht man nicht!
- Ist das denn überhaupt sicher?
- Für mich gibt es ... nicht.
- Niemand darf merken, dass ich ...
- Was sollen nur die anderen denken?
- Allein kann ich das nicht.
- Dafür bräuchte ich ...
- Dann müsste ich ja ...
- Ich möchte schon gerne ... tun, aber ...

Kommen Ihnen einige davon bekannt vor? Oder fallen Ihnen noch weitere ein, die über Ihr Leben bestimmen?

Die Liste unserer Wünsche ist meist sehr lang – außer, wir leben ein Leben in Bescheidenheit bzw. wurden auf dieses trainiert. Doch auch das muss nicht bedeuten, dass wir uns Bescheidenheit oder Maß wirklich wünschen oder sie gar persönliche Werte darstellen. Nichts zu wollen bzw. keinen Drang, sich weiterzuentwickeln und zu wachsen zu empfinden, ist oftmals ebenso antrainiert wie die Gedankenmuster, die diesen nichtvorhandenen Drang begleiten. Denn die Hürde vor Entscheidungen, Veränderung und Wachstum, steht oft in Verbindung mit etwas, was uns unangenehm ist oder werden könnte, was wir nicht zu können glauben oder tatsächlich weniger gut können. Es sind dabei »nur« Kompetenzen, die wir erwerben können, um uns zu Wachstum zu befähigen.

Ich liste Ihnen nachfolgend (S. 180/181) die wichtigsten Kompetenzen[40] auf und bitte Sie, ehrlich zu prüfen, welche Ihnen fehlen oder noch nicht genug ausgebildet worden sind, um sich nötigen Veränderungen zu stellen.

Finden wir nur wenig Sinn in einzelnen Lebensbereichen, fühlen uns abhängig oder können mit unserer Freiheit/Unabhängigkeit nicht umgehen, haben wir Schwierigkeiten, uns auszudrücken, zu sagen, was wir brauchen, und zu erkennen, was wir fühlen, wir hadern mit unserem Ich. Auch fehlende Kompetenzen in der Selbstabgrenzung, beim Aufdecken neuer Möglichkeiten und Entwickeln alternativer Realitäten für unser Leben sowie das strategische Erreichen von Zielen lösen in vielen Angst aus. Je unsicherer wir hier sind, desto leichter kann es zu Enge, Einsamkeit und dem Gefühl des Getrenntseins, Ohnmacht, innerem Druck, Unfreiheit, Nervosität, innerer Anspannung und dem Gefühl der persönlichen Schwäche kommen. Verborgene Wut deutet auf eine unausgeprägte Durchsetzungsfähigkeit hin, während Neid, Eifersucht und Missgunst uns Herausforderungen mit unserem Selbstwert aufzeigen.[41]

Dass Sie diese Kompetenzen erwerben können, mag für Sie leicht dahergesagt klingen, aber es benötigt nur eine, um Veränderungen anzugehen: Mut zur Selbstaktualisierung und Ich-Werdung, wie auch immer diese für Sie aussehen mögen. Jede Vermeidung stellt bis dahin nur eine Angst vor den Konsequenzen dieser Kompetenzen dar; denn haben Sie sie einmal erworben oder sind auf dem Weg dorthin, werden Sie sehr wahrscheinlich nicht zum Alten zurückwollen. Bis Sie sich nicht für eine neue oder andere Art Zukunft ohne Angst entschieden haben, bleiben Sie bei Ihrer alten.

Es ist auch eine Entscheidung, sich nicht zu entscheiden. Ich meine das nicht wertend. Es ist menschlich. Doch lassen Sie sich nicht von der Angst vor Fehlern oder davor, dem Neuen nicht gewachsen zu sein, abhalten. Niemand von uns besitzt eine magische Glaskugel, in der man sehen kann, was die Zukunft bereithält. Sie können jetzt nicht wissen, welche Wenden sich durch Veränderungen und neue Ziele ergeben würden. Aber ich nehme an, dass Sie eine Idee davon bekommen haben, wohin Sie Ihre Angstzustände bringen, wenn Sie alles beim Alten belassen. Ich möchte keine weiteren Ängste schüren, doch ich habe in meiner Arbeit viele Frauen kennengelernt, bei denen aus kleinen Ängsten klinische wurden. Sie mussten aufgrund ihrer Phobien oft in die Arbeitslosigkeit und/oder Frührente gehen, die fast nichts zum Leben übrigließen. Sie konnten nicht arbeiten, ihren Kindern weder Hobbys noch Bildung ermöglichen, weil sie nötige Veränderungen zu lange gescheut hatten. Sie sind nicht stolz auf Ihre Entscheidungen; der Kampf gegen die Angst erschien ihnen nur zu mühsam. Irgendwann gaben sie innerlich auf. Auf der anderen Seite schafften es selbst als austherapiert oder therapieresistent geltende Frauen, aus ihrer Angst auszusteigen. Bei einigen halfen etwa Hypnose, EMDR oder Traumatherapie statt der üblichen Therapieformen. Ich wählte die Gesprächstherapie, weil ich mich nicht stark genug für eine Verhaltenstherapie fühlte. Frauen haben auch allein durch die Beschäftigung mit sich selbst über Jahre hinweg – ohne große Veränderungen vorzunehmen – schleichende Wandel bewirkt: Einige gingen später in die Selbstständigkeit, weil sie wegen ihrer Angst nicht mehr in Firmen arbeiten konnten (und wurden so aus ihrer Angst gezogen); andere trennten sich von ihren Partnern. Ich habe auch von Frauen gehört, dass ihre Kinder sie zu einer Veränderung ermutigten und unterstützten, obwohl sie vorher befürchtet hatten, dass diese bei einer Trennung wütend und traurig würden. Sie sehen: Veränderungen können auf die merkwürdigsten Arten und Weisen im Leben geschehen. Sie dürfen Ihren Weg finden, der Ihnen guttut. Hauptsache, Sie wählen einen, der Sie ins Wachstum bringt. Nicht zu handeln, nichts zu ändern, wird seine Auswirkungen haben.

eigene Gefühle und Bedürfnisse wahrnehmen und äußern • Durchsetzungsfähigkeit
Selbstständigkeit • Selbstanalyse
Selbstverwirklichung • Selbstsicherheit
Abgrenzung • Mut • Initiative
Selbstermächtigung • Ziele setzen: strategisches und taktisches Denken sowie Vorgehen
Kommunikationsfähigkeit • Aktion / Aktivität
Selbstwirksamkeit • Erwachsensein
praktische, technische und wirtschaftliche Fähigkeiten
Lernen (lernen) • Grenzen erkennen und wahren
Selbstwert • Eigensinn • Ästhetik
Etikette • Bewusstsein • Reflexion / Selbstkritik
Kritikfähigkeit • Informationen beschaffen
Kreativität • Absicherung • Emotionsregulierung
Schaffen von Geborgenheit

• seine Intuition wahrnehmen • eigene Meinungen bilden/etwas hinterfragen/abwägen können • Weiterentwicklung • Weiterbildung • Verantwortung für sich selbst und andere übernehmen • Ehrgeiz • Disziplin • Erkennen von Zusammenhängen • sich trennen • Selbstaktualisierung • Sinnfindung • Abhängigkeit • Unabhängigkeit • Toleranz • Akzeptanz • Fähigkeit zur Einsicht • Fähigkeit zur Andersartigkeit • Ich-Werdung (Ablösen von alten Strukturen und Schaffung eigener) • Fantasie • Koordinationsfähigkeit • Sinn für individuelle und übergeordnete Rechte • Zuverlässigkeit • Kontaktfähigkeit • Genussfähigkeit • Harmonie/Vergebung/Versöhnung

Fangen Sie irgendwo bei einer Kompetenz an und prüfen Sie, was Sie tun können, um diese auszuprägen. Wie wir im nächsten Kapitel sehen werden, geht es nicht um Perfektion, sondern darum, uns die Kompetenzen, die zu starken Entscheidungen und der Umsetzung fehlen, irgendwie anzueignen.

Selbstfürsorge im Ausdruck

Um sich in Ihren Entscheidungen stark zu fühlen, hilft es, klare Grenzen, Respekt und Würde Ihrem Selbst gegenüber sowie Werte fest zu verankern, sodass Sie sie in Zeiten der Verunsicherung über Ängste hinwegtragen. Sie werden Ihre Identität bilden und Sie stärken.

Je mehr Sie sich trauen, zu fühlen, zu denken und im Handeln zu sein, wer Sie wirklich sind, desto mehr werden Sie zwei der wichtigsten Aspekte leben, die man als Frau für sich in Besitz nehmen kann: Selbstrespekt und Würde. Zu niedrige Grenzen markieren den Übergang zu Respektlosigkeit und Würdelosigkeit; gesunde Grenzen hingegen helfen Ihnen, Respekt und Würde zu bewahren.

Es sind integrale Bestandteile einer nötigen Selbstfürsorge. Heute missverstehen wir Selbstfürsorge oft allein wegen der Darstellung in den Medien als heiße Bäder oder ein gutes Buch mit einem Glas Wein. Während das in der Praxis durchaus seine Berechtigung hat, gibt es tiefergehende Selbstfürsorgepraktiken, die größere Wirkung bei Ängsten zeigen.

Grenzen und Begrenztheit

Die meisten Frauen beklagen mir gegenüber, dass sie entweder von ihren Mitmenschen zu wenig respektiert werden oder sich übergangen, ausgeschlossen oder in ihren Bedürfnissen ignoriert, gekränkt, würdelos behandelt und vernachlässigt fühlen. Sie bemängeln, dass egal, wie viel sie leisten oder wie sehr sie sich bemühen, sie zu wenig an Anerkennung, Zuwendung, Vertrauen, Zeit, Unterstützung zurückerhalten. Sie gehen dann erst recht in die Handlung, in der Hoffnung, doch noch etwas dagegen tun zu können. Handlung bedeutet für viele Frauen Leistung: emotional, psychisch und physisch. Für jemanden, nicht direkt für sie selbst. Gegen einen gefürchteten Zustand. Für etwas, wofür Leistung synonym steht mit Lieben. Das kann leicht zu einem Bumerang werden. Leisten in diesem Kontext heißt für viele auch: etwas bewusst zu unterlassen, nicht anzusprechen, zu dulden, in der Hoffnung, es werde die Situation emotional oder beruflich für sie bessern. Doch selbst beruflich ist immer auch emotional, denn was man versucht, mit dem Job und der Karriere zu erreichen, steht immer in Verbindung mit einem Gefühl, das man spüren möchte – egal, welches.

Interessant dabei ist, dass die wenigsten Frauen sich ihrer Grenzen bewusst sind: Sie kennen durchaus die Grenzen anderer, sie wahren sie, und das unermüdlich. Haben sie mit sehr anspruchsvollen Menschen zu tun, erfüllen sie deren Ansprüche, und das mehr als nur zu 100 Prozent. Sind es sehr distanzierte Personen, halten sie sich zurück, bis sie ein Stück der Nähe bekommen, auf die sie hingearbeitet haben. Geht es um Geld oder Ansehen, wachsen sie über sich hinaus, verstellen sich und maskieren ihre wahre Persönlichkeit. Sie werden zu einer anderen Frau.

Ich weiß um die Tatsache, dass es in dieser Welt leichter ist, sich anzupassen und zu leisten, um so etwas für sich zu gewinnen, was mit einem Wert verbunden ist – und sei es auch der Selbstwert. Doch mehr als nur einmal wurde mir bewusst, wie schnell Leistung zu einer Falle werden kann. Für mich endete sie in Angststörungen, sowohl durch meine berufliche Überkompensation als auch durch die emotionale in den Beziehungen meines Lebens. Auch Dowling wusste um diesen Reibungspunkt, als sie schrieb: »Wenn Leistung aber zum Zwang wird, so ist im allgemeinen ein extremes Bedürfnis nach Bewunderung der Grund dafür. Eine Frau, die in solch einem Zwang gefangen ist, erkennt ihre Grenzen nicht.«[42] Leistung unterscheide Frauen letztendlich von Mädchen und heiße oft »Hervorragendsein«

und »Todmüdigkeit.«[43] In der öffentlichen Debatte um Depressionen steht auch immer das Phänomen Burnout. Leider ist es noch immer nicht allen bewusst, dass Burnout bei Frauen hauptsächlich aufgrund emotionaler Überforderung einsetzt. Ich habe in diesem Buch den Begriff »emotionale Anpassungsleistungen« genannt und genau diese sind es, die Frauen herzlich, geistig und körperlich ausbrennen lassen können: Sie passen sich emotional als ihre Form der Leistung an – weil sie ihre Grenzen entweder nicht kennen oder nicht einzuhalten wagen.

Vertrauen und Sicherheit in sich selbst haben viel mit dem Wissen um seine Fähigkeiten (besonders psychisch und emotional) und um die eigene Begrenztheit zu tun. Es ist eine reale Einschätzung, sich und anderen einzugestehen, dass man nicht alles kann und verletzlich ist. Denn das markiert die eigenen Grenzen: »In dieser Situation bin ich an einen Punkt gekommen, an dem ich nicht (mehr) weitergehen kann.« Es sind oft Punkte, an denen man den Sinn einer Handlung infrage stellt, zum Beispiel, weil die Anerkennung ausbleibt – oder, um es anders zu formulieren, man keine Liebe spürt. Dann erst sind die meisten Frauen bereit, aufzugeben oder wenigstens mit dem Gedanken zu spielen. Der Kampf mag nicht umsonst gewesen sein, aber brachte auch nicht, was sie sich erhofft hatten. Je länger und unermüdlicher man sich für etwas oder jemanden verbiegt und sich dafür von sich selbst entfremdet, desto niedriger wird die körperliche, geistige und somit emotionale Toleranzgrenze. Vielleicht kennen Sie dieses Gefühl von Tätigkeiten, die Sie satthaben, oder Kontakten, deren Sie überdrüssig sind. Oder Sie befinden sich noch an einem Punkt, an dem Sie ins Leere leisten. Dowling meinte zwar, man müsse sich einem langsamen Prozess des Wachstums öffnen. Doch aus meiner Erfahrung ist »langsam« sehr vielen nicht schnell genug. Und dort liegt das Problem. Dort lag es auch für mich. Meine Leidensfähigkeit ließ sich ins Unermessliche dehnen. Mir reichten hin und wieder kleine Gegebenheiten, die mir das Gefühl vermitteln, es habe Sinn für mich oder könne ihn in der nahen Zukunft stiften. Bis es nicht mehr langte, weil meine Angst das Stoppzeichen setzte.

An diesem Punkt waren viele Frauen und zwar so lange, bis sie ihre Angst vor Begrenztheit erkannten: unserer eigenen Begrenztheit und der der anderen. Niemand kann alles und niemand kann alles für jemanden sein. Es ist die Angst vor diesem »*Gedanken* [Hervorhebung durch C. D.] an eine Begrenzung«, die das eigene Wirken und Handeln durch übermäßige Beschäftigung, Kontrolle, Steuerung und eigennützige Ermächtigung »selbstzerstörerisch« werden lässt.[44] Gemeint ist damit die Angst davor, etwas nicht zu können, folglich nicht (für jemanden) zu sein, ihm nicht zu reichen, etwas nicht zu erreichen (z. B. Liebe, Erfolg). Es bedeutet Schmerz durch Versagen, Schuld, Scham, Traurigkeit, Alleinsein, Konflikte, Chaos, Trennung, unerwiderte Gefühle, unbefriedigte Bedürfnisse, Misserfolg, Missachtung, Disharmonie, Unzufriedenheit u. v. m. Man sollte meinen, dass frau selbst Stopp sagt und aufhört, zu leisten. Paradoxerweise ist die Folge häufig, dass viele Frauen noch mehr leisten. Dieses Zuviel lässt ihr Handeln erst zerstörerisch werden.

Um Ihnen ein Beispiel zu geben: Eine Klientin wünschte sich sehnlichst einen Partner. Wann immer sie jemanden kennenlernte, ging sie in Vorleistung. Brachte ihr das keine Liebe und Zuwendung, bemühte sie sich noch mehr und mehr. Oft zogen sich die Männer gerade deshalb von ihr zurück. Sie konnte aber den Gedanken, nicht zu reichen, jemandem nicht zu gefallen, nicht akzeptieren. Aufgrund früherer Ablehnungserfahrungen konzentrierte sie sich deshalb vermehrt auf Männer, die weniger Interesse an ihr zeigten. Es war vertrautes Terrain und dort lag ihre Wunde, die sie zu heilen versuchte. Dass sie sich auf die, die sie interessant fanden, hätte konzentrieren und aus ihnen einen passenden Partner auswählen sollen, erkannte sie erst später. Allein der Gedanke daran, was geschehen könnte, wenn sie nicht handelte, eingriff, sich bemühte, verbog, anpasste, duldete oder schwieg, war ausreichend, um ihre Angst zu aktivieren. Sie wehrte sie ab mit Leistung.

Die Idee, es liege an einem selbst, ist weit verbreitet. Begrenztheit zeigt die eigene Verunsicherung über das, was man kann/ist bzw. die Reaktion anderer auf das, was man nicht kann/ist. In der

Literatur und in meinen Gesprächen mit Frauen finden wir unzählige Beispiele für Menschen im Allgemeinen, die von ihren Eltern gehört haben, dass sie alles werden und sein können, wenn sie nur genug xy tun, zum Beispiel sich anstrengen, viel lernen oder hart arbeiten, Geld sparen, keine Fehler machen oder immer tun, was ihnen andere vorleben. Pflanzen Eltern das ihren Kindern ein, in Verbindung mit einer erhöhten Erwartung an das Kind auf der einen Seite und einer übersteigerten Sicht auf die Fähigkeiten des Kindes auf der anderen Seite, wird sich das Kind seiner Begrenztheit irgendwann allein bewusst. Es wird beginnen, sich zu fragen, ob es das wirklich alles kann, oder durch Misserfolge lernen, dass es offensichtlich nicht alles kann – dass es immer Situationen geben wird, die über seine Grenzen gehen werden, die es nicht zu richten vermag. Frauen scheint das schwerer zu fallen als Männern, nach meinem Gefühl. Männer sagen eher, wenn sie etwas nicht mehr können, bzw. stehen offen dazu, wenn sie etwas nicht (mehr) wollen. Über die eigenen Grenzen und die eigene Begrenztheit zu sprechen ist für viele von ihnen eine gewisse Normalität, denn viele wurden/werden noch immer dazu erzogen, zu tun, was sie gut können, bzw. zu lernen, was sie können, und dies später zu perfektionieren. Wenn sie etwas überfordert, lassen sie es sein. Bei Frauen habe ich das Gefühl, dass sie eine vermeintliche Grenzenlosigkeit mimen, um ihrer menschlichen Begrenztheit aus dem Weg zu gehen. Erinnern Sie sich nur an das früher legitime Multitasking: Es hieß lange, nur Frauen könnten das, bis eine Studie herausfand, dass es in Wahrheit weder Frau noch Mann konnte, weil das menschliche Gehirn dafür nicht ausgelegt ist. Erst seitdem erlauben sich Frauen, Tätigkeiten nicht gleichzeitig auszuüben. Viele versuchen es aber noch immer, weil sie glauben, zu müssen oder keine andere Wahl zu haben. Sie stellen ihre Biologie infrage und wollen mehr können. Frauen tendieren dazu, bereitwilliger zu tun, was sie sollen, und das aus der versöhnlichen Natur ihrer Persönlichkeit heraus, selbst dann, wenn es gegen ihre Bedürfnisse oder Fähigkeiten ist. Denselben Trend sehe ich bei Männern, die mit ihrem Selbstwert hadern oder Angst/Panik erleben.

Ob es nun die Angst vor der Möglichkeit des Scheiterns, Stolz, Drang zu Höchstleistungen, der Kampf um Perfektion und Vollkommenheit als Basis für ihren Selbstwert oder ein Zeichen ihrer Liebe für ihre Bezugspersonen ist: Die eigenen Grenzen zu ignorieren und Begrenztheit zu verdrängen, ist bestenfalls mutig, aber wahrscheinlich eher hochmütig. Jedem Hochmut liegen Selbstzweifel zugrunde. Diese Form der Abwehr der eigenen Selbstwertängste kann fatal für Ihre Psyche sein. Es mag einem die Illusion einer Sicherheit verschaffen, denn auch ein falsches Selbst und Ich ist immerhin etwas, was man sich zum Beispiel durch Leistung erarbeitet hat – etwas, was Sie vermeintlich definiert, worauf Sie stolz sein können, was Sie im besten Fall erweitert und hoffentlich ein stückweit verwirklicht. Auch meine Erfahrungen waren wertvolle. Ich möchte sie nicht missen. Doch könnte ich die Zeit zurückdrehen, ich würde dankend ablehnen. Ich würde nicht erneut sowohl in meinen privaten als auch beruflichen Belangen meine Grenzen so bewusst ignorieren. Ich würde mich nicht erneut hinter dem Gedanken verstecken, es gebe nichts, was ich nicht könnte, nicht schaffen würde, nicht für andere sein könnte. Auch für mich war meine Leistung nur ein Kanal für meine Ziele, die ich hätte leichter auf dem direkten Wege erreichen können. Everybody's darling sein zu wollen aber kann viele negative Erfahrungen nach sich ziehen: Gefällig zu sein, weil man gefallen möchte, lässt vor allem die Chance steigern, ausgenutzt zu werden oder tatsächlich an seine Grenzen zu geraten, die sich schlimmstenfalls körperlich äußern. Es ist leichter, sich zu erinnern, dass sich Dinge auch von allein regeln können, man Arbeit und Aufgaben delegieren kann, Nein sagen darf, sollte und manchmal zwingend muss. Grenzen, die Sie wahren, erlauben Ihnen, nicht in für Ihre physische und psychische Gesundheit gefährliche Sphären zu kommen. Dass auch andere wachsen könnten und ihre Fähigkeiten ausbauen würden, wenn wir uns teilweise zurückzögen und ihnen etwas überließen, täte sogar beiden Parteien gut. Indiskutable, ganz eigene und persönliche Grenzen zu stecken und diese zu wahren, bedeutet, sich um sich und sein Wohl zuerst zu kümmern, bevor man für andere aus seiner vollen Kraft Gutes tun könnte. Doch dafür muss man seine Grenzen genau kennen. Grenzen existieren dabei auf allen Ebenen: physisch, psychisch, geistig, emotional, herzlich und seelisch. Ich kannte meine nicht. Sind Sie sich Ihrer bewusst? Lassen Sie uns Ihre Grenzen nun näher betrachten.

Alles auf dieser Welt besteht aus Polaritäten. Wir können nicht wissen, wie sehr uns etwas schmerzt, wenn wir nicht auch die Freude, die es uns machen könnte, kennen würden. Wir müssen um beide Enden und Extreme wissen, um einschätzen zu können, was wir vertragen und was nicht, als gut oder schlecht empfinden, als nährend oder energieräuberisch. Wenn Sie auf Ihr Leben zurückblicken, erinnern Sie sich an beide Pole. Im Folgenden finden Sie eine Grafik mit exemplarischen Einträgen.

Nehmen Sie sich ein A4-Blatt und malen Sie einen Pfeil wie in der Vorlage. Beschriften Sie ihn mit Ihren Lebensbereichen und schreiben Sie auf, welche Ereignisse Sie positiv und welche negativ bewerten. Daran erkennen Sie, was Sie verletzte, wo eine Grenze ist, auch wenn Sie sich ihrer nicht bewusst waren/sind. Sie können ebenso sehen, was Sie in den einzelnen Bereichen Ihres Lebens brauchen und gern erfahren wollen – und im Umgang mit anderen erleben möchten. Interessant wird es, wenn Sie überlegen, wie Sie sich verhielten, als auf der Seite des negativen Pols Ihre Bedürfnisse nicht befriedigt wurden. Gingen Sie weiter in die Leistung und Anpassung oder zogen Sie einen Schlussstrich und suchten nach neuen Ufern? Sie können sich auch fragen, was Ihnen nie wieder in Ihrem Leben passieren wird. Was werden Sie um jeden Preis vermeiden, dass es sich wiederholt? Welche Gefühle begleitete die Situation/das Erlebnis? Gefühle markieren sehr häufig Grenzen, ermöglichen Respekt, Würde oder Ehre – die Wahrung und den Ausdruck Ihres Selbst. Wann immer Sie solch ein Signalgefühl spüren, können Sie sich sicher sein, dass eine Ihrer Grenzen überschritten wurde, sei es von Ihnen selbst oder jemand anderem. Verfassen Sie anschließend eine simple Auflistung mit indiskutablen Grenzen (z.B. Verachtung, Selbstverständlichkeit, unterlassene Unterstützung, Intoleranz). Das sind Ihre No-Gos und

Erlebnis Pol *Schmerz/ Enttäuschung*		Erlebnis Pol *Geborgenheit/ Wohlgefühl*
dass x mir nie sagte, dass er mich liebt	*Liebe*	dass er sich täglich bei mir meldete
dass x mich einfach vergaß	*Freunde*	dass wir immer noch Kontakt haben, obwohl wir so weit auseinander wohnen
dass er mich verließ, als sie ihn verließ	*Familie*	dass sie immer für mich da war!!
dass x meinen Einsatz nie anerkannt hat; das ständige Gemecker anderer anhören	*Beruf*	als ich für meine Ergebnisse gelobt wurde
zu wenig Schlaf, zu viel Kaffee; keine Zeit für mich abends; stets Angst, etwas nicht zu schaffen; Stress durch Kollegen	*Grenzen des Körpers*	als ich pünktlich Feierabend hatte, am Wochenende in Gedanken bei mir sein konnte, angstfreie Sonntagabende
Multitasking, immer auf die Ziele anderer Rücksicht nehmen müssen	*Grenzen des Geistes*	als ich mich ausleben und einbringen konnte, meine Zeit frei gestalten konnte
mich um x zuerst kümmern müssen, lieben ohne geliebt zu werden, keine bis kaum Nähe, nur Platzhalter sein	*Grenzen des Herzens*	verlässliche und tiefe Verbindung zu x; wenn ich gefragt werde, wie es mir geht; wenn ich mich aussprechen kann
nicht zu wissen, wozu ich etwas mache/machen soll, wenn nichts Positives für mich dabei herauskommt	*Sinn-grenzen*	Win-Win-Situationen, Absprachen, Entscheidungs-freiräume, mitgestalten können, Missfallen aussprechen dürfen

Ihre Grenzen und Begrenztheit

Bedürfnisse, Wohlfühlzonen und emotionale Ausrichtungen. Wenn Sie Ihre Grenzen nicht einhalten, wird es wahrscheinlich auch sonst keiner tun. Im Gegenteil: Je mehr wir anderen erlauben, uns aus Eigeninteresse in unserer Beschaffenheit zu übersehen, desto mehr werden sie sich daran gewöhnen und Ihre Maske erwarten. Auch das macht Angst.

Nach meiner Erfahrung ist die Angst, die durch wiederholt überschrittene Grenzen auftritt, um Längen intensiver. Es können scheinbar bedeutungslose Momente sein, in denen Ihnen jemand seine Meinung aufdrängt, Sie übergeht, wie ein Kind behandelt oder nicht grüßt. Melden sich Grenzen durch Angst, nehmen Sie sie dankbar wahr. Denn nicht immer ist Angst ein schlechter Ratgeber, wie das Sprichwort uns glauben lassen möchte. Manchmal drückt sie genau dorthin, wo der Schmerz erfahrbar gemacht werden muss, damit Sie Ihr Selbst bemerken, so, wie es ist – und nicht so, wie andere es wollen. Merken Sie sich Grenzen, die in Ihnen schreien, schreiben Sie sie auf Ihre Liste und sprechen Sie diese Grenzüberschreitung in der nächsten Situation an. Nur so helfen Sie sich in Ihrer Angst. Ich werde Ihnen an späterer Stelle noch die Technik der gewaltfreien Kommunikation vorstellen, die im Gespräch helfen kann.

Selbstrespekt und Würde

Es kann sein, dass Sie Ihrem Selbst viel radikaler beweisen müssten, wie ernst Sie es mit Ihrem inneren Frieden meinen, wie sehr Sie Lebendigkeit und Freude als Gegenspieler zu Angst in Ihr Leben integrieren wollen. Sie müssen sich zeigen, dass Sie dieser Aufgabe mit Ausdruck nachkommen wollen. Nur so können Sie sich Selbstwirksamkeit aufgrund Ihres Selbstvertrauens oft genug beweisen, um es auch selbst zu glauben. Je gefestigter dieser neue Glaube in Ihnen ist, desto eher werden Sie aus Ihrer Mitte agieren können, komme, was wolle. Dafür sind Würde und Selbstrespekt nötig, die zu oft aus dem Leben verbannt werden, um es anderen leichter zu machen – und eigene Ziele einfacher zu erreichen. An mindestens einer Stelle ihres Lebens haben viele Frauen gelernt, dass es besser wäre, sich zu vernachlässigen, ihre Werte anzupassen oder zu verneinen. Sie erlauben nicht nur anderen, sie respektlos und würdelos zu behandeln. Sie tun das auch sich selbst gegenüber, während sie anderen dabei zuschauen. Allein der Gedanke, Sie müssten zuerst etwas anderes tun, bevor Sie Ihren Bedürfnissen nachkommen könnten, ist respektlos Ihnen gegenüber. Ich spreche nicht davon, dass Sie sich mit einem Glas Wein vor Ihren Lieblingsfilm setzen sollen, während Ihr Kind nebenan weint und Ihre Fürsorge benötigt. Gemeint sind Situationen, in denen sich Ihr inneres Kind an Verhaltensregeln orientiert, die ausgedient haben – Situationen, in denen Sie als Erwachsene zur Therapeutin, Gefühlsmanagerin, Mutter oder Everybody's Darling werden – aus Angst davor, was geschehen würde, wenn Sie sich in den Mittelpunkt rückten und andere auf sich gestellt ließen.

Wenn Sie sich noch nie mit Selbstrespekt und Würde auseinandergesetzt haben, wird Ihnen vielleicht eine genaue Definition beider Begriffe und ihr Ausdruck in der Praxis fehlen. Mit Respekt meinen wir Selbstachtung: seine Bedürfnisse und Wünsche, Werte und Ideale ernst nehmen, egal, welche Glaubensmuster in einem herrschen, die einen kleiner machen, als man ist. Was tun Sie, was Sie nicht wollen und Ihnen zutiefst widerstrebt? Was erlauben Sie anderen, was Ihnen gegen den Strich geht? Wo würden Sie gern Stopp sagen, aber tun es nicht? Wo würden Sie gern sich in den Fokus Ihres Handelns stellen statt andere? Dies sind wichtige Fragen. Finden Sie Ihre Antworten.

Selbstrespekt als Grundlage der Selbstfürsorge bedeutet vordergründig, *Ihre* Bedürfnisse zu befriedigen. Eine meiner Bekannten schafft es morgens, für Ihre Kinder Essen für die Schule vorzubereiten, aber nicht, auch sich selbst etwas zu essen zu machen. Deshalb hungert sie sich durch den Tag, während sie auf Arbeit acht Stunden lang unter Termindruck und knurrendem Magen an ihre Grenzen bringt. Eine Leserin fühlte sich in ihrem Single-Dasein sehr einsam und glaubte nicht mehr daran, jemals wieder einen Mann zu treffen, der ihr etwas bedeuten könnte. Sie lernte überraschend im Internet jemanden kennen, der stark drogen- und alkoholsüchtig war, keine Bindung wollte und sich nur meldete, wenn er einsam war. Er missachtete ihre Gefühle, bedachte sie mit seiner Verachtung und glaubte nicht an Liebe. Intuitiv wusste sie, dass er der Falsche war, aber sie hatte Angst, wenn sie sich trennen würde, dass sie ganz allein mit ihrer Einsamkeit wäre. Einsamkeit und schlecht von jemandem behandelt zu werden, der einem keinen Respekt oder Liebe erweist, konnte sie eher ertragen. Ich vernachlässigte meinen Drang nach Frischluft und Bewegung zugunsten von Perfektion, die Überstunden nötig machte. Ich vernachlässigte meine benötigten Pausen und war fast rund um die Uhr erreichbar, um es anderen rechtzumachen. Ich hatte Angst davor, mich durchzusetzen und mit meinen Bedürfnissen zu argumentieren, weil ich wusste, dass sie einigen Kollegen egal waren. Also wurden sie mir egal. Der Preis waren Angstzustände, Erschöpfungs- und Überforderungssymptome, die sich u. a. als Panikattacken tarnten, gepaart mit stiller Wut, die aus meinem Schatten ins Licht kommen wollte, aber sich gegen mich richtete. Ich sorgte nicht für mich, weil es Schwierigkeiten mit sich gebracht hätte. Andere hätten mir unwichtig sein müssen, aber ich wollte alles richtig machen, es allen recht machen – und vergaß dabei mich. Ich wollte gut sein und meiner Aufgabe nachkommen und meinen Chancen gerecht werden. Ich hielt es anfangs für kein Problem, meine Selbstachtung teilweise dafür aufzugeben. Doch mit jedem weiteren Tag wurden es mehr. Irgendwann – sinnbildlich gesprochen – war der Kuchen aufgegessen und für mich blieben nur Krümel übrig, die gerade so reichten, um wieder zu mir zu finden.

Betrachten Sie einmal Ihr Leben aus der Vogelperspektive: In welchen Bereichen respektieren Sie Ihre Bedürfnisse nicht? In welchen werden diese von anderen missachtet? Unter welchen Umständen neigen Sie dazu, sie selbst zu missachten? Welche Glaubenssätze verstecken sich dahinter? Was können Sie täglich tun, um Ihren Selbstrespekt zu stärken und sich die Achtung entgegenzubringen, die Sie verdienen? Machen Sie sich eine Liste typischer Verhaltenshürden, zum Beispiel: »Unter Termindruck neige ich dazu, ungesund zu essen«, und arbeiten Sie ein neues Verhalten heraus: »Unter Termindruck esse ich erst recht gesund, indem ich ...« Arbeiten Sie auch heraus, wie andere Menschen sich Ihnen gegenüber verhalten: »Wenn er sich unsicher fühlt, wird er oft verletzend. Das nächste Mal werde ich ihn darauf hinweisen.« Suchen Sie gezielt nach Wegen, dieses Verhalten umzusetzen und zu stärken. Akzeptieren Sie keine Widerreden Ihres inneren Kritikers oder Hetzers, die da meinen, Sie sollten oder dürften das nicht, weil etwas/jemand anderes viel wichtiger wäre als sie. Denn das ist eine Lüge. Bestätigen Sie sich in Ihrem neuen Handeln auch durch eine neue Denkweise: »Eben weil ich gerade so stressige Zeiten durchlebe, nehme ich mir Zeit für eine gesunde Lebensweise.« Oder: »Ja, ich mag ihn, aber mich mag ich mehr. Genau deshalb bitte ich ihn darum, erst zu denken, bevor er spricht.« Auch Nein zu sagen, vorrangig zu tun, was Ihnen Freude bereitet, Ihre Begrenztheit und Ihre Körpersignale zu akzeptieren und sich nach ihnen zu richten (besonders bei Krankheit), Ärger nicht länger herunterzuschlucken, negative Denkmuster mit positiven zu unterbrechen, nicht länger die Erwartungen anderer unter allen Umständen erfüllen zu wollen, Ihre Meinungen nicht mehr der Harmonie wegen anzupassen oder sich dem Alltagsdruck mit Konsequenz zu stellen, indem Sie Grenzen setzen, kann Teil Ihres neuen Selbstrespekts werden. Ermahnen Sie ruhig Ihre inneren Stimmen, die gegen Sie sprechen: »Sei still. Was du sagst, stimmt nicht. Ab sofort höre ich nicht mehr auf dich.«

Unter einem würdevollen Handeln und Leben verstehen wir alles, was Ihrem körperlichen Wohl, Ihrer persönlichen Freiheit und Selbstbestimmung dient. Gehen Sie in sich und fragen Sie sich, was Sie unter diesen Begrifflichkeiten verstehen. Wie zeigen sie sich in Ihrem Leben bzw. wo zeigen sie sich nicht, und weshalb? Was empfanden Sie in Ihrem Leben zuletzt als würdelos bzw. entwürdigend? Würdeverlust kann sich durch viele Signale zeigen: in den Augen anderer sein Gesicht zu verlieren, in seinem Leben eingeengt und beschränkt zu werden (durch Übergriffigkeit oder Abhängigkeiten, auch denen anderer von Ihnen), sich selbst zu beschränken, weil man sich dadurch etwas erhofft oder sich benutzen, erniedrigen und demütigen zu lassen, sei es durch den cholerischen Chef, die mobbenden Kollegen, den Partner, toxische Familienmitglieder, einseitige Freundschaften usw. Sich würdevoll zu verhalten und zu behandeln bedeutet zudem, sich seiner eigenen Macht bewusst zu werden und sie gezielt für sich zu nutzen, um der Ohnmacht und Angst zu entkommen. Doch hier liegt eine scharfe Grenze, denn zu oft lassen wir ungelöste Themen an unserem Körper aus, die zur Selbstgeißelung führen: von übernommenen Werten wie einer überzogenen Ästhetik, die sich in Körperwahn ausdrückt, bis hin zur Abwertung unserer Fähigkeiten, weil uns einst ein Fehler unterlaufen ist. Wobei malträtieren Sie sich selbst und wozu? Würde bedeutet auch, sich selbst zu vergeben und anzunehmen, wie man ist, sich in aller Unvollkommenheit zu mögen und zu akzeptieren. Fragen Sie sich: Was können Sie tun, um sich in Ihrem Ich (körperlich, geistig, emotional und seelisch) annehmen zu lernen? Denn gerade das, was Ihnen am meisten Angst macht, zum Beispiel unvollkommen zu sein, könnte der entscheidende Vorstoß in eine würdevolle Zukunft sein.

Wert(e)voll

Wenn Sie jemand fragen würde, nach welchen Werten Sie Ihr Leben führen, was würden Sie antworten? Es ist eine wichtige Frage, weil ein wertebewusstes Leben auch bedeutet, ihm bewusst Wert zu verleihen. Denn Werte geben u.a. Gegenständen, Tätigkeiten, Ideen und Beziehungen einen Sinn. Es sind Eigenschaften, die in Ihren Augen eine positive Bedeutung innehaben und somit die Qualität Ihres Lebens erhöhen. Werte definieren Sie außerdem, stiften Identität und geben Ihrer Persönlichkeit einen Rahmen, an dem Sie sich orientieren können. Das erlaubt Ihnen nicht nur, leichter Entscheidungen zu fällen; auch, was Sie nicht wollen, bemerken Sie schneller, denn steht etwas in Widerspruch zu Ihren Werten, werden Sie sich unwohl, fremdgesteuert, unruhig oder ängstlich fühlen – um nur einige Gefühlsreaktionen zu nennen. Es fühlt sich für Sie dann falsch an.

Wie auch bei Motiven können sich Werte je nach Lebenssituation ändern. Eine regelmäßige Wertearbeit ist deshalb ein mächtiges Instrument, mit dem Sie Ihrem Leben jederzeit eine entscheidende Wende hin zu mehr Wahrheit und Selbstausdruck verleihen können. Leider können die meisten Frauen, mit denen ich spreche, die Eingangsfrage nicht beantworten. Sie sind sich nicht bewusst, nach welchen Werten sie denken und handeln und welche tatsächlich ihre sind. Denn wir sind voll mit den Werten anderer, die wir irgendwann ungeprüft übernommen haben oder die uns schon in Kindertagen eingetrichtert worden sind. Jeder Mensch, den wir treffen oder mit dem wir eine Verbindung eingehen, bringt dabei seine eigenen Werte mit, an denen wir uns bewusst oder unbewusst orientieren (können). Sie kennen das vielleicht aus Ihrem Berufsleben von Arbeitgebern, die das Unternehmen nach Werten leiteten, mit denen Sie nicht übereinstimmen konnten. Oder Sie kennen Personen, deren Charakter oder Handlungen in Ihren Augen unmoralisch waren, weil Sie andere Werte hatten. Ich erlebe öfter, dass sich Frauen eher nach fremden Werten richten und in der Folge ihre eigenen vergessen, sei es, weil sie sich sehnlichst eine Beziehung wünschen, einen guten Kontakt mit jemanden pflegen *müssen* oder dringend einen Job benötigen. Sie drücken die Augen zu und denken sich ihren Teil, aber könnten sie frei wählen, fiele die Wahl auf Personen und Unternehmen mit anderen, gemeinsamen Werten.

Lesen Sie sich auf Seite 196/197 die Liste der Werte durch und unterstreichen Sie bitte all jene, mit denen Sie übereinstimmen.

Tauchen Sie tief in Ihre Werte ein und prüfen Sie sie auf Tauglichkeit für Ihr Leben: Welche Werte, die Sie unterstrichen haben, sind wirklich Ihre und welche gehören zu anderen? (Welche nicht zu Ihnen gehören, können Sie leicht daran erkennen, wenn Sie sich die Frage stellen, ob Sie darauf verzichten könnten.) Welche Ihrer Werte können Sie derzeit wenig oder gar nicht ausleben? Wer/was scheint dagegenzusprechen? Wählen Sie nun von den eingekreisten Werten die wichtigsten zehn.

Aktion/Aktivität • Altruismus
Andersartigkeit • Anerkennung • Anmut
Anstand • Ästhetik • Aufrichtigkeit
Ausgeglichenheit • Authentizität • Beliebtheit
Begeisterung • Bequemlichkeit
Bescheidenheit • Beständigkeit • Bewusstheit
Bildung • Dankbarkeit • Demut • Diskretion
Disziplin • Ehre • Ehrlichkeit • Empathie
Entschlossenheit • Erfahrung • Erfolg • Fairness
Fleiß • Freiheit • Freude/Fröhlichkeit
Freundschaft • Frieden • Geduld • Gelassenheit
Gemeinschaft • Genuss • Gerechtigkeit
Geselligkeit • Gesundheit • Großzügigkeit
Güte • Harmonie • Herausforderung
Herzlichkeit • Hingabe • Hoffnung
Höflichkeit • Individualität
Inspiration • Integrität • Intuition

Kontrolle • Kreativität • Lebendigkeit
Leidenschaft • Leistung • Liebe
Liebenswürdigkeit • Loyalität •
Macht • Mitgefühl • Motivation • Mut
Nachhaltigkeit • Nächstenliebe • Natürlichkeit
Natur • Offenheit • Ordnung • Optimismus
Perfektion • Pflichtgefühl • Privatsphäre
Präsenz • Reichtum • Respekt • Ruhe
Rücksicht • Sanftheit • Sauberkeit
Selbstbestimmung • Selbstvertrauen
Selbstverwirklichung • Sensibilität • Sicherheit
Solidarität • Sorgfalt • Spaß • Sparsamkeit
Spiritualität • Struktur • Tapferkeit
Tiefgründigkeit • Toleranz • Tradition • Treue
Unabhängigkeit • Verantwortung • Vernunft
Vertrauen • Vergebung • Wirksamkeit • Würde
Zielstrebigkeit • Zuverlässigkeit • Zuversicht

Fragen Sie sich anschließend:

- Welche dieser Werte würden Ihnen am ehesten dabei helfen, Ihre Angst zu vermindern?
- Wie können Sie diese Werte durchsetzen und leben?
- Wie könnten sie im Ausdruck aussehen?
- Was an Ihrem Leben wäre dann anders (positiv)?
- Welches Gefühl gibt Ihnen das?
- Was würde das Ausleben Ihrer ganz eigenen Werte benötigen?
- Gibt es etwas, was Sie vorher zu tun hätten?
- Welche Schritte können Sie heute gehen, um damit zu beginnen?

Werte können sich im Laufe unseres Lebens zwar ändern, aber einige bilden dennoch unverrückbare Pfeiler. Sie geben Ihrem Leben nicht nur Halt, sondern stärken Ihr Ich und Ihr Selbst. Ob Sie Ihren Werten folgen oder nicht, entscheidet maßgeblich darüber, ob Sie sich gut fühlen. Fühlen Sie sich schlecht mit einem Arrangement oder einer Entscheidung, dann sehr wahrscheinlich deshalb, weil sie nicht mit Ihren Werten im Einklang sind oder aber bewusst gegen Ihre Werte verstößt. Je mehr Sie Ihre Werte verletzen, sie zugunsten anderer ohne Möglichkeit zum Gleichgewicht ignorieren, desto mehr haben Sie das Gefühl, sich selbst zu betrügen und zu verraten. Ein Leben nach Ihren Werten ist damit ein wichtiger Bestandteil Ihrer Selbstfürsorge und indiskutabel.

Sinn und Verstand

Wie sinnerfüllt ist Ihr Leben? Was hat für Sie Sinn und was hat seinen Sinn verloren? Wann ergibt etwas Sinn für Sie? Es könnte sein, dass es sinnvoll ist, wenn Ihre Bedürfnisse und Motive weitestgehend erfüllt sind, Sie Ihre Würde und Ihren Selbstrespekt als Zeichen Ihrer Selbstfürsorge gewahrt sehen, genauso wie Ihre Grenzen und Werte.

Bei der Sinnfrage geht es vor allem um das *Wozu*, was wir oft mit der Frage nach dem *Wieso* verwechseln. Während sich »Warum?« und »Wieso?« oft an der Vergangenheit orientieren, fragt »Wozu?« nach dem Nutzen und damit Sinn des Ganzen. Bei dem »Sinn« denken wir zuerst an den Lebenssinn, von dem es nur einen geben würde. Viele Personen der Zeitgeschichte, ob religiöse Oberhäupter, Gurus, Therapeuten oder Wissenschaftler belegen schon seit langer Zeit, dass das nicht stimmen kann. Einer der bekanntesten ist der österreichische Arzt und Psychiater Viktor Frankl. Er begründete die Logotherapie und Existenzanalyse – als Konsequenz seines Überlebens von vier Konzentrationslagern. Als Häftling beschäftigte er sich stark mit der Frage nach dem Sinn und der Sinnfindung. Seiner Meinung nach kann man einen Sinn nicht verleihen, man müsse den, der bereits vorhanden ist, entdecken. Nur so sei man in der Lage, über jedes Leid hinwegzusehen. Einen Sinn (ein »Wozu«) zu haben, befähige jeden Menschen dazu, fast jeden Umstand, jedes Leid, zu ertragen. Finde er den Sinn nicht, sei sein Leben sinnbefreit und habe keinerlei Wert für ihn. Nach Frankl ist der Sinn, den wir finden müssen, vor allem immer die beste Möglichkeit in einer Situation. »Weil das eben so ist!« oder »Es muss nun mal sein!« sind keine sinnvollen Bedeutungen.[45] Vielleicht ist das auch der Grund dafür, dass Kinder so häufig stänkern, wenn wir ihnen diese Begründungen geben. Es erklärt in jedem Fall, wieso sich viele Erwachsene demotiviert im Angesicht solcher Äußerungen fühlen. Denn wir dürfen nicht nur den großen, ganzen Sinn finden wollen, sondern auch den des Moments, einer Gegebenheit und unseren ganz individuellen.

Je nachdem, wie jung Sie sind, werden Sie entsprechende Sinnmöglichkeiten zur Verfügung haben. Wenn Sie Anfang 20 sind, werden viele Aktivitäten sinnvoll erscheinen. Alles Neue könnte für Sie ein Erblühen darstellen, das Ihre Angst mindert. Je älter wir werden, desto mehr Möglichkeiten haben wir entweder schon ausgereizt und mit Sinn erfüllt oder aber ungenutzt gelassen, was eventuell unumkehrbar ist. Die, die Sie bereits genutzt haben, haben einen unvergänglichen Sinn und somit Wert für Sie geschaffen, zum Beispiel Ihre Kinder oder Ihr Beruf, Partnerschaften und Freunde, Reisen und andere unvergessliche Erlebnisse und Erfolge. Nichtsdestotrotz gibt es für uns alle immer wieder Neues zu entdecken, was dem Leben im Ganzen und im einzelnen Moment Sinn verleihen könnte.

Für Frankl waren es Werte, die Sinn stiften: Erlebniswerte, schöpferische Werte und Einstellungswerte.[46] Natur und Kunst, Kontakt zu anderen Menschen und Liebe zu erleben, verleiht nicht nur Struktur, sondern stellt auch Abwechslung und Inspiration dar, als beständige Konstante der Sicherheit oder einmalige Erfahrung. Sie bereichern uns und lassen uns wachsen, dehnen unser bisheriges Bewusstsein. Sie weisen uns auf die Magie des Lebens hin, auf seine Einzigartigkeit und Schönheit, auf seinen Wert. Aber auch singuläre Ereignisse können unverwechselbare Werte schaffen.

Die zweite Sinnkategorie der schöpferischen Werte bestand für ihn auf der einen Seite darin, proaktiv zu handeln, um Lebenssituationen zu verändern, und auf der anderen Seite darin, ein Kunstwerk zu erschaffen. Auch das eigene Leben kann zu einem Kunstwerk werden, wenn wir es so betrachten und leben. Für Frankl galt, dass es die Welt bereichern sollte. Sie können eine Veränderung einleiten und für Ihre Kinder eine Erweiterung ihrer Möglichkeiten bewirken. Sie können Glück spenden oder Hoffnung für die Zukunft säen – alles mit nur einer Handlung. Es geht in dieser Sinnkategorie um Ihre Entschlossenheit, Ihre Ziele und Ihr Engagement für ein Projekt oder Personen.[47]

Einstellungswerte erschaffen für Sie Sinn durch die Bewältigung eines unabänderlichen Schicksals.[48] Menschen, die durch Unfälle

Partner und Kinder verloren, durch Naturkatastrophen all ihr Hab und Gut oder durch Ereignisse und Krankheiten Organe und Körperteile: Sie stellten sich zuerst gezwungenermaßen und dann notwendigerweise dieser Herausforderung. Sie änderten ihre Ansichten und Meinungen und wuchsen über ihr damaliges Ich hinaus. Doch Schicksale müssen keineswegs immer so drastisch sein. Selbst kleinere Angstzustände oder »nur« eine Trennung, der Verlust eines guten Freundes oder seines Traumjobs: Sie können Sinn darin finden, indem Sie es zuerst akzeptieren und dann aus der Schwere der Situation das Bestmögliche schaffen. Denken Sie nur an Menschen, die nach Unfällen begannen, sich für Menschen, denen dasselbe zugestoßen war, einzusetzen, oder für Kinder, die ihr Leben mit einer Behinderung erst noch lernen mussten. Denken Sie an Personen, die ihre Partner durch Suizid verloren und Stiftungen zur Aufklärungsarbeit gründeten. Es finden sich etliche Beispiele in unserer Gesellschaft.

— Auch das eigene Leben kann zu einem Kunstwerk werden, wenn wir es so betrachten und leben. —

Ohne dass ich Frankl zum damaligen Zeitpunkt studiert hatte, wählte ich die ersten beiden Sinnkategorien, um etwas mehr Ruhe in meiner Angst zu finden: Ich fuhr Fahrrad, was mir ermöglichte, schnell irgendwo hin und genauso schnell wieder weg zu sein, was mir gegen meine Ungeduld half. Ich fuhr in die Natur und begann wieder mit dem Fotografieren. Ich fotografierte den Mond und fand ein neues Hobby. Ich ließ ab von destruktiven Beziehungen. Ich holte wieder Tiere in mein Leben. Ich begann andere durch meine Erfahrungen und (Er-)Kenntnisse zu bereichern.

Welchen Sinn können Sie Ihrem bisherigen Leben und Ihren Erfahrungen, Ihren Mitmenschen, der Kunst und Kultur, Natur und Ihrer jetzigen Situation abgewinnen? Nehmen Sie sich Zettel und Stift und schreiben Sie alles auf, was Ihnen einfällt. Verknüpfen Sie auch Ihre Fähigkeiten und Talente mit Ihren Ideen. Sie könnten Ihren Kindern zuliebe gegen Ihre Angst handeln oder der Welt Ihre bisherigen Erfahrungen schenken wie ich. Sie können Ihre Angst auch ertragen und hinnehmen, auch wenn Angst kein Schicksal ist, so wenig wie Schuld oder Scham oder Enttäuschung oder Wut. Es sind Gefühle, die Ohnmacht auslösen, ja. Aber im Vergleich zu einem Menschen, der durch einen Unfall seine Beine oder Familie verloren hat, ist Angst nur ein heißer Tropfen auf einem kalten Stein. Sie könnten sich durch Ihre Angst dazu befähigen, wieder mehr die Schönheit in Ihr Leben zu ziehen, Magie zu erschaffen und sie selbst zu versprühen. Finden Sie Möglichkeiten und Wege.

Fragen Sie sich auch: Nutzen Sie bereits eine Sinnkategorie, ohne es zu wissen? Falls nicht, womit könnten Sie beginnen? Sind es nährende Kontakte zu (neuen, anderen) Personen? Wann waren Sie zuletzt allein in der Natur oder haben sich mit ihr verbunden? Nicht umsonst sagt man, sie erde – ob es Tiere sind oder Pflanzen, der Geruch von nasser Erde oder Sport in der Natur. Verleihen Sie Ihrer Angst einen Sinn und probieren Sie Neues oder längst Vergessenes.

Sinn wirft vor allem Fragen auf: Es sind die Momente, in denen Sie alles infrage stellen, die Ihnen am meisten Nutzen bringen könnten. Welche Fragen tauchen in Ihrer Angst auf, außer der, wie Sie sie wieder loswerden können? Gibt es einzelne Lebensbereiche oder Situationen, die Sie zweifeln lassen oder Sie an Ihre Grenzen bringen? Flüstert Ihnen Ihre Intuition währenddessen etwas zu?

Meine Leserinnen berichteten mir häufig von diesen und ähnlichen Fragen:

- Was soll das hier alles?
- Wieso bin ich überhaupt hier (in diesem Unternehmen, dieser Ehe/Beziehung, zu Hause, ständig unterwegs usw.)?
- Wozu mache ich das eigentlich?
- Welche Lebensaufgabe habe ich?
- Soll das schon alles gewesen sein?
- Bin ich das wirklich?

- Wie bin ich nur in diese Lage geraten?
- Wieso habe ich nicht schon früher …?
- Was soll das noch bringen?/Was kann ich in dieser Situation/Ehe/Familie/beruflichen Position/Firma noch für mich erreichen?
- Wann habe ich aufgehört, mich zu spüren?
- Wann habe ich aufgehört, auf mich zu hören?
- Wann habe ich angefangen, nur noch zu funktionieren?

Es sind sehr wertvolle Fragen: Die Antworten darauf liefern Ihnen nicht nur den Sinn Ihrer Angst. Sie können Ihnen Ihre nächsten Ziele und Veränderungen aufzeigen, Sie leiten und motivieren. Hören Sie gut hin, wenn Ihnen Ihr Körper, Geist oder Ihre Intuition antworten. Oft sind es kleine Impulse, die wir im untrainierten Zustand kaum wahrnehmen. Aber je mehr wir uns schulen, unsere Körperweisheit zu hören, desto schneller können wir aus der emotionalen Ohnmacht aussteigen.

> — **Hören Sie gut hin, wenn Ihnen Ihr Körper, Geist oder Ihre Intuition antworten.** —

Es wird sinnvoll sein, denn Ihre neuen Ziele werden automatisch freiwillig sein – und somit sinnvoll selbstbestimmt. Sie werden sich weder wie ein Muss anfühlen, noch werden sie Ihre Werte, Ihre Würde oder Ihre Selbstachtung angreifen. Ihre Grenzen werden nicht verletzt. Es wird sich vielmehr selbstverständlich anfühlen. So ging es uns allen: Einige empfanden ein tiefes Freiheitsgefühl, andere berichteten mir, es kam ihnen so vor, als hätten sie keine andere Wahl. Etwas in ihnen rief sie und sie folgten diesem Ruf. Für Frankl war es das Gewissen; meine Leserinnen und Klientinnen nannten es Herz, Seele oder gar etwas Größeres wie ihr höheres Ich. Sie handelten dementsprechend einfach und aus ihrer Mitte heraus. Sie fühlten sich stark und verbunden mit ihrem Selbst, weil sie sich ausdrückten durch all das, was es für sie ergab.

Selbstausdruck ist ein Thema, dem sich fast alle, die ich in den letzten Jahren kennenlernen durfte, mit Angst öffnen und hingeben lernen mussten. Jede von uns trägt eine Nachricht in sich. Sie kann eine Geschichte sein, die wir erzählen wollen, oder ein Hinweis für weitere Generationen, ein Hoffnungsmoment oder pure Inspiration. Es kann sich aber auch »nur« um etwas handeln, dass Ihnen erlaubt, eine tiefere Wahrheit, die in Ihnen verborgen liegt, auszuleben.

Ausdrücken können Sie sich auf verschiedenste Weise, durch den Beruf, Sport, Aussehen/Kleidung/Körpermerkmale, Beziehungen, Erziehung von Kindern, Fürsorge für andere sowie Tiere, soziales Engagement für die Gesellschaft, Umwelt oder Natur, Kunst (Singen, Tanz, Schauspiel, Musizieren, Schreiben, (Vor-)Lesen, Fotografieren, Reden, Malen, Filmen, Herstellen/Anfertigen, Fördern, Lernen, Lehren u. v. m.), Kultur (u. a. Menschen mit ähnlichen Wertvorstellungen und Interessen zusammenbringen oder einer von ihnen sein). Wenn Sie Ihre ureigenen Eigenschaften, Fähigkeiten und Talente ausdrücken und verwerten, schaffen Sie Wert für sich und Ihr Leben, einen Moment oder eine Lebenssituation. Und das verleiht Sinn.

Der größte Sinn, den Sie erfahren können, liegt in der Liebe, im Lieben und Geliebtwerden. Wenn Sie sich auf die Suche nach dem Sinn begeben, ist es deshalb unerlässlich, sich auf das Positive zu konzentrieren, das Sie erfüllt. In allen noch so negativen Situationen liegt so ein Hoffnungsschimmer von Liebe verborgen. Es ist ein Schatz, den Sie entdecken und heben dürfen.

Was Sie danach kaum mehr erleben werden, sind Langeweile, Monotonie, Unlust, Antriebslosigkeit, Desinteresse oder gar Gleichgültigkeit. Sie werden wie alle anderen Frauen und ich zuvor immer weniger Angst und Depressionen erfahren. Wir taten nur noch, was wir wirklich wollten, statt uns an den Handlungen anderer zu orientieren. Auch in unserer Wunschentwicklung richteten wir uns nach innen und nicht länger nach außen. Wir mussten uns nicht mehr vom Alltag ablenken, kompensierten weniger und empfanden kaum mehr innere Leere. Wir lebten stattdessen entschleunigt und ruhten verstärkt in uns und dem Sinn, der uns Halt gab. Wir hetzten weder irgendeiner kurzweiligen Lustbefriedigung hinterher noch brauchten wir übermäßig viel Alkohol, Kaffee, Tabak oder Drogen, um im Kontakt mit uns zu sein/zu kommen. Dahin waren unsere Gefühle der Verzweiflung. Im Einklang damit stieg auch unsere Aktivität an und viele von uns waren in ihren Zielen nicht mehr aufzuhalten. »Da kam keiner mehr mit«, sagte mir einmal eine Freundin, als ich mit ihr über meine turbulente Zeit aus der Angst heraus sprach.

Sie werden sich eventuell fragen, wie wir das im Detail schafften, was genau wir taten, um an diese Ziele zu gelangen. Darauf gibt es keine Universalantwort. Aber ich kann Ihnen einige Hinweise, die sich aus unseren Erfahrungen speisen, mit auf Ihren Weg geben:

- **Wir reaktivierten alte Leidenschaften**, fragten uns, was uns früher in unserer Jugend oder den Zwanzigern Freude bereitet hatte, und begannen neu damit. Wir schulten uns darin und wurden besser, wenn das Talent über die Jahre eingerostet war.
- **Wir »trennten« uns von anderen** und begaben uns nach innen: Wir konfrontierten uns mit allem, trotz Angst: Einsamkeit, Warten auf Anerkennung im Außen oder Erlaubnisse, Zeit oder Energie. Wir füllten die innere Leere allein.
- **Wir begannen nur noch Menschen zu brauchen,** weil wir sie liebten. Nicht umgekehrt.
- **Wir überprüften unser Umfeld auf Menschen, die uns liebten,** weil sie uns brauchten. Wir minimierten den Kontakt mit ihnen und auch mit solchen, die uns unsere Energie raubten. Wir hatten bevorzugt Kontakt mit Menschen, die positiv waren. Wir nahmen niemandem mehr seine Selbstverantwortung ab.
- **Wir verziehen uns und anderen.** Wir lernten, das Gute in allem noch so Schlechten zu finden. Wir hielten uns dankbar daran fest, um so viele negative Gedanken wie möglich zu vermeiden.

- **Wir entwickelten eine innere Mutter,** eine Weise und eine Kriegerin und verbanden uns regelmäßig mit ihnen. Der Kontakt zu Archetypen kann sehr heilsam für Frauen sein, denn schaffen wir es, sie als Persönlichkeitsanteil ausbilden, sprechen sie immer dann zu uns, wenn wir sie brauchen. Es ist die Stimme, die flüstert: »Alles ist gut!«, »Mach Pause!«, »Hör auf, so negativ mit dir zu reden.«, »Willst du dir das gefallen lassen oder kannst du damit umgehen?«, »Lass das Grübeln und schlaf« oder »Hab keine Angst. Ich bin bei dir!«.
- **Wir gingen Veränderungen nur an, wenn sie auch realistisch waren.** Wir prüften genau, was wir brauchten und können mussten, bevor wir handelten. Wir planten akkurat, teilweise jahrelang, bis wir schließlich aktiv wurden.
- **Wir bereiteten unser Umfeld darauf vor.** Die, die es nicht hören wollten, traf es zwar. Doch wir ließen uns nicht davon abhalten, sondern versuchten, mit ihnen in gewaltfreie Gespräche zu gehen. Von den anderen erfuhren wir wertvolle Unterstützung.
- **Wir lernten, Konflikten gesund zu begegnen,** ohne Angst zu haben, und Harmonie herzustellen, ohne uns dabei zu vergessen.
- **Wir gingen in die Konfrontation** und blieben standhaft.
- **Wir lernten unsere Rechte kennen** und standen für sie ein.
- **Wir lernten, uns zu trennen,** wenn nichts anderes möglich war.
- **Wir gaben Fehler zu und korrigierten sie in Ruhe.** Wir nahmen es uns nicht übel, dass wir welche gemacht hatten. Wir erinnerten uns vielmehr daran, dass Fehler menschlich sind.
- Bei allem, was an uns herangetragen wurde, **fragten wir uns: Will ich das? Was will mein Herz?** Ist das richtig für mich? Was brauche ich jetzt? Und dann entschieden wir über die Anfrage. Wir betrachteten alle ungeschriebenen

zwischenmenschlichen Vorgaben, Regeln und Aufträge als Vorschlag. Vorschläge kann man ablehnen und dieses Recht nutzten wir.

- **Wir genossen die kleinen Momente des Lebens,** statt stets in irgendeiner Zukunft zu leben, die vielleicht einmal käme oder auch nicht. Wir waren dankbar für den Sinn des Augenblicks.
- **Wir verstanden, was es heißt, zu sein.**
- **Wir gingen achtsam mit unserer Lebenszeit um** und erlaubten niemandem mehr, sie zu verschwenden.
- **Wir lernten, unseren Körper zu lieben,** auch wenn der Bauch zu dick, die Beine zu staksig, der Rest zu dünn und die Haare zu grau waren. Körperscham gaben wir auf.
- **Wir alterten in Würde,** weil Schönheit vergänglich ist.
- **»Das kann ich nicht!« existierte nicht mehr.** Alles, was wir glaubten, nicht zu können, konnten wir noch nicht. Wir suchten uns Unterstützung, Personen, die es bereits geschafft hatten, oder LehrerInnen, lasen Bücher und sahen Anleitungsvideos.
- **Wir schlossen uns Gruppen an,** mit denen wir uns u.a. durch Interessen verbunden fühlten, und pflegten diese Kontakte.
- **Wir konnten fortan unsere Bedürfnisse und Gefühle spüren,** wenn sie sich meldeten, und sie äußern. Wir wussten, dass wir selbst dafür verantwortlich sind, sie uns zu erfüllen.
- **Wir strichen »Schuld« aus unserem Wortschatz.**
- **Wir lernten, unsere Gefühle auszudrücken.** Waren wir traurig, weinten wir. Waren wir wütend, tobten wir. Oder wir fanden andere Ausdrücke, die wir mit uns vereinbaren konnten.
- **Wir hörten auf, uns zu verletzen** oder zu sabotieren. Wir hörten auf, uns zu rechtfertigen oder gute Argumente zu finden, damit andere mit uns oder dem, was wir vorhatten,

einverstanden waren. Wir teilten es ihnen stattdessen mit, statt sie zu fragen.

- **Wir fanden Kompromisse,** die auch uns guttaten. Wir erstellten zwischenmenschliche Verträge zum Wohl und Recht aller.
- **Wir sprachen Grenzverletzungen an.** Wir verhielten uns nicht mehr wie Opferlämmer.
- **Wir überprüften genau, was/wer uns etwas bedeutete und was/wer nicht.** Wir ließen andere in ihrem Glauben, wir seien falsch. Wichtig war nur, dass es sich richtig für uns anfühlte.
- **Wir entwickelten eigene Meinungen,** auch wenn andere dagegen waren, und sprachen sie offen aus.
- **Wir überließen Perfektion den Göttern.**
- **Wir schufen eine Umgebung,** in der all das möglich war, und luden Menschen in unser Leben ein, bei denen wir so, wie wir sind, erwünscht sind.

Vor allen Dingen aber gingen wir es langsam an. Wir wählten das, was uns am leichtesten fallen würde, und arbeiteten uns Schritt für Schritt hoch zum Schwierigeren. Das wird Ihnen ermöglichen, durch kleine Erfolge Selbstvertrauen und -wirksamkeit zu spüren, die Sie für Ihre nächsten Schritte nähren werden. Sich zu überfordern und sich alles auf einmal abzuverlangen, entspringt dem Ego, das die Angst schnell weghaben möchte, um wieder funktionieren zu können. Doch entspricht das auch Ihrem Selbst? Ist das, wofür Sie wieder in eine Funktionalität treten wollen, vielleicht genau das, was für Sie nicht mehr funktioniert? Prüfen Sie genau. Wenn Sie darin keinen Sinn finden können, so sehr Sie auch danach suchen, sollten Sie die Wahrscheinlichkeit, dass es nicht mehr passend gemacht werden kann, in Betracht ziehen. Sie müssen keineswegs sofort handeln: Schon allein das Sinnieren darüber kann Ihnen bereits wertvolle Gedanken und intuitive Impulse bringen. Gleichen Sie diese so lange mit Ihren Zielen für Ihr Leben ab, bis Sie sich wohlfühlen – bis Sie mit

Ihrem Gewissen und Ihrem Herzen zu einem gemeinsamen Ergebnis gekommen sind. Sie sollten vertreten können, was Sie angehen. Nur so gelingt es auf Dauer.

Selbstliebe

Angst begegnet man am besten mit Liebe. Liebe als Synonym für Anerkennung, Zuwendung, Geborgenheit und Sicherheit suchen wir zu oft im Außen, bei anderen und durch Umstände, die uns geschehen. Wir warten auf sie, bemühen uns um sie, leisten für sie: um uns geliebt und/oder wertvoll zu fühlen. Doch wie steht es um uns selbst? Mögen Sie sich? Lieben Sie sich? Ihren Charakter, Ihren Körper, Ihre Intelligenz, Ihren Alltag, Beruf/Job, Ihre Beziehungen?

Man sagt, man könne nur geliebt werden, wenn man sich selbst lieben würde. Diese Redewendung, die sich im Zuge der verstärkten Debatte um Selbstliebe unter die Massen mischte, heißt nicht mehr als: Sich zu lieben ist der erste Schritt, um Liebe in all ihrer Form sehen, empfangen und annehmen zu können. Liebe versteckt sich nicht nur bei potenziellen Partnern, sondern sie ist überall um uns herum – in einem Kinderlachen, in anregenden Gesprächen mit einer Freundin, in warmen Sonnenstrahlen, einem freien Nachmittag, im Kuchen, den man bäckt, den Augen von Tieren und nicht zuletzt in überraschender Nächstenliebe wie bei einem freundlichen Lächeln unserer Nachbarn.

Im Laufe meiner Angstphasen musste ich feststellen, wie sehr ich liebte und um Liebe kämpfte, aber wie wenig ich mir selbst Liebe schenkte. Das bezog sich auf die Wahl und Qualität meiner Beziehungen, meines Jobs bis hin zu meiner (damals mangelhaften) Selbstfürsorge im Alltag. Ich zog nicht nur Personen an, denen es ähnlich ging und die bei mir ebenso Liebe suchten wie ich bei ihnen. Oft spiegelten sie mir auch meine eigene Lieblosigkeit mir gegenüber wider. Sie zeigten mir, wie wenig ich mich unter dem Strich schätzte. Heute weiß ich um die Wichtigkeit von Würde, *werte*-voller Tage, nährender Ich-Zeit, wärmender und liebevoller Gesten mir gegenüber, Dankbarkeit für mich und all das, was ich habe, erleben durfte und täglich darf, Respekt für meinen Körper, meine Gefühle und meine Fähigkeiten. Doch früher war ich froh über das vermeintlich Wenige, was ich haben »durfte« und mir verdient hatte. Erhielt ich nicht, was ich glaubte, zurückerhalten zu müssen, machte mich das stets wütend und am Ende des Tages traurig und einsam. Es ließ mich innerlich leer zurück.

Ich begann, mich mit Liebe im Allgemeinen auseinanderzusetzen. Das führte mich zu den Fragen, ob es wirklich andere waren, die mich nicht oder zu wenig liebten, oder ob ich es war, die sich selbst zu wenig Liebe schenkte. Ich fragte mich auch, ob ich unbewusst Glaubensmuster ausagiert hatte, die mich in Situationen und bei bestimmten Menschen ungeliebt fühlen ließen. Schauen Sie selbst bei sich.

Ich selbst erstellte mir eine Liste mit kleinen Aufmerksamkeiten, die meinen Alltag trotz damaliger Angst mit liebevollen Gesten erfüllte. Da ich von vielen Frauen weiß, wie schwer sie sich mit Selbstliebe-Ideen tun, möchte ich diese Liste mit Ihnen teilen. Suchen Sie sich idealerweise sieben, aber mindestens drei, vier Impulse, die Sie eine Woche lang ausprobieren. Etablieren Sie jene, die Ihnen besonders viel geben, Sie wärmen und Ihrem Wohlgefühl zuträglich sind.

DANKBARKEITSTAGEBUCH Welche Gefühle entstehen in Ihnen, wenn Sie an Sonnenstrahlen, Vogelgezwitscher, frische Luft, ein reinigendes Gewitter im Hochsommer, saftig grüne Wälder, bunte Luftballons, Ihr Lieblingslied aus Ihrer Jugend, eine heiße Dusche an einem kalten Wintertag, Ihren Lieblingsfilm, ein schönes Konzert, Ballett oder eine Oper, die Sie besucht haben, Ihren ersten Kuss, einen großen Erfolg im Beruf oder auf privater Ebene denken? Dankbarkeit ist ein kraftvolles Instrument, um Ihre Aufmerksamkeit von alltäglichen Sorgen auf das Schöne in Ihrem Leben, nicht nur in der Gegenwart, sondern auch in der Vergangenheit, richten. Einige der vielen Schönheiten dieser Welt werden Sie auch in Zukunft erleben und genießen dürfen. Auch Ihre Schönheit, im Inneren und Äußeren, ob Sie

Sie und die Liebe

- Wie sehr leitet Sie der Hunger nach Zuwendung, Anerkennung, Aufmerksamkeit und emotionaler Sicherheit?
- Was geschieht mit Ihrem Selbstbild, wenn diese ausbleiben?
- Welcher »Sorte« Menschen möchten Sie etwas bedeuten?
- Wann fühlen Sie sich geliebt? Wie möchten Sie geliebt werden?
- Stimmen Ihre Antworten mit dem überein, was Sie an Liebe in Ihrem Leben erleben?
- Auf einer Skala von 1–10: Wie viel Liebe schenken Sie anderen? Im Vergleich: Wie viel Liebe schenken Sie sich?
- Was tun Sie, um sich Ihre Liebenswürdigkeit und Ihren Wert zu zeigen?
- Wie bemühen Sie sich im Vergleich dazu um die Liebe anderer?
- Wie reagieren Sie, wenn Sie nicht die Liebe erhalten, die Sie brauchen oder sich verdient gemacht haben?
- Welche Situationen, unabhängig von Menschen, erfüllen Sie mit Liebe? Wann wird Ihnen warm ums Herz?
- Was können Sie tun, um sich täglich Liebe zu zeigen, für alles, was Sie sind und tun?

sie akzeptieren oder nicht, ist etwas, wofür Sie dankbar sein können. Neben all dem Offensichtlichen, das Sie in Ihrem Leben haben könnten wie Kinder, einen liebevollen Partner, eine schöne Wohnung, einen sicheren Job, gute Freunde, Hobbys, eine gesunde Beziehung zu Ihren Eltern usw. hält die Welt, in der Sie leben, unendlich viel mehr bereit.

Entdecken Sie sie neu und freuen Sie sich darüber, indem Sie ein Dankbarkeitstagebuch anlegen. Es können auch einfache Seiten in einem Collegeblock sein, die Sie jeden Tag beschreiben. Hauptsache ist, Sie lenken Ihren Blick weg vom Stress – besonders bei Angst.

MORGEN- UND ABENDSEITEN Die Amerikanerin Julia Cameron entwickelte die Morgenseiten[49]. Die Technik soll von Sorgen und Belastungen des Alltags befreien und nutzt dabei die Entleerung, die durch Schreiben für den Geist erzielt wird. Und so geht es: Sie schreiben morgens direkt nach dem Aufstehen drei A4-Seiten mit all Ihren Gedanken rund um den Tag. Was müssen Sie heute machen? Welche Termine stehen an? Worauf freuen Sie sich? Worauf haben Sie keine Lust? Und wieso? Was glauben Sie, wird geschehen? Woran erinnert es Sie? Was würden Sie lieber tun?

— **Entdecken Sie die Welt neu und freuen Sie sich darüber, indem Sie ein Dankbarkeitstagebuch anlegen.** —

Sollte Ihnen nichts mehr einfallen und die Seiten sind noch nicht vollgeschrieben, schreiben Sie etwas Anderes wie »Ich weiß nicht mehr, was ich schreiben soll«. Wiederholen Sie diese Technik mindestens zwei Wochen. Sie hat eine ungeheure Kraft, so wie Schreibtherapie im Allgemeinen. Deshalb können Sie auch gern Abendseiten zu Ihrer täglichen Praxis hinzufügen. Schreiben Sie diese direkt vor dem Schlafengehen, am besten schon im Bett. Lassen Sie all Ihre Gedanken und Erlebnisse des Tages auf den Seiten und verscheuchen Sie sie so aus Ihrem Kopf – für einen gesunden Schlaf.

ROTE ROSEN Kaufen Sie sich einmal die Woche einen schönen Blumenstrauß aus Ihren Lieblingsblumen. Richten Sie ihn in einer eleganten Vase an und stellen Sie ihn an einen Ort, der Ihnen täglich in den Blick fällt. Sorgen Sie gut für Ihre Blumen, bis sie verwelken. Wenn Sie sich etwas Besonderes schenken, was üblicherweise nur Partner, Familienangehörige oder Freunde bei Anlässen täten, erweisen Sie sich eine wöchentliche Ehre. Sie bringen etwas Schönes in Ihr Leben, das Ihren Wert und Ihre Bedeutung für Sie allein bestätigt und steigert. Es ist schön, am Leben zu sein, und es zu feiern – trotz aller Umstände.

ALTE FREUNDE Mit welchen Freunden hatten Sie schon lange keinen Kontakt mehr? Melden Sie sich doch bei einigen von ihnen und plaudern Sie über alte Zeiten oder treffen Sie sich auf einen schönen Abend voller witziger Erinnerungen. Nährende Kontakte und Lachen sind eine gute Medizin bei Stress-Ängsten. Sie lenken Sie von Sorgen und Belastungen ab.

VOM MOND AUS BETRACHTET Bevor ich in meine letzte Angststörung rutschte, buchte ich einen Urlaub nach Ibiza. Auf Ibiza angekommen, unter vielen Tränen und tiefer Angst wegen der Panikattacken im Flugzeug, suchte ich dort nach Wegen, um mich heimisch zu fühlen. Am Meer gelang mir das bislang immer besser als an Land, aber dennoch spürte ich die Angst im Nacken. Eines Abends richtete ich den Blick in den Himmel. Dort stand der Mond in voller Pracht und leuchtete aufs Meer. Intuitiv, und eher aus der Not der Angst geboren, machte ich mit meiner Kamera Nahaufnahmen von den Meeren und Kratern des Mondes. Ich verlor mich in seinem Anblick und gleichzeitig entdeckte ich ein neues Hobby. Fotos vom Mond zu schießen fühlte sich nicht nur geistig gut an, sondern auch körperlich. Das lag nicht nur am Mond selbst, sondern an der Position meines Halses. Bei Angst tendieren wir dazu, dass wir eine nach vorn gebeugte und den Kopf gesenkte Haltung einnehmen. Es ist die Position eines traurigen Menschen und diese kann entsprechende Gefühle der Traurigkeit auslösen. Doch, als ich den Kopf hob und den Mond am Himmel erblickte, der so allein und ungeschützt da draußen im Weltall steht, vergaß ich meine Angst.

Wenn auch Sie die Sterne und Planeten unseres Universums mögen oder eine Mondliebhaberin sind wie ich: Entdecken Sie es als neues Hobby oder genießen Sie einfach einen klaren Sternenhimmel und leuchtenden Mond. Vielleicht ist ein Leben nach dem Mondkalender interessant für Sie oder Astrologie und Astronomie spannend? Vergessen Sie kurz die Welt mit allen irdischen Belangen und denken Sie sich weg von dieser Erde, hin ins Weltall.

SIE, DER HIMMEL Einen Blick in den Himmel zu werfen, den Wolken beim Vorbeiziehen zuzusehen, kann Sie kurz aus den Mühen und Belastungen des Alltags ziehen. Es ist eine leichte und schöne, körperfreundliche und aufhellende Übung für Zwischendurch, sei es in der Mittagspause oder zwischen einzelnen Terminen und Aufgaben. Schalten Sie kurz Ihren Kopf aus und beobachten Sie mit den Augen eines Kindes den Himmel. Suchen Sie nach Formen, Symbolen oder gar Tieren in den Wolken. Oder nehmen Sie Pema Chödröns Zitat mit in Ihre kleine Auszeit: »Du bist der Himmel. Alles andere ist nur das Wetter.« Stellen Sie sich vor, dass Sie der wolkenlose, blaue Himmel sind, während die Wolken nur Ihre Sorgen darstellen, die ebenso vorbeigehen werden, wie die Wolken vorbeiziehen und der Himmel wieder aufklären wird.

NATURKLÄNGE Meeresrauschen, Vogelgezwitscher oder heilende Klänge des Regens: Durchstöbern Sie das Internet auf der Suche nach Melodien aus der Natur. Begeben Sie sich an einen ruhigen Ort, an dem Sie ungestört sind, legen Sie sich bequem hin und decken Sie sich ggf. zu, damit Ihnen nicht kalt wird. Vergessen Sie für eine halbe Stunde alles, was an Ihnen nagt, während Sie den Klängen lauschen.

BEWUSSTER GENUSS In stressigen Zeiten neigen wir zu schnellem, ungesundem Essen oder dazu, Mahlzeiten ganz auszulassen. Das belastet sowohl unseren Körper als auch Geist. Planen Sie Ihre Mahlzeiten und Nahrungsmittel besonders dann gezielt und bewusst, gesund und mit Zeit, wenn Sie unterhalb der Woche meinen, »keine Zeit dafür zu haben«. Machen Sie beispielsweise ein Abendritual daraus, sich Ihr Essen für den kommenden Tag vorzubereiten. Oder lassen Sie Kochen zu einer Selbstliebeübung werden – ganz ohne Anlass: Bereiten Sie sich z.B. ein Candle-Light-Dinner zu oder lernen Sie Gerichte einer neuen Küche.

MORGEN- UND ABENDROUTINE Routinen spenden Halt und verleihen Sicherheit, so chaotisch die Zeiten auch sein mögen. Wenn wir nicht wissen, was auf uns zukommt, sind es die kleinen Dinge, auf die wir uns verlassen können. Sie sind unsere Pfeiler, die alles zusammenhalten und auch unsere Wände, an die wir uns lehnen können. Welche Morgen- und Abendroutinen haben Sie? Trotz schlimmer Panikattacken war es für mich der Gedanke an meinen morgendlichen Kaffee, den ich beim Lesen trank, bevor ich mich an die Arbeit setzte, der mir Kraft gab. Ebenso verbrachte ich meine Mittagspause gern in der Badewanne – ein Luxus des Home Office. Was Sie auch tun, was Sie lieben: Blocken Sie feste Zeiten dafür, damit Sie jeden Tag etwas haben, das Sie trägt.

BUCH DER MÖGLICHKEITEN Vielleicht sind Sie Single oder vermissen in Ihrer Partnerschaft Zuwendung und Aufmerksamkeit? Uns allen liegt mehr oder minder der Wunsch nach Zugehörigkeit zugrunde, doch selbst in Zeiten des Alleinseins können Sie sich daran erinnern, was zu Ihnen gehört: Ihr eigenes Leben. Erstellen Sie ein Buch der Optionen, in dem Sie alles, was möglich wäre zu tun, festhalten. Denken Sie etwas größer und weiter; suchen Sie gezielt nach positiven Tätigkeiten und Träumen, die trotz Stress, innerer Leere und Angst umsetzbar sind. Ich belegte ein Fernstudium. Andere begannen ein neues Hobby oder reisten, gaben Nachhilfe, zogen um oder machten sich selbstständig. Angst schafft auf mindestens einer Ebene Raum. Nutzen Sie diesen gezielt für sich.

LÄNGST VERGESSENE LEIDENSCHAFTEN Erinnern Sie sich an Ihre Kindheit und Jugendzeit: Was liebten Sie damals zu tun? Welche Hobbys hatten Sie? Wie lange ist es her, dass Sie diese ausgeübt haben? Vieles, was uns als Kind etwas bedeutete und nährte, könnte zu Recht noch heute für Wohlgefühl sorgen. Fragen Sie sich auch: Was hätten Sie früher gern lernen wollen? Ein Instrument, eine Sprache, eine Sportart, Singen? Holen Sie es nach.

TRÄUME LEBEN Erstellen Sie sich eine Liste mit allem, was Sie schon immer einmal tun wollten. Es müssen keine großen Erlebnisse sein; schon kleine Aktivitäten reichen, um Ihre Seele zu nähren und sich von Ihren Stress-Ängsten ein Stück mehr zu befreien, z.B. französische Schnecken essen oder ein 3000 Euro teures Kleid anprobieren, Küchenkräuter anpflanzen oder Kerzen gießen, Ihre eigene Butter herstellen oder ein Ticket in der 1. Klasse buchen. Setzen Sie jeden Tag einen Ihrer Träume um und erleben Sie dabei bewusst, dass Sie gerade etwas machen, was nur Ihnen dient.

DREAM BOARD Für die ganz großen Träume, eine Art alternative Lebensrealität, können Sie das bekannte Vision bzw. Dream Board anlegen, eine Collage aus ausgeschnittenen Bildern aus Magazinen, Wörter aus Zeitungen und anderen Materialien. Lassen Sie sich Zeit beim Erstellen und tauchen Sie ein in Ihre Träume, stellen Sie sich bewusst vor, wie es wäre, wenn Ihre Träume wahr würden. Hängen Sie anschließend Ihr Dream Board sichtbar auf und nutzen Sie es als Erinnerung an sich. Oder Sie nehmen es als Anlass, Ihre Träume umzusetzen.

SOCIAL MEDIA DETOX Vermehrt zeigten Studien in den letzten Jahren, dass die Verwendung von Social Media psychisch belastend sein könne und emotionalen Stress noch verschärfe. Der sogenannte »Compare-and-despair«-Aspekt beschreibt die Tendenz, sich bei erhöhtem Konsum sozialer Medien mit anderen zu vergleichen und deshalb zu verzweifeln. Viele Posts, Tweets und Snaps sind konstruiert, um Follower/Freunde ein erhöhtes und extrapoliertes Leben zu spiegeln. Das kann in Ihnen Angst auslösen, angesichts anderer und deren Erlebnisse versagt zu haben, wenn Sie sich mit ihnen vergleichen. Außerdem verstärkt Facebook & Co. Perfektionismus und negative Gedanken bezüglich der Anzahl von Likes, Retweets und Shares. Was Sie bei Ihren Online-Freunden sehen, kann Ihnen zudem leicht das Gefühl vermitteln, Sie würden etwas verpassen: woran Sie nicht teilnehmen können, wovon Sie selbst nicht Teil sind. Nicht zuletzt befand eine Studie der Universität von Chicago, dass Social Media sogar ein höheres Suchtpotenzial besitze als Zigaretten.[50] Verzichten Sie also mal einige Tage auf alle Social-Media-Kanäle und legen Sie Ihr Handy weg.

ENERGIE DES WASSERS Dass Wasser nicht nur den Körper stärkt und reinigt, sondern auch der Seele guttut, ist hinlänglich bekannt. Lassen Sie sich ein Bad ein und genießen Sie diese Auszeit mit Kerzen, schöner Musik, Badeschaum, duftenden Badeperlen, -ölen oder Duschbädern. Oder gönnen Sie sich eine heiße Dusche. Suchen Sie Gewässer und Flüsse in Ihrer Umgebung auf und tauchen Sie dort in das Element ein: entweder im wahrsten Sinne des Wortes, falls Baden gewünscht ist, oder nur gefühlt. Auch Flüssen in ihrer Bewegung zuzusehen, zeigt Ihnen: Es geht immer weiter. Alles fließt in seinem eigenen Tempo, in eine Richtung, wo es zur gegebener Zeit in etwas mündet, so wie das Leben auch.

POSE DES KINDES Die Pose des Kindes kennen Yogaliebhaberinnen sicher aus dem FF. Falls Sie bislang noch keinen Kontakt damit hatten: Für diese Pose knien Sie sich auf den Boden (auf eine weiche Unterlage), der Fußrücken liegt flach auf der Unterlage. Beugen Sie sich mit Ihrem Oberkörper nach vorn und legen Sie Ihren Bauch und Ihren Brustbereich auf Ihre Oberschenkel. Legen Sie Ihre Arme locker neben Ihre Waden oder neben bzw. über Ihren Kopf auf den Boden.

Wann immer ich einen Stau an Gefühlen in mir hatte, sich Traurigkeit oder Wut in meinem Bauch gestaut hatte, begab ich mich in die Pose des Kindes. Es war keine angenehme Pose, denn sie löste all meine Gefühle und ließ mich weinen. Aber nach nur wenigen Minuten ging es mir besser, denn die angestauten Emotionen konnte ich so freilassen.

HERZ UND SEELE – ANGSTRITUALE Legen Sie sich schöne, nicht nur abwehrende, Angstrituale zu: Meine bestanden darin, zu meiner Lieblingsmusik ausgelassen zu tanzen, egal, wo ich war. Ich suchte mir einen ruhigen Ort, selbst dann, wenn er der Toilettenraum eines Gebäudes war. Dort meditierte ich auch kurz oder atmete tief in den Bauch, um mich wieder zu erden. Außerdem hatte ich verschiedene Gegenstände, die ich stets bei mir trug, um mich an etwas festhalten: ein Stein, der meine Verbundenheit zur Natur und zum Leben stärkte, ein kleines Kuscheltier, das dem Kater meiner Kindheit gehört hatte, ein Foto meiner Freunde.

Geliebte oder bedeutsame Gegenstände können uns aus der beängstigenden Situation herauszuziehen, weil wir ihnen eine Kraft und Macht zusprechen, von der wir glauben, wir selbst hätten sie nicht. Es mag ein kindlicher Akt sein, aber eben deshalb nährt es auch das innere Kind. Und solange es Ihnen dabei hilft, leichter mit Ihrer Angst umzugehen, hat es seine Wirkung erfüllt.

BETÖRENDE DÜFTE Lavendelöl, Rosenduft, Flieder, Zitrusfrüchte, Zimt oder Zedernholz: Angenehme Düfte vermögen es, dass wir uns wohlfühlen, weil sie den Körper durch die Sinneserfahrung in einen stressfreieren Zustand versetzen. Geben Sie einige Tropfen Öl auf Ihr Handgelenk oder Ihren Hals oder zünden Sie sich eine Duftkerze oder -stäbchen an. Ziehen Sie sich aus dem Alltag heraus und geben Sie sich den Gerüchen hin.

FRAGEN SIE IHRE FREUNDE UND FAMILIE »Welche tollen Eigenschaften und Talente habe ich? Was kann ich am besten? Was magst du an mir?« Schreiben Sie die Antworten auf und lesen Sie die Liste, wenn Sie Selbstzweifel oder starke Angst spüren. Erinnern Sie sich so an Ihre Stärken, während Sie in der Gewissheit baden können, wie viel Sie anderen bedeuten und wie wertvoll Sie sind.

TOPF DER KOMPLIMENTE Falten Sie ein A4-Blatt dreimal vertikal. Sie erhalten ein circa 3,5 cm hohes und 21 cm langes Rechteck. Falten Sie dieses erneut zweimal, auf eine Endgröße von 3,5 × 5 cm. Falten Sie das Blatt wieder auf die Ursprungsgröße A4. Sie haben nun 32 kleine Abteile. Beschriften Sie jedes mit Nettigkeiten, die Sie gern hören: »Du bist liebenswert«, »Du bist ein guter Mensch«, »Du siehst heute wunderschön aus!« oder »Ich bin so dankbar dafür, dass es dich gibt!«. Schneiden Sie die Rechtecke aus, falten oder knüllen Sie sie zusammen und bewahren Sie sie in einem Glas oder einer Schüssel, einer Box oder einem Holzkasten auf. Stellen Sie das Gefäß in einen Raum Ihrer Wohnung/Ihres Hauses, in dem Sie morgens viel Zeit verbringen. Jeden Morgen, wenn Sie den Raum betreten, ziehen Sie einen Zettel aus dem Gefäß. Freuen Sie sich über Ihr Kompliment und starten Sie mit einem Lächeln in den Tag.

LIEBESBRIEFE Sie können auch einen Brief an sich schreiben, der voller Liebe in all Ihren Worten ist. Er sollte selbstbestätigend und nicht kritisch sein. Fokussieren Sie keine negativen Ereignisse, sondern betrachten Sie Ihr Leben aus der Vogelperspektive und all Ihre Erfolge. Ehren Sie sich in diesen Zeilen, bedanken und gratulieren Sie sich zu allem, was Sie erreicht, überwunden und verarbeitet haben. Sie haben schon vieles in Ihrem Leben hinter sich gebracht, mit Ihren Fähigkeiten und der Unterstützung anderer. Stellen Sie sich vor, Sie wären ein heimlicher Bewunderer Ihrer selbst. Was würde er Ihnen sagen wollen? Was würde er an Ihnen schätzen und lieben? Stecken Sie den Brief in einen Briefumschlag, beschriften Sie ihn mit

Ihrer Adresse und frankieren Sie ihn, bevor Sie ihn dann einer guten Freundin geben. Bitten Sie sie, ihn irgendwann, wenn es ihr richtig erscheint, zur Post zu geben. Ist er wieder in Ihrem Briefkasten gelandet, zelebrieren Sie diesen besonderen Moment – vielleicht mit Kerzenschein, einem Glas guten Wein oder schöner Musik. Lesen Sie Ihren Brief und verinnerlichen Sie, dass das Ihre wahre, einzig echte Meinung über sich und Ihr Leben ist. Lassen Sie Ihre Selbstliebe ein Stück mehr Ihren Alltag fluten. Es ist wichtig, dass Sie sich mögen. Sie haben jeden Grund dazu.

HEILSAME BERÜHRUNGEN Gönnen sie sich eine wohltuende Massage oder bitten Sie Ihren Partner darum. Studien[51] zeigten, dass Berührungen das Immunsystem stärken und den Blutdruck senken. Ebenso verringern sie Stresshormone und schütten dabei noch Hormone, die entspannen, aus. Nicht zuletzt spenden sie Ihnen auch Trost in schweren Zeiten wie diesen – und machen Sie zudem erfolgreicher bei Vorhaben aller Art.

SCHREIBEN ALS KANAL Schreiben ist heilsam. Sie können diese Wirkung in Form eines Tagebuchs nutzen oder in angstbesetzten Situationen Ihre Ängste aufschreiben. Ihre Angst, Nervosität und Unsicherheit zu thematisieren, gibt wertvolle Hirnkapazität frei, die sonst »in Form von Sorgen gebunden bleibt.« Es ermöglicht Menschen, Angst zu überwinden und in ihre volle Kraft zu kommen, wie die University Chicago zeigte.[52]

Eine Studie aus Großbritannien belegte zudem, dass speziell das Verfassen von Gedichten heilsam ist. Dr. Robin Philipp untersuchte 200 Studienteilnehmer, um eine Verbesserung ihrer Verfassung durch Schreibtherapie zu testen. 56 Prozent gaben an, dass es ihre Angst vermindert hatte und sie sich wohler fühlten. Einigen erlaubte es sogar, ihre Antidepressiva abzusetzen.[53] [54]

Einweihen des Umfelds

Je mehr Unterstützung wir aus unserem sozialen Umfeld bekommen, desto leichter kann Veränderung gelingen. Doch was ist, wenn sich unser Partner oder unsere Freunde dagegen wehren, dass wir Veränderungen in unserem Leben vornehmen möchten? Nicht jede Veränderung wirkt sich auch positiv auf unsere Kontakte aus. Einige könnten sogar für unsere Mitmenschen eine große Herausforderung darstellen, zum Beispiel, weil es sie mit ihren eigenen Lernaufgaben konfrontiert. Das kann bedeuten, dass sie selbst Verantwortung übernehmen müssten, dass sie von Ihnen weniger Beistand erhalten würden als vorher oder sie auf ihre eigene Einsamkeit zurückgeworfen würden. Und nicht jeder möchte etwas an seinem Leben verändert sehen; viele genießen es, wenn ihr Leben in gewohnten Bahnen verläuft – und all ihre Mitmenschen so bleiben, wie sie sind. Um Ordnung zu empfinden, die wiederum Sicherheit bedeutet, brauchen viele eine gewisse Berechenbarkeit. Nehmen Sie nun einen inneren Wandel vor, werden Sie nicht nur unberechenbar, sondern eventuell auch zu einer Gefahr für diese Ordnung, die ihr Umfeld sich wünscht. Je mehr wir uns in unseren Grundzügen verändern, desto stärker kann also unser soziales Umfeld einem Wandel ausgesetzt sein. Es ist daher nützlich, Wege zu kennen, auf denen wir unsere Mitmenschen davon überzeugen können, dass dieser Wandel auch für sie nützlich sein kann.

Eine Möglichkeit besteht darin, eine Technik zu nutzen, die von Marshall B. Rosenberg entwickelt wurde: die sogenannte gewaltfreie Kommunikation. Sie können diese in allen Situationen anwenden, in denen Sie Ihre Bedürfnisse ausdrücken möchten, ohne andere zu verletzen oder ihnen das Gefühl zu geben, dass sie Schuld an etwas hätten.

Diese Kommunikationstechnik besteht aus vier Schritten:

- 1 Benennung einer Beobachtung/Situation, die für Sie mit einer Schwierigkeit verbunden ist, bzw. Nennung eines Auslösers, der Sie in einen unerwünschten Gefühlszustand bringt.
- 2 Benennung des Gefühls, das in Ihnen dadurch ausgelöst wird.
- 3 Benennung Ihres Bedürfnisses.
- 4 Richten einer Bitte an ihr Gegenüber.

In der Kommunikation sieht die Anwendung dann so aus:

- 1 Wenn ich bemerke/höre/sehe/erlebe/...,
- 2 fühle ich mich ...,
- 3 denn ich bräuchte .../habe das Bedürfnis ...
- 4 Deshalb bitte ich dich, ...

Spielen wir diesen Ablauf einmal an einem konkreten Beispiel durch:

- 1 Wenn ich sehe, dass du mich unterbrichst, wenn ich mit dir über meine Sorgen sprechen möchte,
- 2 fühle ich mich unglücklich/schlecht/verloren/wütend/allein/ verletzt/enttäuscht/...,
- 3 denn ich bräuchte deine Aufmerksamkeit/das Gespräch mit dir. Oder ... denn ich habe das Bedürfnis nach deiner Unterstützung/Zeit mit dir/einem Gespräch mit dir.
- 4 Deshalb bitte ich dich, mich in meinem Bedürfnis und in meinen Sorgen wahrzunehmen/mich nicht zu unterbrechen, wenn ich mit dir rede/... mir zu sagen, wenn du Zeit/Ruhe für dich bräuchtest/gestresst bist/mir zu sagen, was dich bewegt/...

Wichtig in der gewaltfreien Kommunikation ist, dass man sein Gegenüber weder kritisiert noch etwas von ihm abverlangt oder ihm gar Vorwürfe macht. Im ersten Schritt sollte weder eine Bewertung noch eine Interpretation des Verhaltens, das einen belastet, stattfinden. Im zweiten Schritt unterscheiden wir außerdem zwischen dem Gefühl selbst und dem Gedanken. Ein Gefühl ist nach der Technik entweder echt oder unecht, erfüllt oder unerfüllt. Erfüllte Gefühle sind positiv, während unerfüllte Gefühle als negativ erlebt werden. Echte Gefühle sind jene, die wir spüren. Unecht ist ein Gefühl, wenn es Gedanken über etwas sind oder auf unseren Interpretationen basiert: zum Beispiel dass jemand einen ausschließt und man sich deswegen ausgeschlossen fühlt.

Weitere solcher unechten Gefühle sind:
sich betrogen fühlen, beleidigt, missachtet, ignoriert, gering geschätzt, übergangen, nicht respektiert, unbedeutend, provoziert, abgelehnt, ausgenutzt, bedrängt, manipuliert, nicht akzeptiert, nicht gebraucht, unerwünscht, ungehört, ungeliebt, ungesehen, ungewollt, vernachlässigt, dumm, beschuldigt, eingeschüchtert, unbeachtet, überwältigt, eingeengt, dominiert, nicht ernst genommen, ignoriert, im Stich gelassen, hintergangen, getäuscht, gezwungen, angegriffen.

Echte Gefühle hingegen sind im Körper spürbar und nicht im Kopf:
sich wütend fühlen, verärgert, verunsichert, sauer, ruhelos, müde, ohnmächtig, panisch, misstrauisch, entmutigt, frustriert, gelangweilt, genervt, schwer, zerrissen, zerbrechlich, verloren, angespannt, ängstlich, allein, aufgeregt, ausgelaugt, außer sich, besorgt, gereizt, gestresst, enttäuscht, einsam, eifersüchtig, unwohl, unzufrieden, nervös, mutlos, unsicher, sehnsüchtig, gleichgültig, sorgenvoll, unentschlossen, kaputt, lustlos, getrennt, unbehaglich, überrascht, schlecht, verwirrt, verzweifelt.

Das ist nur ein kleiner Auszug echter Gefühle, die auf unerfüllte Bedürfnisse zurückgehen können. Wonach Sie suchen, sind die Gefühle, die entstehen, wenn Ihre Bedürfnisse befriedigt sind:
sich behaglich fühlen, zufrieden, optimistisch, neugierig, mutig, gelassen, entspannt, erleichtert, lebendig, hingerissen, unbekümmert, inspiriert, bewegt, beruhigt, einbezogen, hoffnungsvoll, zuversichtlich,

geschützt, fasziniert, frei, fröhlich, interessiert, klar, motiviert, stolz, tatkräftig, überglücklich, entschlossen, aufgedreht, energiegeladen, dankbar.[55]

Wenn Sie mit jemandem ein Gespräch darüber beginnen, dass Sie zukünftig vorhaben, sich Ihre Bedürfnisse stärker zu erfüllen, können Sie diese Technik nutzen, falls derjenige abweisend oder verletzt reagiert. Sie können sie so lange nutzen, bis derjenige verstanden hat, warum eine Veränderung für Sie so wichtig ist, zum Beispiel so: »Wenn ich höre, dass du Einwände gegen eine Veränderung hast, die mir guttäte, fühle ich mich entmutigt und verängstigt, denn ich bräuchte wirklich deine Unterstützung. Deshalb bitte ich dich, mir zu vertrauen und mir zu helfen. Geht das bitte?«

Ein negatives Beispiel hingegen würde so aussehen: »Soll das etwa heißen, ich darf mir nichts Gutes tun? Bin ich dir so unwichtig? Wenn du mich wirklich liebtest, würdest du mir helfen und mich unterstützen, statt nur an dich zu denken. Hör auf, dich ständig nur um dich zu kümmern!«

Bei der gewaltfreien Kommunikation geht es nicht darum, dass wir keine unechten Gefühle haben dürfen, sondern dass diese im anderen Schuldgefühle, Wut, Angst usw. auslösen können. Dann ist derjenige mehr mit seinen Gefühlen beschäftigt als mit Ihren Bedürfnissen oder dem Gespräch an sich. Somit ist die Wahrscheinlichkeit am höchsten, dass es zu einem Streit darüber käme, denn derjenige würde versuchen, sich zu wehren oder dem Vorwurf zu entkommen.

Sich rechtfertigen zu müssen erinnert an die Kindheit, als unser Verhalten durch Autoritäten einer Prüfung unterzogen wurde. Uns wurde gesagt, was wir sollen und dürfen. In unserer Kindheit lernten wir so nicht nur Schuld, sondern auch, welches Verhalten bei uns Angst auslöst. In Situationen, in denen wir uns auf unser wahres Selbst beziehen bzw. in denen wir zu uns stehen wollen, fallen wir oft in den Zustand eines ängstlichen Kindes zurück. Wenn wir früher wegen unseres Verhaltens Ablehnung oder sogar Angst kennenlernten, geschieht das leicht. Deshalb suchen wir auch als Erwachsene im Vorfeld nach Argumenten, wieso ein Bedürfnis gerechtfertigt wäre – wieso uns unser Gegenüber etwas erlauben sollte. In solchen Momenten sprechen wir jedoch nicht als Erwachsene, sondern aus einem Zustand, den die Transaktionsanalyse das Kind-Ich nennt. Dieser Ich-Zustand ist auch der, der quengelt, stänkert, trotzig und unbeugsam ist, Angst erlebt oder brav, lieb und gefügig ist, um seine Bedürfnisse zu befriedigen. Wie Sie sich vorstellen können, bringt Rechtfertigung den Gesprächspartner leicht in die Situation eines Elternteils (Eltern-Ich), das prüft, ob das Bedürfnis legitim oder unvernünftig, gewollt oder ungewollt ist. Wir brauchen nicht zwingend ein Gegenüber; auch Persönlichkeitsanteile wie Ihre innere Mutter oder Ihr innerer Kritiker können wie ein Elternteil gegen unsere Bedürfnisse argumentieren und uns davon abhalten, sie zu befriedigen.

Wir können uns diese Konflikte ersparen, wenn wir uns von vornherein mit unserem Erwachsenen-Ich identifizieren. Erwachsene Menschen fällen aktiv eigene Entscheidungen, die ihrem Wohl dienen. In einem Idealzustand beachten sie dabei die Bedürfnisse der anderen, ohne ihre eigenen aus den Augen zu lassen. Sie gehen empathisch auf andere Personen ein und haben dennoch Mitgefühl für sich selbst. Sie sind in der Lage, für sich zu sorgen, ungeachtet der Umstände. Sie sind auch in Zeiten von Stress und bei Krisen in der Lage, dienliche von nicht dienlichen Handlungen zu unterscheiden. Selbst, wenn sie andere Aspekte oder Personen priorisieren sollten, hören sie nicht auf, ihren Fokus beizubehalten, denn sie haben gesunde Grenzen, die sie jederzeit durchsetzen können. Bedeutung und Sinn einer Handlung geben ihnen die nötige Handlungsgrundlage, während sie optimistisch bleiben und Bewertungen und Interpretationen vermeiden. Sie glauben nicht zu wissen, was passieren wird, nur weil sie oder jemand anders bereits diese oder eine ähnliche Erfahrung gesammelt hat. Sie erlauben sich, an einen guten Ausgang zu glauben, denn sie vertrauen darauf, eine Lösung zu finden. Sie verlieren sich dabei weder in Gedanken noch verstricken sie sich in ihre eigenen Gefühle oder die anderer. Sie sind in der Lage, ihre Emotionen zu regulieren. Nährende und gegenseitige Kontakte erlauben Ihnen, die

Unterstützung zu erhalten, die sie benötigen, und gleichzeitig eine Quelle der Inspiration zu haben. Vor allem sind Erwachsene in der Lage, achtsam ihr eigenes Verhalten zu reflektieren und zu steuern. Sie leben das Prinzip Selbstverantwortung. Kurzum: Sie sind emotional resilient.[56]

Menschen, die sich so durch ihr Leben zu bewegen, ohne nur minimal davon abzuweichen, sind die Helden dieser Zeit. *Menschlich* ist, wenn man mitunter ins wertende und steuernde Eltern-Ich rutscht oder sich dem Kind in sich hingibt. Erwachsen zu sein – realistisch betrachtet – heißt, in der Lage zu sein, jederzeit in das erwachsene Ich zu wechseln, erst recht, wenn es um unsere Bedürfnisse, Freiheit von belastenden Gefühlen wie Angst und unser Wohl geht. Sich stets daran zu erinnern, dass man ein erwachsener Mensch ist, und notfalls auch unsere Mitmenschen darauf hinzuweisen, ist nützlich für Ihr Ziel. Auch Ihr soziales Umfeld ist nicht davor gefeit, sich im Kind- oder Eltern-Ich zu verstricken. Ihre eigenen Emotionen zu regulieren heißt somit, Ihre und die Unvollkommenheit anderer Menschen zu akzeptieren und ihr ohne Bewertung zu begegnen. In Ihrem Bemühen, sich positiv zu verändern, können Sie zwar durch andere große Ablehnung oder anfängliche Hindernisse erfahren: Doch halten Sie gewaltfrei daran fest, egal, wie schwer es Ihnen fallen mag, andere zu enttäuschen. Wenn Sie unter Ihrer Angst leiden, sind Sie an einem Punkt angelangt, an dem Sie lernen dürfen, für sich zu handeln – auch wenn es so aussieht, als würden Sie damit gegen andere arbeiten. Ich habe die Erfahrung gemacht, dass sich Menschen, die uns lieben, schnell anpassen, denn sie erkennen den Wert für Sie und damit für sich selbst. Menschen hingegen, die sich gegen Ihren Wandel kontinuierlich wehren, haben Ihr Wohl nicht als Ziel. Weisen Sie sie darauf hin oder betrachten Sie es als erste Lektion hin zu einer angstfreien Zukunft. Doch bitte erlauben Sie sich den Optimismus und Mut dennoch. Sie können momentan nicht wissen, wer wie reagieren wird. Jene, die sich heute gegen Sie stellen, könnten schon morgen wieder an Ihrer Seite stehen, weil sie Sie lieben und Zeit zur Reflexion hatten.

Kehren Sie Ihre Ich-Zustände um

Identifizieren Sie Ihre Angst-Trigger hinsichtlich Ihrer dann herrschenden Ich-Zustände:

- Bekommen Sie Angst, wenn Sie etwas kontrollieren/steuern wollen bzw. es nicht können?
- Oder macht sie sich breit, wenn Sie von etwas/jemandem beherrscht werden, sich wie ein kleines Kind fühlen oder so behandelt werden, ohne Mitsprache- und Gestaltungsrecht?
- Bei vielen taucht Angst auch auf, wenn Sie weder im Eltern-Ich noch im Kind-Ich sein »dürfen«. Das betrifft zum Beispiel Entscheidungen, Eigenhandlungen ohne Beisein anderer oder Situationen, die Verständnis/Rücksicht oder Fehlerakzeptanz verlangen. Resoniert das mit Ihnen? Falls ja, welche konkreten Situationen veranlassen in Ihnen Angst und Panik?
- Fragen Sie sich dann: Was sagt Ihnen Ihre erwachsene Stimme diesbezüglich? Verbinden Sie sich mit Ihrem Erwachsenen-Ich und notieren Sie alles, was Ihnen diese Stimme als neue Perspektive bietet.
- Alternativ: Erstellen Sie sich eine Liste mit allem, was in Ihnen Angst auslöst (linke Spalte), und schreiben Sie die Reaktion/Ratschläge Ihres Erwachsenen-Ichs daneben (rechte Spalte).

Schritt für Schritt ins Ziel

Bei Angstzuständen empfinde ich eine Denk- und Herangehensweise als besonders nützlich, die der von Wissenschaftlern ähnelt. Wissenschaftler sind von Natur aus Prozessversteher und Problemlöser, Strategen, Visionäre und Querdenker. Sie glauben an nichts ausschließlich, nur daran, dass alles möglich ist – bis sie entweder das Gegenteil bewiesen oder Recht behalten haben. Sie versuchen dabei auf alle erdenklichen Arten, ihre Ziele zu erreichen. Doch führt ein Weg nicht zum Ziel, hören sie nicht etwa auf oder sind entmutigt. Ihr Augenmerk ist nicht darauf gerichtet, recht zu haben oder es richtig zu machen. Es geht ihnen nicht um den einen Lösungsweg. Das Ziel soll erreicht werden und das Ergebnis stimmen. Dieses wissenschaftliche Denken und Handeln kann für Sie sehr nützlich sein. Selbst die größten Misserfolge in der Bewältigung Ihrer Angst oder Herausforderungen würden Ihnen nichts mehr bedeuten; sie wären nur Feedback in Bezug auf diesen einen Versuch. Und dann starten Sie den nächsten. Sollte sich auch dieser als vergeblich erweisen, gehen Sie einen anderen Weg, bis Sie Ihr Ziel erreicht haben. So zu denken bedeutet, dass es Hunderte Wege zu Angstfreiheit geben könnte. Nur einen davon zu finden, der für Sie gangbar ist, reicht.

— Ihre Angst wird Ihnen mit Versöhnlichkeit und Friedlichkeit danken und Ihr Selbst wird Tag für Tag stärker. —

In der Psychologie gibt es die Technik des Probehandelns, die ich Ihnen als Abschluss mit auf den Weg geben möchte. Dabei denken wir uns in beunruhigende Situationen, gehen sie Schritt für Schritt durch und erproben gedanklich neue Verhaltensweisen – aus einer ungefährlichen Perspektive. Gefühle, Gedanken bzw. Ereignisse, von denen wir meinen, sie würden eintreten, denken wir bewusst nicht. Diese Technik erlaubt, selbst die Angst vor Panikattacken, die wir glauben in der Öffentlichkeit zu bekommen, gedanklich ändern zu können. Sind Sie dann in der Öffentlichkeit und haben Ihr Gehirn vorher ausreichend oft denken lassen, dass Sie draußen keine Angst erleben, wird es Ihnen wahrscheinlich gehorchen, denn es gibt genug neuronale Bahnen für diesen Ablauf. Doch Menschen tendieren dazu, im Vorfeld das Schlimmste anzunehmen. Sie könnten sich auch das Beste ausmalen. So würden Sie Bahnen entstehen lassen, die Ihren Zielen dienen. Ihre Angst wird Ihnen mit Versöhnlichkeit und Friedlichkeit danken und Ihr Selbst wird Tag für Tag stärker und Sie dazu ermächtigen, mit Selbstvertrauen und -wirksamkeit Ihren Zielen nachzugehen – so lange, bis Sie sie erreicht haben. Weil Sie an sich glaubten.

Liebe Leserinnen,

Ihrer Angst zu entfliehen zwingt Sie zu Veränderungen. Zweifeln Sie nicht an sich, falls Sie Rückschläge erleben. Erinnern Sie sich an meine Geschichte und die anderer Frauen. Auch wir brauchten unsere Zeit: für Erkenntnis, Selbstmitgefühl und Vertrauen, Zeit zu erwachen und in unsere Größe zu kommen. Zeit für uns allein, um zu trauern und im Feuer aller Schmerzen, die uns die Angst brachte und zeigen wollte, zu stehen. Zeit, um zu verstehen, Mut zu fassen und unsere Reise zu beginnen. Wir rafften uns jeden Tag aufs Neue auf und gaben unser Bestes. Wir lernten aus den Schürfwunden und Prellungen der Vergangenheit und dass uns ein Teil unseres Selbst aus all den misslichen inneren und äußeren Umständen unseres Lebens wegziehen wollte. Ja, wir litten im Geiste und im Körper unter diesen Veränderungen, zu denen uns unsere Angst zwang, aber wir kämpften uns durch sie hindurch. Selbst, als wir dachten, die nötigen Schritte würden uns unser Herz brechen, fügte sich etwas anderes von allein wieder zusammen und es öffneten sich Türen, von denen wir nicht einmal wussten, dass es sie gab. Unsere Reise machte uns heil und ganz.

Sie mögen jetzt noch nicht den Sinn des Ganzen verstehen oder wissen, was Ihnen Ihre Angst bringen möchte. Geben Sie sich Zeit: Auch für uns ergab er sich erst Jahre später, weil wir den Synchronizitäten unser Gehör geschenkt hatten und einem inneren Ruf gefolgt waren. Es war kein leichter Weg, für keine von uns. Aber wir haben gezeigt, dass jede ihn gehen kann. Auch Sie.

Was Ihnen Ihr Weg abverlangen wird, kann ich nicht ermessen. Doch ich hoffe von Herzen, Ihnen mit meinen Erfahrungen und Einsichten geholfen zu haben. Für weitere Impulse besuchen Sie gern meine Website www.ich-habe-auch-angst.de.

Ihre Janett Menzel

Anmerkungen

1 Zentralinstitut für Seelische Gesundheit, SdöR kein Datum
2 Egle 2013
3 Enders 2014
4 Wehrenberg 2008
5 Kast, Vom Sinn der Angst 2007
6 Begriff nach Fritz Riemann
7 Riemann 2000, S. 16f.
8 Bracht 2016
9 Hauschild 2013
10 Ten Have M. 2011
11 Menzel, Gegen Angst und schlechte Laune: Positive Gefühle durch Körperhaltungen 2016
12 Burchard 2017
13 Dowling, Perfekte Frauen 1992, S. 113f.
14 Dowling 1992, S. 116
15 Dowling 1992, S. 114
16 ebenda.
17 Kast, Vom Sinn der Angst 2007, S. 115f.
18 Kast, Vom Sinn der Angst 2007, S. 130
19 Menzel, Was unser inneres Kind hätte wissen sollen – Ein Brief an mich 2015 (gekürzte Version)
20 Dowling, Der Cinderella-Komplex 2002, S. 75
21 James 1890
22 Wikipedia-Autoren, »Selbst« 2019
23 Institut für Persönlichkeit – IfP GmbH
24 Nuber 2014
25 Nuber 2014, S. 111
26 Nuber 2014, S. 118f.
27 Kast, Vom Sinn der Angst 2007, S. 154f.
28 Kast, Vom Sinn der Angst 2007, S. 155
29 Dowling 2002, S. 80
30 ebenda.
31 Dowling 2002, S. 42
32 SPIEGEL ONLINE, Allensbachstudie 2013
33 Dowling 1992
34 Freudenthaler
35 University College London 2009
36 Chopra 2018
37 Dowling 1992, S. 64
38 Dowling 1992, S. 64f.
39 Dowling 1992, S. 65
40 in Anlehnung an: H. Meyer 2009
41 H. Meyer 2009
42 Dowling 1992, S. 70
43 Dowling 1992, S. 71
44 Dowling 1992, S. 67
45 Gymnasium Hartberg
46 Wagerer 2001
47 Gymnasium Hartberg
48 ebenda.
49 Cameron 2009
50 Anxiety.org 2013
51 Wagner 2011
52 Die Welt 2011
53 Positive Health 2015
54 Menzel, 3 Gründe, warum Schreiben dein Selbstwertgefühl stärkt & deine Ängste lindert 2015
55 Rosenberg 2010
56 Waters 2018
57 Grenzow, Schmidt-Prange
58 D'Simone 2019

Literaturverzeichnis

Bücher

Brown, Brené: **Die Gaben der Unvollkommenheit**. Leben aus vollem Herzen – Lass los, was du glaubst sein zu müssen und umarme, was du bist. Kamphausen Media GmbH 2017.

Brown, Brené: **Verletzlichkeit macht stark.** Wie wir unsere Schutzmechanismen aufgeben und innerlich reich werden. Goldmann Verlag 2017.

Burchard, Brendon: **High Performance Habits**. How Extraordinary People Become That Way. Hay House Inc. 2017.

Cameron, Julia: **Der Weg des Künstlers**. Ein spiritueller Pfad zur Aktivierung unserer Kreativität. Knaur 2009.

Cornell, Ann Weiser: **Focusing**. Der Stimme des Körpers folgen. Rowohlt Taschenbuch Verlag 1997.

Dahlke, Ruediger: **Das Schatten-Prinzip**. Arkana 2010.

Dahlke, Ruediger: **Die Schattenreise ins Licht**. Wie wir Depressionen überwinden. Goldmann Verlag 2014.

Dowling, Colette: **Der Cinderella-Komplex**. Die heimliche Angst der Frauen vor der Unabhängigkeit. Fischer Taschenbuch 2002.

Dowling, Colette: **Perfekte Frauen**. Die Flucht in die Selbstdarstellung. Fischer Taschenbuch 1992.

Enders, Giulia: **Darm mit Charme**. Alles über ein unterschätztes Organ. Ullstein 2014.

James, Williams: **The principles of psychology** (2 Bd.). New York: Holt 1890.

Kast, Verena: **Vom Sinn der Angst**. Verlag Herder GmbH 2007.

Kast, Verena: **Vom Sinn des Ärgers**. Anreiz zur Selbstbehauptung und Selbstentfaltung. Verlag Herder GmbH 2012.

Lowen, Alexander. **Bioenergetik**. Therapie der Seele durch Arbeit mit dem Körper. Rowohlt Taschenbuch Verlag 2008.

Menzel, Janett: **Über die Kunst, allein zu sein.** Wie man Einsamkeit und Angst vor dem Alleinsein überwindet und sich nebenbei neu lieben lernt. Independently published, 2017.

Meyer, Frank. **Burnout**. Neue Kraft schöpfen (mit CD). Gräfe und Unzer Verlag 2013.

Meyer, Hermann: **Jeder bekommt den Partner, den er verdient – ob er will oder nicht**. Goldmann Verlag 2009.

Norwood, Robin: **Wenn Frauen zu sehr lieben. Die heimliche Sucht, gebraucht zu werden.** Rowohlt Taschenbuch Verlag 1991.

Nuber, Ursula: **Wer bin ich ohne dich?** Warum Frauen depressiv werden – und wie sie zu sich selbst finden. Campus Verlag 2014.

Rankin, Lissa: **Mind over Medicine**. Warum Gedanken oft stärker sind als Medizin. Kösel Verlag 2014.

Riemann, Fritz: **Die Grundformen der Angst**. Eine tiefenpsychologische Studie. Ernst Reinhardt Verlag 2000.

Rosenberg, M. B: **Gewaltfreie Kommunikation**. Eine Sprache des Lebens. Junfermann Verlag 2010.

Schmale-Riedel, Almut: **Der unbewusste Lebensplan**. Das Skript in der Transaktionsanalyse. Typische Muster und therapeutische Strategien. Kösel Verlag 2016.

Steinbrecher, Sigrid: **Die Vaterfalle**. Die Macht der Väter über die Gefühle der Töchter. Rowohlt Taschenbuch Verlag 2002.

Storch, Maja: **Die Sehnsucht der starken Frau nach dem starken Mann**. Goldmann Verlag 2000.

Thích Nhât Hanh: **Ärger**. Befreiung aus dem Teufelskreis destruktiver Emotionen. Goldmann 2007.

Weaver, Libby: **Das Rushing Woman Syndrom**. Was Dauerstress unserer Gesundheit antut. Stuttgart: TRIAS Verlag 2017.

Wehrenberg, Margaret: **Die 10 besten Strategien gegen Angst und Panik**. Wie das Gehirn uns Stress macht und was wir dagegen tun können. Verlagsgruppe Beltz 2008.

Artikel/Blogeinträge

Anton, Anette C.: **Dating Down**: Zu schlau für die Liebe? Artikel vom 01. Januar 2012. www.emma.de/artikel/dating-down-zu-schlau-fuer-die-liebe-265861

Anxiety.org.: **Is Your Online Addiction Making You Anxious?** Artikel vom 09. April 2016. www.anxiety.org/social-media-causes-anxiety

Bergomi, Claudia: **Achtsamkeit, buddhistische Meditation und psychische Gesundheit**. Lizenziatsarbeit, Universität Bern 2007. https://essstörungen-aargau.ch/media/archive1/fachpersonen/therapie/physiotherapie/Achtsamkeit_Liz_Bergomi.pdf

Bracht, Petra: **Wundersubstanz Myokine**. Artikel vom 11. März 2016. www.fnp.de/kolumnen/wundersubstanz-myokine-10669994.html

Bundesagentur für Arbeit, Statistik/Arbeitsmarktberichterstattung: **Die Arbeitsmarktsituation von Frauen und Männern 2017.** Berichte: Blickpunkt Arbeitsmarkt. Herausgeber: Statistik/Arbeitsmarktberichterstattung Bundesagentur für Arbeit. 07/2018. https://statistik.arbeitsagentur.de/Statischer-Content/Arbeitsmarktberichte/Personengruppen/generische-Publikationen/Frauen-Maenner-Arbeitsmarkt.pdf

Die Welt. **Prüfungsangst lässt sich mit Schreibübung besiegen**. Artikel vom 14. Januar 2011. www.welt.de/wissenschaft/article12138515/Pruefungsangst-laesst-sich-mit-Schreibuebung-besiegen.html

D'Simone, Sah: **How I Coped With Trauma That Was Passed Through My Family For Generations.** Blogeintrag vom 26. Februar 2019. www.mindbodygreen.com/articles/the-5-steps-that-helped-me-cope-with-ingrained-trauma

Egle, Gert: **Bedürfnishierarchie** (Maslow). Überblick. 29. September 2013. www.teachsam.de/psy/psy_motivation/psy_mot_3_2_1.htm

Freudenthaler, Alfred: **Was treibt uns an?** (Das »Hunger«-Konzept der Transaktionsanalyse). https://freudenthaler.com/sites/default/files/Was%20treibt%20uns%20an.pdf

Grenzow, Leona: **Nervennahrung**: Die Top 15 Lebensmittel gegen Stress. www.nu3.de/c/stress/nervennahrung/

Gymnasium Hartberg. **Der Wille zum Sinn** (V. E. Frankl). www.gym-hartberg.ac.at/schule/images/stories/Religion/themen_matura/04_Sinn_Frankl.pdf

Hauschild, Jana: **Psychotherapie: Sport für die Seele**. Artikel vom 29. Dezember 2013. www.spiegel.de/gesundheit/psychologie/psychotherapie-sport-hilft-bei-psychischen-erkrankungen-a-938242.html

Institut für Persönlichkeit – IfP GmbH. **Das Reiss Profile und die 16 Lebensmotive**. www.institut-fuer-persoenlichkeit.de/fileadmin/user_upload/bilder/Downloads/E-Book_Das_Reiss_Profile_und_die_16_Lebensmotive_.pdf

Menzel, Janett: **3 Gründe, warum Schreiben dein Selbstwertgefühl stärkt & deine Ängste lindert**. Blogbeitrag vom 03. Mai 2015. www.ich-habe-auch-angst.de/schreiben-angst-weg-schreibtherapie/

Menzel, Janett: **Gegen Angst und schlechte Laune**: Positive Gefühle durch Körperhaltungen. Blogbeitrag vom 18. Oktober 2016. www.ich-habe-auch-angst.de/gegen-angst-und-schlechte-laune-positive-gefuehle-durch-koerperhaltungen/

Menzel, Janett: **Was unser inneres Kind hätte wissen sollen**. Ein Brief an mich. Blogbeitrag vom 21. Juli 2015. www.ich-habe-auch-angst.de/was-das-kind-in-uns-nicht-verstand-ueber-liebe-image-selbstwert-und-bestaetigung/

Positive Health. **Creative Writing For Health**. Artikel vom 03. Mai 2015. https://www.positivehealth.com/article/stress/creative-writing-for-health

Schmidt-Prange, Kathleen. **Nervennahrung**. Mit diesen 8 Lebensmitteln ist der Stress gegessen. Artikel vom 17. September 2018. www.womenshealth.de/artikel/nervennahrung-lebensmittel-gegen-stress-280888.html

SPIEGEL ONLINE. **Männer haben genug von Gleichberechtigung**. Allensbach-Studie. 30. September 2013. www.spiegel.de/panorama/gesellschaft/allensbach-studie-maenner-haben-genug-von-gleichberechtigung-a-925249.html

Ten Have M., de Graaf R., Monshouwer K.: **Physical exercise in adults and mental health status findings from the Netherlands mental health survey and incidence study**. Studie November 2011. www.ncbi.nlm.nih.gov/pubmed/21999978

University College London. **How long does it take to form a habit?** Artikel vom 04. August 2009. www.ucl.ac.uk/news/2009/aug/how-long-does-it-take-form-habit

Wagerer, Prof. Mag. Clemens: **Dein Leben hat Sinn**. Viktor E. Frankls Sinnlehre gegen die »Sinn-Leere«. Medienbegleitheft zur DCD 12357. Bundesministerium für Unterricht, Kunst und Kultur 2001. https://bildung.bmbwf.gv.at/schulen/service/mes/12357_17694.pdf?6acbmk

Wagner, Sarah: **Heilsame Berührung**. Umarmung ersetzt Pillen. Artikel vom 04. Oktober 2011. www.focus.de/gesundheit/ratgeber/psychologie/heilsame-beruehrung-umarmung-ersetzt-pillen_aid_671469.html

Waters, Brad: **The New 10 Traits of Emotionally Resilient People**. Research looks at how we endure stress and grow from trauma. Artikel vom 12. Dezember 2018. www.psychologytoday.com/intl/blog/design-your-path/201812/the-new-10-traits-emotionally-resilient-people

Wikipedia Autoren. **Maslowsche Bedürfnishierarchie**. https://de.wikipedia.or g/w/index.php?title=Maslowsche_Bed%C3%BCrfnishierarchie&oldid= 185058753

Wikipedia-Autoren. **Selbst**. https://de.wikipedia.org/w/index.php?title=Selbst&oldid=186749916

Zentralinstitut für Seelische Gesundheit, SdöR.: **Angststörungen**. *Zentralinstitut für Seelische Gesundheit. Landstiftung des öffentlichen Rechts.* www.zi-mannheim.de/fileadmin/user_upload/downloads/lehre/flyer/Flyer-Angst-Zwang.pdf

Sonstiges

Chopra, Deepak: **Die kosmische Kraft der Dankbarkeit** (mp3). Komp. Deepak Chopra 2018.

Zentralinstitut für Seelische Gesundheit, SdöR

Liebe Leserin, lieber Leser,

hat Ihnen dieses Buch weitergeholfen? Für Anregungen, Kritik, aber auch für Lob sind wir offen. So können wir in Zukunft noch besser auf Ihre Wünsche eingehen. Schreiben Sie uns, denn Ihre Meinung zählt!
Ihr TRIAS Verlag

Kontakt: kundenservice.thieme.de
Lektorat TRIAS Verlag
Postfach 30 05 04
70445 Stuttgart

Bibliografische Information der Deutschen Nationalbibliothek

Die Deutsche Nationalbibliothek verzeichnet diese Publikation in der Deutschen Nationalbibliografie; detaillierte bibliografische Daten sind im Internet über http://dnb.d-nb.de abrufbar.

1. Auflage 2020

ein Unternehmen der Thieme Gruppe,
Rüdigerstraße 14
70469 Stuttgart
Deutschland

www.trias-verlag.de

Printed in Germany

Programmplanung: Celestina Filbrandt
Projektmanagement: Sabine Ilg
Redaktion: Magdalena Kieser

Umschlaggestaltung und Layout:
CYCLUS · Visuelle Kommunikation, Stuttgart

Bildredaktion: Christoph Frick

Bildnachweis
Umschlagmotiv:
©Cavan Images / DEEPOL by plainpicture
Autorenfoto S. 6 und Umschlag hinten:
©Nomo Hartner Photography
Fotos im Innenteil:
S. 8 ©maxplay2 - stock.adobe.com;
S. 62 ©naftizin - stock.adobe.com;
S. 174 ©chaunpis - adobe.stock.com

Zeichnungen: Grafikbüro Schaaf, Germersheim

Satz: CYCLUS · Media Produktion, Stuttgart
gesetzt in Adobe InDesign CC
Druck: AZ Druck und Datentechnik GmbH, Kempten

Gedruckt auf chlorfrei gebleichtem Papier

ISBN 978-3-432-11076-9 1 2 3 4 5 6

Auch erhältlich als E-Book:
eISBN (ePub) 978-3-432-11077-6

Wichtiger Hinweis: Wie jede Wissenschaft ist die Medizin ständigen Entwicklungen unterworfen. Forschung und klinische Erfahrung erweitern unsere Erkenntnisse. Ganz besonders gilt das für die Behandlung und die medikamentöse Therapie. Bei allen in diesem Werk erwähnten Dosierungen oder Applikationen, bei Rezepten und Übungsanleitungen, bei Empfehlungen und Tipps dürfen Sie darauf vertrauen: Autoren, Herausgeber und Verlag haben große Sorgfalt darauf verwandt, dass diese Angaben dem Wissensstand bei Fertigstellung des Werkes entsprechen. Rezepte werden gekocht und ausprobiert. Übungen und Übungsreihen haben sich in der Praxis erfolgreich bewährt. Eine Garantie kann jedoch nicht übernommen werden. Eine Haftung des Autors, des Verlags oder seiner Beauftragten für Personen-, Sach- oder Vermögensschäden ist ausgeschlossen.

Geschützte Warennamen (Warenzeichen) werden nicht besonders kenntlich gemacht. Aus dem Fehlen eines solchen Hinweises kann also nicht geschlossen werden, dass es sich um einen freien Warennamen handelt.

Datenschutz Wo datenschutzrechtlich erforderlich, wurden die Namen und weitere Daten von Personen redaktionell verändert (Tarnnamen). Dies ist grundsätzlich der Fall bei Patienten, ihren Angehörigen und Freunden, z. T. auch bei weiteren Personen, die z.B. in die Behandlung von Patienten eingebunden sind.